LATIFA BEN MANSOUR

DER GESANG DER LILIEN

Aus dem Französischen von Sylvia Strasser

BASTEI LÜBBE

BASTEI-LÜBBE-TASCHENBUCH
Band 11878

Titel der französischen Originalausgabe:
LE CHANT DU LYS ET DU BASILIC

Printed in France September 1992
Einbandgestaltung: K.K.K.
Satz: hanseatenSatz-bremen, Bremen
Druck und Bindung: Brodard & Taupin, La Fleche
ISBN 3-404-11878-2

Für RIMA und MILAD, damit sie wissen, wie es war.
Für alle Waisenkinder der Welt, um ihnen Mut zu machen.
Für die Kinder Algeriens, damit sie nie vergessen.

Zum Gedenken an den Mann, der in der Blüte seiner Jahre starb und mir das Kostbarste hinterließ, das man einem Kind vermachen kann: Freiheitsliebe, bedingungsloses Eintreten für die Menschenwürde, einen tiefen Abscheu vor der Ungerechtigkeit, die Ehrfurcht vor dem Wissen; zum Gedenken an meinen Vater MOHAMMED BENAOUDA BENMANSOUR.

Für die Frau, die heute noch sagt:
»Hätte ich doch die Gabe zu schreiben! Hätte ich doch die Gabe zu schreiben!«
Hier ist dein erstes Buch, Mutter.

Zum Gedenken an den Mann, der mich bei der Hand nahm, als ich vier Jahre alt war, und sie erst wieder losließ, als er starb; der mir nie Vorwürfe machte und mich tausendfach segnete; zum Gedenken an meinen Großvater ABI-AYAD AL GHAUZI.

Für Nicole Lattès und Malcy Ozannat.

Wer sein Zuhause verläßt, um nach Erkenntnis zu suchen, wandelt auf den Wegen des Herrn. Die Tinte des Schülers ist heiliger als das Blut des Märtyrers.

Hadith des Propheten.

Jede Form von Leid heiligt den Boden, auf dem es erduldet wird.

Oscar Wilde.

Aber jeder Schatten ist im letzten doch auch ein Kind des Lichts, und nur wer Helles und Dunkles, Krieg und Frieden, Aufstieg und Niedergang erfahren, nur der hat wahrhaft gelebt.

Stefan Zweig, Die Welt von gestern.

Vorwort

Die Menschheit ist es sich schuldig, den Kindern ihr Bestes zu geben. Mehr als jedes andere Land ist Algerien es sich schuldig, seinen Kindern sein Bestes zu geben.

1959:

Am 20. November 1959 verabschieden die Vereinten Nationen die Erklärung der Kinderrechte. Darin werden jedem Kind folgende Rechte garantiert:

1. das Recht auf Gleichbehandlung, ungeachtet seiner Rasse, seiner Religion, seiner Herkunft oder seines Geschlechts;
2. das Recht auf eine in körperlicher, geistiger, moralischer und sozialer Hinsicht normale, gesunde Entwicklung;
3. das Recht auf einen Namen und eine Staatsangehörigkeit;
4. das Recht auf Wohnung, gesunde Ernährung und medizinische Versorgung;
5. das Recht auf besondere Pflege im Fall von Invalidität;
6. das Recht auf Liebe, Verständnis und Schutz;
7. das Recht auf kostenlose Ausbildung, auf Freizeit und Spiel;
8. das Recht auf unverzügliche Hilfe im Katastrophenfall;

9. das Recht auf Schutz vor jeder Form von Vernachlässigung, Gewalt und Ausbeutung;
10. das Recht auf Schutz vor Diskriminierung und das Recht auf eine Erziehung im Sinne der Freundschaft, Verständigung und des Friedens zwischen den Völkern.

Zum gleichen Zeitpunkt, im November 1959, hatten die Kinder in Algerien unter dem Wahnsinn der Erwachsenen zu leiden. Zum gleichen Zeitpunkt, im November 1959, wurden Kinder verstümmelt, vor den Augen ihrer Eltern gefoltert, vom Napalm verbrannt und mit brennenden Zigaretten gequält. Sie wurden ausgebeutet, getötet oder psychisch zugrunde gerichtet. Sie irrten mit knurrendem Magen und verstörtem Blick durch die Straßen. Kinder ohne Eltern, ohne Namen. Kinder, die man um den Verstand gebracht hatte.

Oktober 1988

Die Arroganz, der Zynismus und die Grausamkeit ihrer »Brüder« haben die Kinder jener Kinder von 1959 in den Wahnsinn getrieben.

Sie wurden mit schweren Waffen getötet und mit Elektroschocks gemartert. Man hat Zigarettenkippen auf ihrer Haut ausgedrückt und abgebrochene Flaschenhälse in die Scheide der Mädchen eingeführt.

Kinder wurden von ihren »Brüdern« ermordet oder zu seelischen Krüppeln gemacht. Und die Täter leben nach wie vor in Algerien, diesem Land der »Freien«. Unbehelligt. Sie sind nie verhaftet, nie vor Gericht gestellt worden. Aber die Kinder von 1959, inzwischen erwachsen geworden, werden ihnen niemals vergeben, was sie ihnen angetan haben.

1990
Libanon: Moslemische oder christliche Kinder werden vom Irrsinn der Erwachsenen in den Wahnsinn getrieben.
Palästina: Mit Steinen bewaffnete Kinder kämpfen um ihre Würde. Moslemische, christliche und jüdische Kinder wachsen auf in einem Klima abgründigen Hasses, umgeben von Terror und Gewalt. Kinder verlieren den Verstand und sterben.
Afghanistan: Tag für Tag sterben Kinder. Andere irren ziellos umher. Sie wissen nichts von politischen Ideologien. *SIE WOLLEN LEBEN . . .*
Iran und Irak: Das größte Massengrab der Geschichte war angefüllt mit Kinderleichen. Kinder verkommen in den Gefängnissen Saddam Husseins und seines iranischen Spießgesellen.
Südafrika: Aufgrund ihrer Hautfarbe sind Kinder zu Fremden im eigenen Land geworden.
Äthiopien und Sudan: Die Kinder sind zum Spielball politischer Ideologien geworden. Auf ihrem Rücken werden die Konflikte zwischen Ost und West ausgetragen. Sie verhungern, verdursten, sterben an Krankheiten oder Unterernährung, ohne zu begreifen, weshalb.

In Lateinamerika, Brasilien, Afrika, Südostasien, auf Haiti und Sri Lanka und in unzähligen anderen Regionen der Welt werden Kinder ausgebeutet, abgeschlachtet, verkauft, zur Prostitution gezwungen und zu einem Dasein als lebende Tote verurteilt.

Ein Sprichwort lautet: »Der Weg zur Hölle ist mit guten Vorsätzen gepflastert.« Millionen Kinder haben die Hölle auf Erden, solange sie leben.

Dies ist der Bericht einer Zeitzeugin. Ein Strauß mit »Lilien und Basilikumzweigen«, den ich in einem entlegenen Winkel meines Gedächtnisses gepflückt habe.

Ich habe Erinnerung für Erinnerung zusammengetragen und sie in erster Linie für meine Kinder, für meine Tochter Rima und meinen Sohn Milad, zu einem Strauß gebunden.

Daß ich dieses Buch geschrieben habe, ist ihr Verdienst. Ich habe mich hingesetzt, meinen Füllfederhalter in die Hand genommen und alles aufgeschrieben, um ihnen Antwort auf ihre Fragen zu geben, auf ihr ständiges »Mama, erzähl uns, wie es damals war, als du noch ein Kind warst«. Ich habe es aufgeschrieben, weil mir die Kehle wie zugeschnürt war, so daß ich kein Wort hervorbrachte.

Ich will ihnen diesen Strauß voller Liebe zum Dank dafür schenken, daß sie mir geboren wurden und mir halfen, diese Welt zu ertragen.

Ich habe dieses Buch auch geschrieben, um den Menschen, die mir die eindrucksvollsten Lektionen in Brüderlichkeit, Liebe, Solidarität und Mut erteilten, ein Denkmal zu setzen: den Einwohnern von Derb Messoufa. Diese Moslems halfen mir durchzuhalten, erwachsen zu werden, mich zuweilen ins Unvermeidliche zu fügen, vor allem aber nicht den Glauben an die Menschheit zu verlieren. Sie bewahrten mich vor der Verzweiflung und ließen nicht zu, daß das Beste in mir zerstört wurde.

Dieses Buch habe ich Ami Ambarak gewidmet, dem Lebensmittelhändler von Derb Messoufa, sowie der temperamentvollen Amti Zainab, einer Nachfahrin des Propheten, der Intellektuellen und unbekannten Dichterin Amti Mania, meiner Nachbarin und Freundin in guten wie in schlechten Tagen, Zuhra Budschemma, des weiteren Nana Scharifa, Al Alia, die ihren Vornamen zu Recht trägt, und allen anderen *nanas* und *Amas*, von denen ich mehr lernte als aus den Geschichtsbüchern und den Streitschriften der Feministinnen. Ich widme dieses

Buch auch allen jenen Franzosen und Französinnen, die mich mit den *Rumis* versöhnten. Als ich es schrieb, dachte ich an mein Land und an seine Kinder. Ich verlange von meinem Land, meiner Wunde, daß es mir meinen Stolz zurückgibt, den Stolz, ALGERIERIN zu sein. Er wurde mir zusammen mit meiner Würde an dem Tag genommen, an dem die Armee, die ich als Kind in alle meine Gebete mit eingeschlossen hatte, an dem die Soldaten der Nationalen Befreiungsarmee kaltblütig das Feuer auf ihre Landsleute eröffneten.

An jenem Tag wurde der kraftspendende Glaube, einem einzigartigen Volk anzugehören, einem besonderen Volk, das in einem besonderen Land beheimatet war, einem Volk, das sein Bestes gab, zerstört, hinweggefegt wie meine Würde und meine Ehre.

An jenem Tag wurden wir und mit uns Tausende unserer Landsleute zum zweitenmal ermordet. Wie viele, die die Wunde endgültig vernarbt glaubten, mußten entdecken, daß sie von neuem und tiefer denn je aufgerissen worden war! An jenem Tag wurden *EINE MILLION ACHTHUNDERTTAUSEND* Algerier, Männer und Frauen, die für ihr Vaterland gestorben waren, mit Füßen getreten.

Aber an jenem Tag befreiten wir uns auch von dem Knebel, der uns am Sprechen gehindert hatte.

Niemand darf das Opfer, das eine Million achthunderttausend Menschen gebracht, das Blut, das sie vergossen haben, verhöhnen.

Ein Versprechen, das man den Toten gegeben hat, muß man erfüllen!

Latifa Benmansour

1

Es schneite heftig. Dicke weiße Schneeflocken wirbelten wie wild gewordene Schmetterlinge durch den Himmel über Tlemcen, drehten sich im Kreis wie tanzende Derwische und taumelten zu Boden.

Die ganze Stadt war unter einer Schneedecke verschwunden, die so weich und flauschig war wie die Langwolle, für die Tlemcen berühmt war. Die Stirn an die Scheibe gepreßt, stand Zuhra fröstelnd am Fenster des Krankenhauszimmers, in dem ihre Tochter lag, und beobachtete das Schauspiel. Sie konnte sich nicht losreißen vom Anblick des traurigen Balletts der ziellos umherflatternden Schwalben. Die Vögel hatten sich aufgeplustert und schlugen verzweifelt mit den Flügeln, um sich zu wärmen. Einige suchten auf den Fenstersimsen Schutz, andere zogen unablässig ihre Kreise.

Zuhra wäre am liebsten hinausgegangen und hätte sie eingesammelt, aber ihre fünfzehnjährige Tochter, Marjam die vierte, rang mit dem Tod, und sie wollte ihr Krankenbett nicht verlassen.

Sie dachte zurück an den Tag, als Marjam, Nadschia und Mohammed, damals noch Kinder, tränenüberströmt in ihr Haus in Derb Messoufa gerannt gekommen waren und Marjam ihr eine Schwalbe gezeigt hatte, die von einem Stein getroffen worden war. Die Kinder weinten um das verletzte, leidende Tier. Sie hatten

Angst, es könnte sterben, und baten Zuhra, ihm zu helfen. Da hatte sie die Wunde gereinigt und dem Vogel zu trinken gegeben. Nach etwa einer Woche hatte er sich wieder erholt und war fröhlich zwitschernd davongeflogen.

Als die Kinder aus der Schule kamen und er nicht mehr da war, waren sie bitter enttäuscht. Mohammed weinte. Zuhra erklärte ihnen, daß sich Schwalben nicht zähmen ließen.

»Den Arabern gilt die Schwalbe als heiliger Vogel. Deshalb darf man ihr niemals weh tun«, hatte sie die Kinder belehrt. »Es bringt Unglück, einer Schwalbe ein Leid zuzufügen, ihr nicht zu helfen oder sie sterben zu lassen. Wer das tut, wird verflucht sein bis ans Ende seiner Tage: ›Du sollst sterben und leiden wie das wehrlose Tier, das dir nichts getan hat, sondern nur gekommen ist, dir Freude zu bringen und die schöne Jahreszeit anzukündigen.‹«

Die junge Frau sah die Szene so deutlich vor sich, als wäre es erst gestern gewesen. Dabei waren inzwischen viele Jahre vergangen. Ihre blauen Augen blickten starr auf die Stadt unter der mehreren Zentimeter hohen Schneedecke hinaus, während sie an die verletzte Schwalbe dachte, die Marjam gefunden hatte. Eine düstere Vorahnung überkam sie und ließ sie schaudern.

»Jamna, Zulaika, seht nur, die Schwalben! Sie werden erfrieren bei dieser Kälte. Ich habe das Gefühl, daß dieser Schneefall mir etwas sagen soll. ›Bereite das Leichentuch für deine Tochter vor, Zuhra.‹«

»Was redest du denn da!« rief Jamna. »Bitte den Allmächtigen sofort um Vergebung! Wie groß muß deine Verzweiflung sein, daß du auf solche Gedanken kommst. Als ob Schnee für uns Einheimische etwas Ungewöhnliches wäre!«

»Der Herr ist allmächtig«, sagte Zulaika. »Kein Mensch kann lange unter einer Schneedecke ausharren. In ein paar Wochen wird alles wieder grünen und blühen, prächtiger und farbenfroher als je zuvor. Alles wird seinen gewohnten Gang nehmen, so als wäre nichts geschehen. Mach dir keine Sorgen, Zuhra, Marjam wird wieder gesund werden. Der Unfall, den sie gehabt hat, ist wie dieser Schnee im März: bald nur noch eine böse Erinnerung.«

»Inschallah! So Gott will!« rief Jamna und hob die ausgebreiteten Arme.

Zuhra, die ihren Gedanken nachhing, antwortete nicht. Schließlich meinte sie seufzend:

»Ich habe nichts gegen strenge Kälte, solange Winter ist. Aber an Schnee im März werde ich mich nie gewöhnen. Wir haben doch schon Frühjahr!«

Jamna unterdrückte ein Gähnen. »Mir scheint, als sollte uns der plötzliche Kälteeinbruch daran erinnern, daß nichts auf dieser Welt von endgültiger Gewißheit ist. Stellt euch vor, ich habe schon die Teppiche und die Wolldecken weggeräumt. Und für diese Woche hatte ich einen großen Frühjahrsputz geplant. Die letzten Tage waren so schön, daß man hätte glauben können, es würde Sommer! Die Kältewelle soll aus Rußland kommen, sagt mein Mann.«

Zulaika lachte. »Wenn ich an die Entwicklungshelfer denke, die nach Algerien kommen, um die Sonne zu genießen! Erst letzte Woche habe ich auf dem Markt braungebrannte Ausländer gesehen, die Frauen in leichten Sommerkleidern, die Männer in kurzen Hosen. Ihre Gesichter heute morgen hätte ich sehen mögen! Die Ärmsten!«

Nun mußte auch Jamna lachen. Um Zuhras Lippen spielte ein schwaches Lächeln. Sie schaute noch immer den verwirrten, frierenden Schwalben zu. Vor ein paar Tagen waren die Kinder durch die Straßen gerannt und hatten geschrien: »Die Schwalben sind da! Die Schwalben sind da!« Und die Erwachsenen hatten genickt und gelächelt und dem Himmel gedankt und sich über die Kinder und den nahenden Frühling gefreut.

Der März ist ein gesegneter Monat in Tlemcen. Er bedeutet das Ende des oft strengen Winters und den Beginn des Frühjahrs. Der Himmel färbt sich strahlend blau, der Regen säubert die Straßen und die Mauern der wunderbaren Stadt. Häuser und Wohnungen werden so gründlich gereinigt, daß bald die ganze Stadt erfüllt ist von einem paradiesischen Wohlgeruch, der jeden benommen macht, der eine solch überwältigende Fülle von Düften nicht gewöhnt ist.

Auf dem kleinsten Fleckchen Erde sprießen Blumen, die Bäume setzen Knospen an, die nur auf die ersten Sonnenstrahlen warten, um aufbrechen zu können. Aber der März ist auch ein Monat der Überraschungen. Von einem Tag zum anderen kann ein eisiger Wind die laue Luft verdrängen und Schnee bringen.

Zuhra, die lange am Fenster gestanden hatte, merkte, wie ihr schwindlig wurde. Die durchwachten Nächte und die Angst, die sie seit fünf Tagen umklammerte, zehrten an ihren Kräften. Sie trat ans Krankenbett ihrer Tochter und setzte sich.

Marjam war totenbleich. Sie trug einen Verband um den Kopf, und das linke Bein war in einem Streckverband ruhiggestellt worden. Infusionsschläuche führten aus beiden Armen. Nur die schwache Auf-und-Ab-Bewegung ihrer Brust verriet, daß sie noch am Leben war. Zuhra blickte in ihr furchterregend blasses Gesicht und begann von neuem zu weinen.

Zulaika schaute von der aus Mekka mitgebrachten

Gebetsschnur in ihren Händen auf. Den Finger auf der Perle, die für die Barmherzigkeit Gottes steht, sagte sie:

»Sei tapfer, Zuhra. Du hast so viele Schicksalsschläge geduldig ertragen, du wirst auch diesen verkraften.«

»Ach, liebste Zulaika, ich fürchte, diese Prüfung ist zu schwer für mich. Ich kann einfach nicht mehr.«

»Früher hast du dich nicht so leicht entmutigen lassen, Schwester«, sagte Jamna mit strenger Miene. »Vergiß nicht, daß du noch andere Kinder hast. Sieh dich doch nur an! Wenn Marjam aufwacht und dich in diesem Zustand sieht, wird sie gleich wieder in Ohnmacht fallen, so leichenblaß bist du!«

»Meine Kinder!« schluchzte Zuhra. »›Ich will das Süße und das Bittere für sie trinken‹, so wie ich es immer getan habe.«

»Bete, Zuhra. Bete zu Gott und bitte ihn um Hilfe«, ermunterte Zulaika sie. »In seinen Händen liegt es, das Unheil von dir abzuwenden. Wenn er beschlossen hat, Marjam zu sich zu nehmen, wirst weder du noch die Ärzte oder die Schläuche, mit deren Hilfe sie ernährt wird, etwas daran ändern können. Wenn ihre Stunde aber noch nicht gekommen ist, wird sie wieder gesund werden. Und alles, was du durchgemacht hast, wird dir wie ein böser Traum erscheinen. Denk doch nur an unsere *lalla*[1] Mania und ihre schreckliche Krankheit. Die Ärzte gaben ihr nur noch zwei Monate zu leben. Aber sie hat sich erholt und weilt noch immer unter uns. Weil ihre Stunde noch nicht gekommen war! Du mußt beten, Zuhra. Das wird dir helfen.«

»Das tue ich ja. Ich habe sogar den Koran, das heilige Buch, unter Marjams Matratze gelegt. Meine Kinder be-

[1] Ehrende Anrede, bedeutet soviel wie »Frau«.

ten jeden Tag an den Gräbern ihrer Ahnen in Ain el Houts und bitten sie, Fürsprache beim Allmächtigen für Marjam einzulegen, damit er sie wieder gesund mache. Ich weiß, daß das Schicksal meiner Tochter in den Händen Gottes liegt, liebste Zulaika. Aber es steht nirgends geschrieben, daß man ein Unglück einfach hinnehmen muß. Auch *lalla* Mania hat die Dinge selbst in die Hand genommen, als es so schlecht um sie stand. Statt der schmerzlindernden Medikamente, die die Ärzte ihr verschrieben hatten, kaufte sie Kräuter und Heilpflanzen und behandelte damit ihre Krankheit. ›Verlange wenig von Gott und viel von den Menschen‹, sagen die Alten. Und wenn ich weine, dann nur, weil ich nicht mit ansehen kann, wie mein eigen Fleisch und Blut leiden muß.«

»Bete, Zuhra! Bete und hab Geduld.«

»Ich werde euch etwas sagen, das euch vermutlich überraschen wird. Falls meine Tochter irgendwelche Schäden zurückbehalten sollte, ist es mir lieber, sie stirbt und kommt ins Paradies zu ihrem Vater.«

»*Bismi allah arrahman arrahim*! Im Namen des gütigen, barmherzigen Gottes! Bitte den Herrn um Vergebung! Weißt du nicht, daß du hinzunehmen hast, was er dir schickt?« riefen Jamna und Zulaika wie aus einem Munde.

»Ihr habt gut reden!« schrie die junge Frau in einem Anfall tiefster Verzweiflung. »Ich habe oft genug die gleichen Worte gebraucht, um jemanden zu trösten. Aber warum quält der Allmächtige mich mit solcher Beharrlichkeit? Was habe ich meinem geliebten Herrn getan, daß er mich so straft? Daß er dem Liebsten, was ich auf dieser Welt besitze, ein Leid zufügt, nur um mir weh zu tun?«

Zuhras Schluchzen, Klagen und Stöhnen hatte nach und nach den Nebel, der Marjam umgab, zerrissen, und sie erwachte allmählich aus ihrer Benommenheit. Sie hatte kein Gefühl in Armen und Beinen, ihr Kopf schien mindestens eine Tonne zu wiegen, und ihre Lider waren schwer wie Blei. Aber sie konnte Zuhras Stimme deutlich hören.

Warum wünschte sich ihre Mutter so inbrünstig, sie wäre tot? Sie versuchte die Augen zu öffnen, aber es gelang ihr nicht. Sie wollte etwas sagen, doch sosehr sie sich auch anstrengte, sie brachte keinen Laut hervor. Panik ergriff sie. Was ist bloß los mit mir? dachte sie. Warum will meine Mutter, daß ich sterbe? Was habe ich getan, daß sie sich so etwas Schreckliches wünscht? Als sie sich zu bewegen versuchte, durchfuhr sie ein stechender, höllischer Schmerz. Sie schrie auf.

Zuhra sprang von ihrem Stuhl auf und riß ihre Tochter an sich. Sie warf sich schützend über sie, und niemand hätte es in diesem Augenblick wagen dürfen, sie von ihrem Kind trennen zu wollen. Als Marjam in die Augen ihrer Mutter blickte, wußte sie sofort, daß es nicht gut um sie stand. Sie kannte diesen Ausdruck.

»Geh und hol die Schwester, Jamna«, flehte Zuhra. »Sag ihr, daß es meiner Tochter schlechtergeht.«

»Beruhige dich, Kind«, sagte Zulaika. »Es ist alles in Ordnung. Wenn sie schreit, ist das ein gutes Zeichen.«

Zuhra ließ hilflos den Kopf sinken. Die Verzweiflung schnürte ihr die Kehle zu.

Wo bin ich, *Mwa*? Marjam formte den Satz mühsam mit den Lippen, die sich indes beharrlich weigerten, einen Ton durchzulassen. Dabei hatte sie so viele Fragen. Flehentlich blickte sie zu ihrer Mutter auf, deren blaue Augen in Tränen schwammen. Wie schön sie ist, dachte sie. Niemand hat so reine, so vollkommene Züge wie sie. Gott hat ihr Gesicht mit der Hand eines begnadeten Malers und mit der Seele eines Dichters gezeichnet. Und ihre Augen! Ihre Farbe wechselt wie die des Meers: blau, fast grün in Zeiten des Glücks und der Freude, grau im Zorn.

Zuhra, die ihre Tochter noch immer fest umklammert hielt, hatte begonnen, Koranverse herzusagen. Zulaika stimmte mit ein. Die Gläubigen pflegten dem Herrn und dem Propheten Mohammed für das Gute, das ihnen zuteil wurde, zu danken und sie in Not und Bedrängnis um Hilfe zu bitten. Die Verse, die Zuhra und Zulaika mit monotoner Stimme aufsagten, waren Bittgebete.

Da begriff Marjam, daß es sehr schlecht um sie stehen mußte.

»Marjam? Kannst du mich hören, Mütterchen?« flüsterte Zuhra zärtlich. »Du bist aus einem langen Schlaf erwacht, meine Rose, Licht meiner Tage. Du hast einen Unfall gehabt und fünf Tage im Koma gelegen. Ich weiß nicht, was dich nach Aswi'a am Bab Sidi Boumedienne in der Nähe unseres alten Viertels geführt hat. Als du die Straße überqueren wolltest, bist du von einem kleinen Lastwagen, der viel zu schnell fuhr, erfaßt und mehrere Meter durch die Luft geschleudert worden und mit dem Kopf gegen die Bordsteinkante geprallt. Die Leute am Unfallort sagten, du hättest es deinen verehrten Vorfahren, nämlich Sidi Abdallah, Sidi Mohammed Ben Ali und Sidi Mansur, deren Kuppelgräber über Ain el Houts aufragen, zu verdanken, daß du noch am Leben bist. Hast du mich verstanden?«

Marjam versuchte zu sprechen, aber es ging nicht. Der Gedanke, daß sie womöglich stumm blieb, erfüllte sie mit panischer Angst. Sie stöhnte auf, und Zuhra drückte sie noch fester an sich. Zulaika wischte sich die Tränen ab und begann von neuem zu beten.

»Man hat dich ins Krankenhaus gebracht«, fuhr Zuhra fort. »Die Ärzte sagen, du hast Schädelverletzungen, und außerdem hast du dir das Bein gebrochen. Solange du im Koma lagst, konnten sie nichts für dich tun. Deshalb haben sie dich in diesem Zimmer untergebracht. Das Warten ist schrecklich für mich, Kind. Mir kommt jeder Tag wie das ›letzte Stück Weg am Tag des Jüngsten Gerichts‹ vor. Weißt du, mein Augenstern, dieser todesähnliche Schlaf dauert normalerweise höchstens zwei oder drei Tage. Bei dir sind es aber schon fünf. Die Ärzte hatten fast schon die Hoffnung aufgegeben. Deine Tante Jamna und ich sind die ganze Zeit bei dir gewesen, wir schlafen sogar hier in deinem Zimmer und wachen abwechselnd an deinem Bett. Zulaika sieht jeden Tag nach dir, und deine Schwestern, dein Bruder und dein Großvater besuchen dich, sooft es geht.«

Die Tür öffnete sich, und Jamna kam herein, gefolgt vom Arzt und der Krankenschwester.

»Was ist passiert?« fragte der Arzt.

»Wir haben uns unterhalten, und da stieß Marjam plötzlich einen Schrei aus. Wir sind zu Tode erschrokken«, erklärte Zuhra mit angsterfüllter Miene.

»Das ist aber eine gute Nachricht! *Mabruk*! Meinen Glückwunsch. Ihre Tochter hat das Bewußtsein wiedererlangt. Dieser Schrei, der Sie so erschreckt hat, ist ein Zeichen dafür, daß sie aus dem Koma erwacht ist und ihre Wahrnehmungsfähigkeit offensichtlich nicht beeinträchtigt wurde.«

»Heißt das, sie ist gerettet?« stammelte Zuhra.

»Nicht so hastig«, wehrte der Arzt lächelnd ab. »Ich habe nur gesagt, sie ist wieder bei Bewußtsein. Wir müssen die weitere Entwicklung abwarten, ehe wir eine endgültige Diagnose stellen können. Jetzt hängt alles von Ihrer Tochter ab. Eine Heilung ist nur möglich, wenn sie selbst den Willen hat, wieder gesund zu werden. Aber da bin ich zuversichtlich. Sie ist fünfzehn, das ist doch ein herrliches Alter!«

»Und wenn sie diesen Willen nun nicht hat?« fragte Zuhra mit vor Besorgnis belegter Stimme.

»Aber wer wird denn so schwarzsehen! Weshalb sollte Ihre Tochter nicht den Wunsch haben, zu leben?«

»Ich weiß nicht, Doktor ... Es ist wie so eine Art Vorahnung ...«

»Sie wollen zuviel auf einmal. Gestern haben Sie noch zu Gott gefleht, daß Ihre Tochter endlich aus dem Koma erwachen möge, und siehe da: schon ist Ihr Gebet erhört worden. Jetzt müssen wir Geduld haben. Sie werden sehen, bald wird sie wieder sprechen können, und es wird Schritt für Schritt aufwärts gehen. Nicht mehr lange, und das Ganze wird Ihnen wie ein böser Traum vorkommen. Nun weinen Sie nicht, Sie haben wirklich keinen Grund dazu«, versicherte ihr der unendlich geduldige Arzt.

»Er hat recht, Zuhra«, sagte die weise Zulaika. »Deine Tochter ist bei Bewußtsein, und wenn sie merkt, daß du weinst, regt sie sich nur unnötig auf.«

»Ihr Kind braucht jetzt Menschen um sich, die heitere Zuversicht ausstrahlen. Glauben Sie mir, Marjams Verletzungen sind wirklich nicht schwer. Die Röntgenaufnahmen zeigen einen einfachen, quer verlaufenden Bruch im oberen Drittel des Oberschenkelknochens. Es ist weder ein offener noch ein Splitterbruch, und es sind auch keine Gefäße beschädigt worden. Sobald Marjams Zustand es erlaubt, werden wir einen kleinen chirurgischen Eingriff vornehmen, das ist alles.«

»Aber ihr Kopf, Doktor«, beharrte Zuhra. »Was ist mit ihrem Gehirn? Sie wird doch keine bleibenden Schäden davontragen, oder?«

»Ich bitte Sie, Madame, wie kommen Sie denn auf diesen Gedanken?« sagte der Arzt tadelnd. »Ihre Sorge, daß Marjam den Rest ihres Lebens im Rollstuhl verbringen oder bis ans Ende ihrer Tage ein Pflegefall sein wird, ist völlig unbegründet. Ich sagte Ihnen doch bereits, daß die Röntgenaufnahmen des Schädels eine Fraktur zeigen, die man als harmlos bezeichnen kann. Der Gesichtsschädel wurde nicht eingedrückt, und wie Sie auf dieser Aufnahme hier selbst sehen können, sind die Halswirbel unverletzt geblieben. Die Verletzungen Ihrer Tochter sind keineswegs lebensgefährlich, glauben Sie mir doch! Sie helfen ihr und Sie helfen uns am besten, wenn Sie Ruhe und Gelassenheit bewahren. Sie dürfen sich Ihre Besorgnis auf keinen Fall anmerken lassen. Sprechen Sie mit Ihrer Tochter, auch wenn sie Ihnen nicht antwortet, sie kann Sie hören. Erklären Sie ihr, was passiert ist.«

»Ihr Ärztc mit eurem unerträglichen Optimismus!« rief Zuhra, die das letzte Wort haben wollte, erregt.

»Und Sie machen sich zu viele Sorgen, Madame. ›Meide das Übermaß in allen Dingen, denn es ist verabscheuenswert.‹ So steht es im Hadith[1] geschrieben, wie Ihnen sicherlich bekannt ist. Hier, das ist das Krankenblatt Ihrer Tochter. Ihre Temperaturkurve verläuft normal, ihr Puls ist regelmäßig, sie hat keine Atembeschwerden, und die Urinuntersuchung hat ergeben, daß ihr Zustand in keiner Weise besorgniserregend ist.«

Der kalte Ton des Mediziners ließ Zuhra frösteln. Dennoch blieb sie hartnäckig.

»Warum kann sie dann nicht sprechen? Warum kann sie sich nicht bewegen?«

»Lassen Sie ihr ein bißchen Zeit, sie ist gerade erst aus dem Koma erwacht. Sie wird seit ihrer Einlieferung mit

[1] Hadith: dem Propheten Mohammed zugeschriebene Aussprüche, neben dem Koran Grundlage der Scharia, des islamischen Gesetzes.

Antibiotika behandelt, um eine Infektion des Liquor cerebrospinalis zu verhindern«, fügte er langsam und deutlich, jede Silbe betonend, hinzu. »Auch auf die Gefahr hin, daß Sie schockiert sein werden: Ihre Tochter hat einen ganz alltäglichen Unfall gehabt. Sie wird intensiv betreut, und sobald sie wieder im Vollbesitz ihrer Kräfte ist, werden wir den erforderlichen chirurgischen Eingriff vornehmen. Bis es soweit ist, bleibt uns nichts anderes übrig, als zu warten. Das ist eine schreckliche Zeit für die Angehörigen, aber es ist leider nicht zu ändern. Alles Weitere hängt von Marjam ab. Und sie wird es schaffen, glauben Sie mir.« Damit wandte er sich zum Gehen.

»Gott segne und erhöre Sie«, riefen Jamna und Zulaika ihm hinterher, während die Krankenschwester, welche die ganze Zeit über in ehrerbietigem Schweigen verharrt hatte, die Tür hinter ihm schloß.

Die Frauen setzten sich ans Fenster, und Jamna fragte:

»Was wollte Marjam eigentlich am Bab Sidi Boumedienne? So weit von zu Hause und an einem Freitag nachmittag? Hätte sie nicht in der Schule sein müssen?« Sie hatte den Zeigefinger der rechten Hand an die Schläfe gelegt und den Mittelfinger an die Oberlippe und sah in dieser grüblerischen Haltung aus wie einer von Agatha Christies Detektiven bei der Aufklärung eines schwierigen Falls.

»Ich weiß es nicht, Tochter meiner Mutter«, antwortete Zuhra.

Bei diesen Worten packte Marjam ein unbändiger Lachreiz. Die für die Tlemcenerinnen geläufige Wendung »Tochter meiner Mutter« anstatt »Schwester« oder »Sohn meiner Mutter« anstatt »Bruder« rief bei ihr stets Heiterkeit hervor. Unbewußt hielten es die

Frauen mit der alten Weisheit, derzufolge man sich zwar der Mutter, keineswegs aber des Vaters sicher sein konnte.

»Und ihre Freundinnen?« fragte Jamna weiter. »Wissen die denn nichts?«

Zuhra schüttelte den Kopf. »Ich weiß nur, daß sie früher gegangen ist, weil ein Lehrer gefehlt hat und sie nicht bleiben wollte, um Schularbeiten zu machen. Ihren Schwestern hat sie gesagt, sie sei müde und gehe lieber heim. Ich habe mir auch keine Gedanken gemacht, als Nadschia und Fatima allein nach Hause gekommen sind. Ich habe gedacht, Marjam hat vielleicht noch ihren Großvater besucht oder ist bei einer Freundin. Erst als Nadschia und Fatima anfingen, Fragen zu stellen, bin ich unruhig geworden. Und als dann die beiden Polizeibeamten vor der Tür standen, stockte mir das Blut in den Adern. Ich habe sofort gewußt, daß etwas Furchtbares passiert sein mußte. Die Beamten baten mich, sie ins Hospital zu begleiten. Was soll ich dir sagen, Tochter meiner Mutter? Ich wünsche niemandem, nicht einmal meiner ärgsten Feindin, was ich durchgemacht habe«, schloß Zuhra mit tränenerstickter Stimme.

»Beruhige dich doch! Weinen nützt auch nichts. Du hast doch gehört, was der Arzt gesagt hat.«

Zuhras Augenfarbe wechselte von türkis zu grau, ihre Nasenflügel bebten, und über der Nasenwurzel erschienen zwei steile Falten auf der glatten Stirn, was ihrem Gesicht den Ausdruck einer griechischen Tragödin verlieh. Ihre Gestik und ihre abgehackte Sprechweise unterstrichen diesen Eindruck noch.

»Beruhigen? Wie soll ich mich beruhigen? Was habe ich Schönes erlebt in meinem Leben, das mich mit Frieden erfüllen könnte?«

»Erzähl weiter, Tochter meiner Mutter. Bist du gleich mit den Polizeibeamten ins Krankenhaus gefahren?«

Zulaika lauschte mit der Miene einer Sphinx, während sie kaum merklich die Lippen bewegte und Daumen und Zeigefinger der rechten Hand über die Perlen ihrer Subha gleiten ließ, die für die Eigenschaften Gottes standen: »Im Namen Allahs des Wohltätigen, des Barmherzigen, des Weisen, des Allwissenden, des Gerechten, des Gütigen, des Sündenvergebenden, des Allmächtigen, des Erhabenen, des Großen, des Gewaltigen, des Allgegenwärtigen, des Lebendigen . . .«

»Natürlich. Ich weiß nicht einmal mehr, wie ich den Schleier angelegt habe oder in die Schuhe geschlüpft bin. Ich könnte auch nicht mehr sagen, welchen Weg wir genommen haben. Ich erinnere mich nur noch, daß ich meine Tochter daliegen sah, totenblaß, in einer Blutlache, das Bein mit Hilfe von Stöcken geschient und um den Hals ein Ding, das aussah wie eine dicke Manschette. Dieses Bild werde ich mein Leben lang nicht vergessen, genausowenig wie den Anblick ihres Vaters auf seinem Totenbett.«

In ihre Aufzählung der göttlichen Eigenschaften vertieft, seufzte Zulaika: »König der Menschen, Gott der Menschen, Herr der Morgendämmerung, der Himmelsfürst, der Unendliche, der Hüter, der Schöpfer . . .«

»Was habe ich dem Schöpfer, dem Himmelsfürsten getan, daß er mich so straft?« jammerte Zuhra. »Ich bin immer eine gute Mutter und eine gläubige Moslime gewesen. Warum gerade ich?«

»Der Glorreiche, der Zeuge, der Kenntnisreiche«, fuhr Zulaika mit lauter Stimme fort, »der Scharfsinnige, der Wachsame, der Beobachter, der Kluge, der Einzigartige, der Alleinige, der Gütige, der Wissende, der Liebende, der Unbezwingbare, der Gute, der Starke, der

Wohlwollende, der Nachsichtige, der Ruhmwürdige, der Wahre ...«

Zulaika war am Ende angelangt. Besser als Worte es je vermocht hätten, hatte ihre Aufzählung geholfen, Zuhras Schmerz und Angst zu lindern.

Marjam schlug die Augen auf und richtete sie auf das gequälte Gesicht ihrer Mutter, die die Hände vor Kummer ineinander verkrampfte. Sie beobachtete Zuhra heimlich, so wie sie es als kleines Mädchen gern getan hatte. Sie hatte sich in einer dunklen Ecke des Schlafzimmers versteckt und fasziniert zugeschaut, wie ihre Mutter sich ankleidete oder ihr Haar bürstete, das sie seit Jahren mit Henna färbte, was ihm einen honigfarbenen Ton verlieh, der ihren zartrosa Teint, ihre blauen Augen und ihre feinen Züge besonders gut zur Geltung brachte. Ihre einst feinglicdrige, schlanke Gestalt war nach sechs Schwangerschaften rundlicher und schwerfälliger geworden.

Nach dem Tod ihres Mannes, als niemand mehr da war, dem sie hätte gefallen wollen, hatte sie sich gehenlassen. Doch ihre Nachlässigkeit hatte weder die Vollkommenheit ihrer Züge noch die Eleganz ihrer Gesten beeinträchtigt. So wie ihre Mutter stellte sich Marjam die Königinnen und Prinzessinnen im Märchen vor.

Im Alter von achtundzwanzig Jahren hatte Zuhra von der Unbekümmertheit der Jugend Abschied genommen. Sie, die nichts so sehr liebte wie schöne Kleider und aufwendig gearbeiteten Schmuck, reduzierte ihre persönliche Farbskala auf drei Nuancen: grau, braun und dunkelviolett, in Tlemcen die Trauerfarben. Sie legte nie wieder Schmuck an. Lippenschminke, Khol und den Puder, der der Haut einen samtigen Schimmer verleiht, verbannte sie aus ihrem Lcben. Ihr Äußeres sollte die Trostlosigkeit in ihrem Innern widerspiegeln.

Von einem Tag zum andern hatte sich die sanfte, ausgeglichene, gutgelaunte Zuhra, die immer zu Scherzen aufgelegt war und gern lachte, in eine nervöse, verbitterte Frau verwandelt. Plötzlich stand sie allein da mit sechs kleinen Kindern und bekam eine Rolle aufgebürdet, auf die das Leben sie nicht vorbereitet hatte: die des Familienoberhaupts.

Die Gebetsschnur glitt von neuem durch Zulaikas knotige, unermüdliche Finger. Sie bestand aus hundert Perlen, wobei jede Perle eine Träne und jede Träne ein Kümmernis darstellte, das durch die Gott zugeschriebenen Eigenschaften gelindert werden sollte. Als Zulaika bei der Großmut angelangt war, hob Zuhra die Arme und rief:

»Was habe ich meinem geliebten Herrn getan? Warum straft mich der Großmütige, indem er mir Prüfungen auferlegt wie einst Sidna Aiyub[1]? *Saadi*[2], der Vater meiner Kinder, ist tot. Ich habe um ihn geweint und trauere immer noch um ihn. Ich habe acht Jahre Krieg und Terror erlebt. Viele von denen, die mir nahestanden, leben nicht mehr. Und jetzt wirst du mir vielleicht auch noch meine Tochter, meinen Augenstern nehmen! Warum ich? Warum ich?«

Marjam schloß die Augen, um die Tränen ihrer Mutter nicht mehr sehen zu müssen. Jedes ihrer Worte versetzte ihr einen schmerzhaften Stich. Der Krieg . . . und das Leid, das er über sie gebracht hatte . . . Ihr Vater – »mein Glück«, wie Zuhra zu sagen pflegte –, der in der Blüte seiner Jahre gestorben war . . . Mohammeds Bild stieg vor ihren Augen auf: seine glühenden dunklen Augen, sein Lächeln, sein vorzeitig kahl gewordener Schä-

[1] Wörtl. »Herr Hiob«.
[2] »Mein Glück«: Bezeichnung der Frauen von Tlemcen für ihre Ehemänner.

del. Er hatte sich stets solche Mühe gegeben, seinen weichen Kern unter einer rauhen Schale zu verstecken. Nichts hatte ihn so sehr erbost wie Ungerechtigkeit, und seine einzige Angst war die gewesen, er könnte einem anderen Schaden zufügen.

Die Erinnerung an den viel zu früh verstorbenen Vater erfüllte Marjam mit einem warmen Glücksgefühl. Seine Liebe zu seiner Frau und seinen fünf Töchtern war grenzenlos gewesen. Sie erinnerte sich an die Spazierfahrten an den Sonn- und Feiertagen in dem Delage, an dessen Steuer Baba, der Chauffeur, saß. Mohammed hatte zwar einen Führerschein, weigerte sich aber, selbst zu fahren, so schrecklich war ihm der Gedanke, er könnte einen Unfall verursachen und jemanden verletzen oder gar töten. »Ich versetze mich immer in die Lage des Opfers«, pflegte er zu sagen.

Marjam dachte an die Ausflüge nach »Saf-Saf«, Mansura und »Al Aourit« zurück, jene in Gedichten, den *hawfis*, und in den andalusischen Liedern besungenen Orte. Wie im Traum sah sie die Mütter und Väter, die Schmeichler und die Armen ins Haus ihrer Eltern strömen, sah die Schüler aller Konfessionen sich um Mohammed scharen, der am Gymnasium Mathematik unterrichtete, um sich ein letztes Mal von ihm unterweisen zu lassen.

Nach seinem Tod wurde es eigenartig leer im Haus; der Strom der Besucher riß ab. Die Schmeichler blieben fern, weil es nichts mehr zu gewinnen gab; die Eltern wandten sich an einen anderen einflußreichen Verwandten; der Großteil der Schüler kehrte in den Untergrund zurück. Nur die Armen kamen auch weiterhin; sie hatten nichts zu verlieren. Marjam erinnerte sich an die nicht enden wollenden Bridgepartien, die im Café Martini am Rathausplatz gespielt worden waren, und an die

Diskussionen, von denen sie überhaupt nichts verstand und die sich von höflichen, ruhigen Unterhaltungen in hitzige, erregte Gefechte verwandelten, sobald Franzosen anwesend waren.

Sie entsann sich des Tages, an dem Mohammed ihnen seinen Entschluß mitteilte, Tlemcen zu verlassen. Es war nach dem Abendessen. Er trank den Kaffee, den Zuhra aufgebrüht hatte, und bat sie, die Kinder zu holen, die in ihr Zimmer gegangen waren und spielten.

»Kommt alle her, Kinder, schnell!« rief sie. »Euer Vater hat uns etwas Wichtiges zu sagen.«

Die Mädchen folgten ihr und drängten sich um den Vater.

»Ich habe eine gute Nachricht für euch. Meine Versetzung nach Casablanca ist genehmigt worden. Wir werden nach Marokko ziehen!«

Mohammed, der mit einem Freudenausbruch gerechnet hatte, schaute verblüfft von einem zum andern, als ihm eisiges Schweigen entgegenschlug.

»Was habt ihr denn? Freut ihr euch denn gar nicht?«

»Nein! Ich werde niemals in ein fremdes Land gehen, auch dann nicht, wenn es arabisch und moslemisch ist. Ich werde mich niemals von meiner Familie, meinen Nachbarn und all den Menschen, die mir nahestehen, trennen. Ich werde Tlemcen niemals verlassen!« Zuhra brach in Tränen aus. »Niemals!«

Marjam und ihre Schwestern pflichteten der Mutter im stillen bei. Tlemcen war ihre Welt und Derb Messoufa, das Viertel, in dem sie wohnten, der schönste Ort auf Erden. Hier lebten ihre Freunde, ihre Nachbarn und vor allem Ami Ambarak, der Lebensmittelhändler, von dem sie sich trotz der Ermahnungen ihres Vaters mit Bonbons verwöhnen ließen[1].

»Da bringe ich euch gute Nachrichten, und ihr macht so ein Gesicht? Casablanca ist doch nicht aus der Welt. Du kannst deine Familie, deine Nachbarinnen und deine Freundinnen doch sehen, sooft du willst, Zuhra. Sie werden uns jederzeit willkommen sein. Und die Schulferien werden wir hier verbringen.«

»Ich verstehe nicht, wie es dir überhaupt in den Sinn kommen kann, dein Land, deine Heimatstadt zu verlassen! Dies ist das Land deiner Vorfahren, hier hast du deine Wurzeln, und das alles willst du aufgeben?«

»Schrei mich nicht an! Ich gehe doch nicht ins Exil, ich möchte nur für einige Zeit fort von hier, andere Luft atmen. Und ich möchte mehr Zeit für dich und die Kinder haben. Hier sind wir nie ungestört. Und wenn ich das Haus verlasse, bin ich der Arroganz der Siedler ausgesetzt und sehe nichts als das wachsende Elend meines Volkes. Willst du, daß ich eines Tages zum Mörder an einem Siedler werde? Oder daß man mir irgendwann den Schädel einschlägt? Entscheide dich, es liegt bei dir.«

»*Bismi allah arrahman arrahim*! Im Namen des gütigen, barmherzigen Gottes! Mal den Teufel nicht an die Wand! Was redest du denn da für dummes Zeug! Was wirst du dir noch einfallen lassen, um mich zu überreden? Warum denkst du ans Sterben? So ein Unsinn. Du wirst deine Kinder heranwachsen sehen und noch deine Enkelkinder auf den Knien schaukeln.«

[1] Arab. *ami* bedeutet »Onkel« und ist eine ehrende Anrede.

Eingeschüchtert vom ungewohnt ernsten Ton des Vaters, hörten Marjam und ihre Schwestern der Unterhaltung schweigend und ohne recht zu begreifen, worum es ging, zu. Mohammed zündete sich eine Zigarette an und ließ sie nach ein, zwei Zügen zwischen den Fingern herunterbrennen. Für einen Augenblick gelang es ihm, seine Verärgerung zu unterdrücken. Aber dann sagte er aufbrausend:

»Was weißt du denn schon von den Dingen, die da draußen vor sich gehen? Ich habe doch immer alles von dir und den Mädchen ferngehalten! Ich habe mich immer vor euch gestellt. Aber jetzt ertrage ich es einfach nicht mehr, daß ein Siedler, ein Abenteurer mir sagen will, was ich zu tun und zu lassen habe.« Er drückte die Zigarette mit solcher Heftigkeit aus, daß die Mädchen unwillkürlich zurückzuckten. Die Bewegung entging ihm nicht. Er zwang sich zur Ruhe und fuhr mit tonloser Stimme fort:

»Die wollen mir beweisen, daß sie mir überlegen sind? Ausgerechnet die wollen etwas Besseres sein als ich?« Er lachte auf, und es klang wie ein Schluchzen. »Ich kann meine Familie mehr als dreizehn Jahrhunderte zurückverfolgen. Meine Vorfahren haben niemals vor irgendwem das Knie gebeugt. In meiner Ahnenreihe finden sich so berühmte Namen wie Mohammed, Fatima, Ali, Hasan, Husain und vor allem Mohammed an-Nafs as-Sakijas: Mohammed, die reine Seele.« Die Sprechweise und den Akzent der französischen Siedler nachahmend, fuhr er fort: »Sie gehören doch nicht zu denen, Monsieur, Sie haben Respekt verdient. Sie sind anders als die, schließlich haben Sie an unseren besten Universitäten studiert. Warum wohnen Sie noch immer in Derb Messoufa? Das ist doch keine Gegend für einen Mann wie Sie!

Machen Sie es wie viele Ihrer arabischen Kollegen auch, und suchen Sie sich ein Haus im Villenviertel von Tlemcen.«

Mohammed verstummte und steckte sich eine neue Zigarette an. »›Ich bin in Derb Messoufa geboren worden, hier will ich bleiben und meine Kinder großziehen‹, habe ich diesem hergelaufenen Kolonisten geantwortet, der sich ein Urteil über die arabische Stadt angemaßt hat. Für wen hält er sich, daß er glaubt, mir Ratschläge erteilen zu können? Mir, einem Nachkommen der Enkel des Propheten! Meine Vorväter waren *mrabets*[1], die im ganzen Maghreb geachtet und gefürchtet waren. Noch heute kann man ihre jahrhundertealten Grabmäler in Ain el Houts bewundern.« Er sah Zuhra an und sagte ernst: »Weißt du, der Tag wird kommen, an dem die Soldaten der Kolonisten die Gräber meiner Ahnen schänden werden. Dieser Tag ist nicht mehr fern. Und wenn es soweit ist, werde ich zu den Waffen greifen. Aber bis dahin möchte ich in Ruhe mit dir und den Kindern leben können. Ich will noch ein paar glückliche Stunden erleben. Nur ein paar. Deshalb habe ich um meine Versetzung gebeten, begreifst du das nicht? Nur ein paar Stunden«, murmelte er noch einmal, wie zu sich selbst.

»*Bismi allah arrahman arrahim*! Was ist nur los mit dir in letzter Zeit? Warum bist du so schwermütig? Gestern erst hast du mich auf den Koran schwören lassen, daß ich deinen Kindern eine gute Mutter sein werde, falls dir etwas zustößt, und daß ich alles in meiner Macht Stehende tun werde, damit sie ihren

[1] Die geläufigere Bezeichnung ist Marabut: Einsiedler, Heiliger, der oft ein Nachkomme des Propheten Mohammed ist.

Schulabschluß machen. Woher kommen diese düsteren Gedanken auf einmal?«

»Ein freier Mann wird nicht alt. Wenn er nicht ermordet wird, pflegte mein Großvater zu sagen, dann stirbt er an der Wut, die ihm das Herz zerfrißt«, lautete Mohammeds rätselhafte Antwort.

Zuhra warf den Kopf zurück und lachte schallend.

»Jetzt hast du die Dinge so schwarz gemalt, daß mir gar nichts anderes mehr übrigbleibt, als mich deinem Entschluß zu beugen. Das hast du wirklich geschickt angefangen. Gehen wir also nach Marokko. Ich glaube nicht, daß ich mich einsam fühlen werde, ein Großteil deiner Verwandtschaft lebt ja dort.«

»Du wirst sehen, es wird dir dort gefallen und den Kindern auch. Ich verspreche dir, daß du glücklich sein wirst. Casablanca liegt am Meer. Das Haus, das ich für uns kaufen möchte, ist nur ein paar hundert Meter vom Strand entfernt. Du kannst schwimmen gehen, sooft du willst. Und bald wird Marokko unabhängig sein. Stell dir vor, wir werden in einem freien Land leben! Weißt du, was für ein unerhörtes Glück das ist? Als ganz normaler Bürger in einem freien Land zu leben?«

»Inschallah!« erwiderte Zuhra. »Kommt jetzt, Kinder, sagt eurem Vater gute Nacht und geht dann schlafen!«

Marjam und ihre Schwestern standen auf und wünschten den Eltern eine gute Nacht. Kaum waren die Mädchen allein, brachen die älteren in Tränen aus.

»Wenn wir von hier fortziehen, müssen wir die Schule wechseln! Und bekommen neue Lehrerinnen! Und müssen uns neue Freundinnen suchen!« jammerten sie in den höchsten Tönen.

Marjam und ihre jüngere Schwester blickten verwundert von einer zur andern. Es war ihnen unbegreiflich, wie man der Schule oder den Lehrerinnen nachtrauern konnte. Was sie vermissen würden, das waren die Nachbarn, die immer ein freundliches Wort für sie hatten, die Freundinnen, mit denen sie auf der Straße spielten, und die Süßigkeiten, mit denen Ami Ambarak sie verwöhnte.

Viele Jahre später, als sie dem verborgenen Sinn der Worte im Dschungel der Zeichen nachspürte, das Mysterium der Sprachstruktur mittels der Sprachenvielfalt zu ergründen und das Sprachwissenschaftliche vom Nicht-Sprachwissenschaftlichen, die Oberflächenstruktur von der Tiefenstruktur zu trennen versuchte, begriff Marjam, daß jener Abend, an dem Mohammed seinen Entschluß, Tlemcen zu verlassen, bekanntgab, einen tieferen, verborgenen Sinn hatte.

Ihre Eltern hatten nie wichtige Angelegenheiten in Gegenwart der Kinder besprochen. Ihr Vater wartete stets, bis er mit Zuhra allein war. Aber an jenem Abend waren seine Worte nicht für seine Frau bestimmt gewesen. Die Empfänger der Botschaft, wie der herausragende Sprachwissenschaftler Ferdinand de Saussure und lange vor ihm, nämlich im 8. Jahrhundert, der persische Gelehrte Sibawaih, der die erste arabische Grammatik verfaßte, gesagt hätte, die Empfänger der Botschaft waren seine fünf Töchter. Mohammed hatte ihnen seinen Letzten Willen diktiert. Und Marjam würde alles daransetzen, das Testament des Vaters zu vollstrecken.

Die Nachricht von ihrem Wegzug verbreitete sich wie ein Lauffeuer. Jeden Tag kam irgendein Verwandter, Nachbar oder Bekannter vorbei und fragte, ob es denn stimme, daß sie Tlemcen verlassen würden. Und Zuhra erklärte jedesmal aufs neue, daß die Idee nicht von ihr, sondern von ihrem Mann stamme. Er sei schon vorausgefahren, um ein Haus für sie zu kaufen und alles für ihre Ankunft vorzubereiten.

Die Zeit wurde ihr allmählich lang. Als Mohammed endlich zurückkam und ihr Fotos von dem Haus zeigte, war sie von den Vorbereitungen für den Umzug so erschöpft, daß sie sich sehnlichst wünschte, sie hätte ihr schönes neues Heim schon bezogen. Aber dann ging alles ganz schnell. Am Tag des Umzugs versammelten sich Angehörige, Freunde und Nachbarn in aller Frühe vor dem Haus, um Mohammed und die Seinen zu verabschieden, ihnen ein langes Leben und viel Glück zu wünschen.

Zuhra weinte, die Nachbarn schluchzten, und Mohammed war gereizt. Die Mädchen fanden die ganze Angelegenheit herrlich aufregend. Sie wurden von Nachbarn und Verwandten mit Geschenken und Süßigkeiten überhäuft und sprangen ungeduldig zwischen den Erwachsenen umher. Baba, der Chauffeur, machte dem Zirkus schließlich ein Ende: Wenn sie noch vor Einbruch der Dunkelheit in Oujda sein wollten, schrie er, dürften sie keine Zeit mehr verlieren. Der Abschied war herzzerreißend.

Marjam würde den Augenblick nie vergessen, denn es ereignete sich etwas höchst Ungewöhnliches: ihr Vater weinte. Als sie Derb Messoufa, die Königszitadelle, und Tlemcen, die Perle des Maghreb, die Stadt der Kunst und der Geschichte, wie es auf den Schildern am Eingang der tausendjährigen Stadt hieß, hinter sich ließen, liefen Mohammed Tränen über die Wangen.

Während sie in ihrem Krankenhausbett auf den Tod wartete, der sie von ihren Leiden erlösen würde, wurde Marjam klar, weshalb alle ihre Reisen in die Vergangenheit sie unweigerlich zuerst nach Derb Messoufa führten. Dort und nirgendwo sonst hatte sie die schönsten Jahre ihres Lebens verbracht. Sie hatte eine behütete Kindheit gehabt, einen liebenden Vater, eine glückliche Mutter. Die Wärme und die Herzlichkeit der Menschen in jenem Viertel gaben ihr Hoffnung, als sie verzweifelt war, und holten sie ins Leben zurück, als sie tödlich verwundet war. Ihre Liebe hatte sie gerettet. Nicht vor jenem Tod, bei dem der Körper der Erde übergeben wird und die Seele himmelwärts entflieht, nein, vor einem weitaus schlimmeren, denn es gibt viele Arten zu sterben ... Daß sie gerettet worden war, hatte Marjam nicht den Ärzten in ihren weißen Kitteln zu verdanken, sondern den Einwohnern von Derb Messoufa.

2

In der Annahme, Marjam sei wieder eingeschlafen, stellten die drei Frauen noch immer Vermutungen über die Gründe an, die das Mädchen an jenem Freitag nachmittag nach Aswi'a geführt haben mochten.

»Da steckt bestimmt etwas dahinter«, murmelte Jamna mit dem Gesichtsausdruck eines mißtrauischen Schnüfflers.

»Ich wüßte nicht, was«, entgegnete Zulaika achselzuckend. »Warten wir ab, bis Marjam wieder sprechen kann, dann wird sich alles aufklären. Es hat wenig Sinn, sich den Kopf zu zermartern, wie die *Rumis* sagen. Was soll schon ungewöhnlich daran sein, daß sie nach Aswi'a gegangen ist? Von Derb Messoufa ist es nicht weit bis dorthin. Vielleicht hat sie jemanden besucht. Vor eurem Umzug hat sie das jeden Tag gemacht, morgens, mittags und abends.«

Zuhras schwerer Seufzer sprach Bände.

»Ich weiß, ich habe deswegen oft genug mit ihr geschimpft. Manchmal war sie so müde vom Laufen, daß sie mir hoch und heilig versprach, diese dummen Ausflüge künftig zu unterlassen. Aber was soll ich euch sagen? Marjam wird mir immer ein Rätsel bleiben.«

Bei diesen Worten huschte ein Lächeln über Marjams Gesicht. Sie wußte, daß sie zuweilen Dinge tat, die ihre Mutter irritierten.

Die Unterhaltung wurde unterbrochen, als es kurz und kräftig klopfte. Die Tür wurde aufgestoßen, und Marjam brauchte nicht die Augen zu öffnen, um zu wissen, wer da hereingestürmt kam: Amti Zainab. Ihre Großtante war ein wahrer Schatz. Ein wandelndes Märchenbuch. Niemand kannte spannendere Geschichten als sie, und niemand konnte sie fesselnder erzählen.

Tante Zainab hatte die stolze Haltung und das selbstsichere Auftreten jener, die sich ihrer vornehmen Herkunft bewußt sind. Von den Eltern war sie, die einzige Tochter neben drei Söhnen, zärtlich geliebt worden. Ihr Vater, Marjams Urgroßvater, war in Tlemcen ein angesehener, geachteter Mann.

Mulaj Idris soll eines Tages eine sehr lebhafte Diskussion mit einem *kurughli*[1] geführt haben, in deren Verlauf dieser in überheblichem Ton Zweifel an der Abstammung des alten Mannes und an seinem Status als *maswar*[2] der *mrabets* dieser Region äußerte. Obgleich Mulaj Idris empört war über die unglaubliche Arroganz

[1] Wörtl. »Sklavensohn«. Das Wort stammt aus dem Türkischen und bezeichnete ursprünglich die Nachkommen türkischer Janitscharen, später die Mischlinge mit einem türkischen und einem algerischen Elternteil.

[2] Das Wort stammt aus der Berbersprache und bedeutet »Ältester« oder im weiteren Sinne »Oberhaupt«.

des *kurughli*, ließ er sich nichts anmerken, sondern entgegnete ihm lächelnd:

»Falls die Anschuldigungen, die du gegen mich und meine Familie vorgebracht hast, begründet sind und du mich und meine Vorfahren somit zu Recht herausgefordert hättest, wirst du der glücklichste Mann unter der Sonne sein. Aber du Unglücklicher hast es gewagt, jene zu provozieren und zu beleidigen, die keine andere Furcht kennen als die Furcht vor Gott. Du hast es gewagt, dich auf eine Stufe mit jenen zu stellen, die seit Jahrhunderten Werte verteidigen, von denen du keine Ahnung hast. Dich zu töten hieße, dir einen Dienst erweisen. Morgen, zur selben Stunde, wirst du wissen, wer ich bin. Am eigenen Leib sollst du es erfahren.«

Der *kurughli* wurde blaß und stammelte hastige Entschuldigungen. Aber Mulaj Idris musterte ihn nur verächtlich und wandte sich ab. Ohne irgend jemandem etwas davon zu sagen, auch nicht seiner Frau, machte er sich auf den etwa zwanzig Kilometer langen Weg nach Ain el Houts, der Wiege seiner Väter, wo er die Nacht verbrachte. Die Hüter der Grabmäler von Sidi Abdallah, Sidi Mansur und Sidi Mohammed Ben Ali berichteten später, Mulaj Idris habe bis zum Morgengrauen ohne Unterlaß in den Mausoleen seiner Vorfahren gebetet.

Am andern Tag kehrte er nach Hause zurück. Seine Frau empfing ihn schweigend. Die Mahlzeit, die sie für ihn auftragen ließ, rührte er nicht an.

»Ich muß mich ausruhen«, sagte er, »und möchte auf keinen Fall gestört werden.«

Am späten Nachmittag jedoch fand sich die Familie des *kurughli* bei Mulaj Idris ein und flehte seine Frau um Hilfe an. Die Urgroßmutter hatte Mitleid mit den völlig Verzweifelten. Sie weckte ihren Mann und bat ihn, die Besucher zu empfangen. Da erhob er sich und hieß sie in seinem Haus willkommen. Die Frau des *kurughli* warf sich ihm zu Füßen und beschwor ihn, ihrem Mann zu vergeben. Seine linke Körperhälfte sei gelähmt, jammerte sie, so daß er sich nicht mehr von seinem Lager erheben könne.

Mulaj Idris faßte sie an den Armen und half ihr aufzustehen. »Ich habe ihm vergeben«, sagte er. »Ob er wieder gesund wird, liegt allein in Gottes Hand.«

Amti Zainabs Mutter war eine Verwandte des Emirs Abd el-Kader und eine Cousine des Mannes, dem die Kolonialtruppen den Beinamen »Wegelagerer« gaben: Busijan el Qal'i. Er war ein Revolutionär zu einer Zeit, als man diesen Begriff noch gar nicht verwendete, einer, der die Reichen bestahl und die Armen beschenkte. Der Sohn einer der angesehensten Familien Algeriens war von den Kolonialtruppen gnadenlos verfolgt und gejagt worden.

»Aschargija«, die Frau aus dem Osten, wurde Zainabs Mutter in Tlemcen genannt, denn sie war keine Einheimische, sondern stammte aus Mascara. Ihre Schönheit war sagenhaft. Von ihr hatte Zainab das prächtige schwarze Haar und den schlanken, hohen Wuchs geerbt. Fatima bent Al Qal'i soll sich aber auch durch eine starke Persönlichkeit ausgezeichnet haben. Sie war erzogen worden wie ein Junge. Auf dem Besitz ihres Vaters in Mascara konnte man Aschargija oft mit ihrem Bruder auf einem feuerroten Pferd ausreiten sehen. Nach ihrer Eheschließung folgte sie ihrem Mann nach Tlemcen. Die Frauen dort sollen aus den Häusern auf die Straße gelaufen sein, um ihre Kleider und ihren Schmuck zu bewundern, wenn sie mit ihren Dienerinnen den Hamam, die Badeanstalt, aufsuchte.

Der frühe Tod ihres Mannes und der Verlust ihres Spielgefährten Busijan, der auf schreckliche Weise ums

Leben kam, trafen sie schwer, und sie sollte sich nie mehr von diesen Schicksalsschlägen erholen.

Amti Zainab konnte ihre Vorfahren nicht nur väterlicher-, sondern auch mütterlicherseits bis zu Mohammed zurückverfolgen. Sie sei, so betonte sie, gleich zweifach von Gott und dem Propheten gesegnet. »Die beidseitige Scherifin« nannten Marjam und ihre Schwestern sie hinter ihrem Rücken.

Ihre Ehe mit einem »Sohn« aus einer der besten Familien von Tlemcen währte nicht lange: nach zwei Monaten sagte sie sich, daß sie nun genug gesehen habe, und gab ihrem Mann samt seiner Familie den Laufpaß. Sie legte ihren Schleier an und kehrte zu ihren Eltern zurück. Nicht einmal den Schmuck, den sie von ihrer Mutter geschenkt bekommen hatte, nahm sie mit. Ihr Ehemann wurde bei ihren Eltern vorstellig, aber alles Weinen und Flehen half nichts; er sah sie nie wieder. »Ich habe die Scheidung verlangt, und ich habe sie bekommen«, erklärte sie den sprachlosen Kindern mit fester Stimme. Sie erwähnte nicht, wieviel Mut und Willensstärke es in der damaligen Zeit erforderte, den Ehemann zu verlassen, und wieviel Selbstbewußtsein nötig war, um den Verleumdungen und dem Gemunkel der Leute gelassen gegenüberzutreten.

Wenn Zainab, was selten genug vorkam, über diesen Abschnitt ihres Lebens sprach, dann nur zu Marjam und ihren Schwestern. Laßt euch nichts gefallen, lautete ihre unausgesprochene Ermahnung, auch nicht vom eigenen Mann. Es mußte nicht leicht für sie sein, im Herbst ihres Lebens ohne Kinder und Enkelkinder dazustehen. Doch sie beklagte sich nie. Marjam und ihre Geschwister ersetzten ihr die Kinder, die sie nie gehabt hatte.

Da sie keine Familie zu versorgen und niemandem Rechenschaft abzulegen hatte, war Amti Zainab ständig unterwegs. Sie wußte alles, was in Tlemcen vor sich ging. Marjam und ihre Schwestern hatten ihr den Spitznamen »Standesbeamter« gegeben, so gut war sie über Geburten und Todesfälle, gute und schlechte Ehen informiert. Wenn sie bei Zuhra zu Besuch war, hallte das ganze Haus vom Gelächter der Frauen und der Kinder wider.

Beim Anblick des wundervollen, hüftlangen schwarzen Haars stießen die Mädchen wehmütige Seufzer aus. Manchmal, wenn sie besonders gut gelaunt war, erlaubte sie Marjam, ihr das Haar zu bürsten. Ehrfürchtig entfernte das Mädchen die schneeweiße Kopfbedeckung und verharrte einen Augenblick in stummer Bewunderung vor der seidig glänzenden, ebenholzfarbenen Pracht, bevor es zur Bürste griff und sie andächtig über das schwere Haar führte. Obgleich sie über sechzig war, hatte Amti Zainab nicht ein einziges graues Haar.

Nachdem sie Zuhra, Zulaika und Jamna begrüßt hatte, nahm sie ihren Schleier ab und warf ihn achtlos auf einen Stuhl. Sie setzte sich an Marjams Bett, ergriff die Hand des Mädchens und küßte sie, während ihr die Tränen übers Gesicht liefen. Das war Amti Zainab: ein großes Herz in einem allmählich austrocknenden Körper.

»Was ist der Tochter meines Bruders zugestoßen? Was haben sie mit meinem Augenstern gemacht? Ich bin gekommen, so schnell ich konnte, als ich hörte, was passiert ist. Wie eine Verrückte bin ich durch den Schnee gerannt. Hier, siehst du, Frau meines Bruders, ich habe mir nicht einmal die Zeit genommen, Straßenschuhe anzuziehen, die Hausschuhe habe ich anbehalten! Und weil ich vor lauter Aufregung meinen Schleier nicht finden konnte, mußte ich mir einen von Badia, meiner kleinen Nachbarin, ausleihen. Er reicht mir nur bis an die Waden, seht ihr?«

Amti Zainab hätte eine hervorragende Schauspielerin

abgegeben. Mit ihrem Talent und ihrem Hang zur Dramatik hätte sie im dramatischen Fach mit Sicherheit Karriere gemacht. Gestenreich und mit bebender Stimme schilderte sie ihrem Publikum, was sie durchgemacht, welche Ängste sie ausgestanden, wie heftig ihr das Herz in der Brust geschlagen habe. Marjam ahnte schon, was kommen würde: das allmähliche Anschwellen bis zum höchsten Fortissimo – Weinen, Wehklagen, Schluchzen. Sie irrte sich nicht.

»Komm für einen Augenblick zurück, Mohammed! Steig aus deinem Grab und sieh dir an, was aus deiner geliebten Tochter geworden ist! Wie eine Puppe mit zerbrochenen Gliedern liegt sie da! Wie eine Mumie! Ohoh! Unglückliche Zuhra! Man wird dereinst berichten, daß du keine Ruhe fandest. Erst hast du deinen Mann, der stark und tapfer wie ein Löwe war, zu Grabe getragen, und jetzt wird dir vielleicht auch noch die Tochter genommen! Oooh! Oooh!« jammerte Amti Zainab, ohne zu merken, daß sie nicht gerade taktvoll war.

Zuhra brach bei diesen Worten von neuem in Tränen aus. Marjams Unfall gab Anlaß, sich jenes Dramas zu erinnern, das die Familie erschüttert hatte wie ein verheerendes Erdbeben: Mohammeds plötzlicher, unerwarteter Tod. Es hatte ganz den Anschein, als würde dieses Ereignis sie bis ans Ende ihrer Tage verfolgen. Der Schmerz, den Marjam endgültig verwunden zu haben glaubte, war auf einmal wieder lebendig geworden. Sie war sich so sicher gewesen, daß ihre Willenskraft ausreichte, einen Schlußstrich unter ihre Kindheit zu ziehen, aber nun mußte sie feststellen, daß das ein Irrtum war. Verdrängte Erinnerungen verfolgen einen ein ganzes Leben lang. Leere kann man nur beseitigen, indem man sie ausfüllt, doch der leiseste Windstoß genügt, das zarte Gebilde zu zerstören. Trotz der Schädelverletzung und der quälenden Schmerzen arbeitete Marjams Gehirn, um das sich Zuhra solche Sorgen machte, einwandfrei. Es nutzte die Ruhephase, um jene Dinge, die sie in die tiefsten Tiefen verbannt hatte, wieder hervorzuholen.

Ihr fiel eine Passage aus einem Buch ein, das sie einmal gelesen hatte: »Wenn ich spüre, wie die Bitterkeit Falten in mein Gesicht gräbt, wenn Schwermut sich über meine Seele legt wie Nebel über eine Novemberlandschaft, wenn ich mich dabei ertappe, wie ich vor dem Fenster eines Bestattungsunternehmens stehenbleibe, wenn ich mich jedem Leichenzug anschließe, der zufällig meinen Weg kreuzt, wenn meine trübselige Stimmung mir so sehr zu schaffen macht, daß ich an mich halten muß, um nicht auf die Straße zu stürmen, den Leuten die Hüte vom Kopf zu reißen und sie durch die Luft zu schleudern, dann weiß ich, daß es höchste Zeit ist, wieder aufs Meer hinauszufahren.« Sie hatte die Zeilen aus *Moby Dick* so oft gelesen, daß sie sie auswendig kannte.

Diese Zwangspause hat ihren Preis, Kleines, flüsterte da eine Stimme in ihrem Innern, und den mußt du bezahlen. Jetzt gibt es kein Entrinnen mehr, keine Flucht aufs offene Meer, keine Beschäftigung, die den Geist benebelt. Du wirst in die Hölle hinabsteigen, in die Hölle deiner Erinnerungen, und jede wird so qualvoll sein, daß du an ihr zu ersticken glaubst. Aber das ist der Preis.

Niemand achtete auf Marjam, keiner bemerkte ihr vor Verzweiflung verzerrtes Gesicht. Sie war gefangen. Sie saß in der Falle wie eine Ratte. Sie wußte, zu kämpfen wäre sinnlos, sie würde nur erreichen, daß sich die Schlinge noch fester zuzog. Da beschloß sie, sich nicht länger zu wehren, sondern sich treiben zu lassen, wohin der Strom ihrer Erinnerungen sie tragen mochte.

Sie hatten wundervolle Tage in Casablanca verlebt. Ein

herrlicher Garten umgab das prachtvolle Haus, das, wie Mohammed seiner Familie versprochen hatte, nur einen Katzensprung vom Meer entfernt lag.

Marjam, die zum erstenmal am Atlantik war, war fasziniert vom Schauspiel der Gezeiten. Sie wunderte sich über das rätselhafte Zurückfluten und Ansteigen des Wassers, wußte aber, daß sie dem Strand bei Flut fernbleiben mußte, denn, so hatten ihre Eltern ihr erklärt, die Brandung war selbst erfahrenen Schwimmern schon zum Verhängnis geworden. Unter der Aufsicht des Kindermädchens verbrachte sie Stunden am Wasser, lief den Strand entlang oder sammelte Muscheln und Meersterne.

Die Zeit bis zu den großen Ferien verging wie im Flug. Die Vorbereitungen für die Rückkehr nach Tlemcen nahmen eine ganze Woche in Anspruch. Zuhra räumte Schränke und Truhen aus, die Dienstboten wischten den Staub von den Möbeln, polierten sie und überzogen sie dann mit Schutzhüllen. Schließlich mußten nur noch die Koffer gepackt werden.

Am Tag vor der Abreise gönnte sich Zuhra einen Besuch im Hamam. Die Kinder durften sie begleiten. Nach dem Abendessen klagte Mohammed plötzlich über Schmerzen im linken Arm, Schmerzen, die kamen und gingen wie die Wellen, deren Rauschen im Hintergrund zu hören war. Zuhra brühte ihm einen Kräutertee auf, und danach ging es ihm wieder besser.

Als es für die Kinder Zeit war, schlafen zu gehen, weigerte sich Marjam wie aus einer Vorahnung heraus, mit den andern ins Kinderzimmer zu gehen. Zuhra versuchte es mit guten Worten und, als das nichts half, mit Schimpfen. Aber Marjam schüttelte nur trotzig den Kopf. Zu guter Letzt rutschte der entnervten Zuhra die Hand aus, was ihr einen strafenden Blick von Mohammed eintrug, denn er duldete es nicht, daß seine Kinder geschlagen wurden, auch wenn es sich um eine Ohrfeige von der eigenen Mutter handelte.

Wütend ging er ins Kinderzimmer, holte Marjams Liegematte und legte sie neben seine eigene. Im Sommer schliefen die Eltern nämlich auf dem Fußboden, um sich wenigstens ein bißchen Kühlung zu verschaffen.

»Findest du nicht, daß du sie zu sehr verwöhnst?« fuhr Zuhra ihn an. »Warum kann sie nicht mit ihrer Schwester schlafen?«

»Was ist schon dabei, wenn ich sie ein wenig umsorge, ›solange ich auf sie hinunterschaue‹? Wenn ich einmal nicht mehr da bin, wird sie noch früh genug erfahren, was Kummer und Leid bedeutet. Es schadet nicht, einem Kind hin und wieder seinen Willen zu lassen.«

»Hin und wieder? Du läßt ihr alles durchgehen«, protestierte Zuhra. »Eines Tages wirst du es bereuen.«

»Nun reg dich nicht auf. Sie hat schon die Augen zugemacht, siehst du? Sobald sie eingeschlafen ist, werde ich sie in ihr Bett hinübertragen. Ich hätte es ohnehin nicht zugelassen, daß sie die ganze Nacht bei uns bleibt.«

Obwohl die Stimmen von Mutter und Vater an diesem Abend alles andere als besänftigend klangen, lullten sie Marjam alsbald in den Schlaf.

Sie wußte nicht, wie lange sie geschlafen hatte, als sie von einem gellenden Schrei, der nichts Menschliches hatte, geweckt wurde. Im ersten Moment glaubte sie, sie hätte schlecht geträumt, und hielt die Augen fest geschlossen, als könnte sie dadurch die Angst aussperren. Als sie sie zu guter Letzt dann doch öffnete, sah sie, daß es Zuhra war, die schöne Zuhra, die diesen markerschütternden Schrei ausgestoßen hatte. Marjam blickte sich verwundert um. Wie war sie ins Schlafzimmer der

Eltern gekommen? Warum schmiegte sie sich in die starken Arme ihres Vaters? Erschrocken stellte sie fest, daß er die Augen weit aufgerissen hatte und röchelte, während Zuhra neben ihm kniete, ihn mit aller Kraft schüttelte und ihm ins Gesicht schlug, um ihn wieder zur Besinnung zu bringen. Aufgeschreckt durch das Geschrei, waren inzwischen auch der Onkel, die Mädchen und die Dienstboten herbeigelaufen.

»Was ist passiert? Warum schreist du so?« fragte der Onkel.

»Schnell, hol einen Arzt!« rief Zuhra. »Deinem Schwager geht es sehr schlecht. Fatma, im Bad steht eine Flasche Kölnisch Wasser.«

Fatma lief ins Bad, um das Kölnisch Wasser zu holen. Unterdessen zog sich der Onkel rasch an. Zuhra schraubte mit zitternden Fingern den Verschluß auf und besprengte Gesicht, Hals und sogar die Augen ihres Mannes mit der Flüssigkeit. Als Mohammed keine Reaktion zeigte, begriff sie das ganze Ausmaß der Katastrophe. Sie warf sich über ihn, packte ihn bei den Schultern und schüttelte ihn, so fest sie konnte.

»Gib mir doch ein Zeichen! Ich flehe dich an! Laß mich nicht allein mit meinen fünf Kindern! Du darfst nicht sterben, hörst du? Verlaß mich nicht, ich bitte dich!«

Fatma, das Mädchen, das Mohammed an Kindes Statt angenommen hatte, bat die Dienstboten, die Kinder, die ihren Vater umringten und mit Streicheln und Küssen zu wecken versuchten, aus dem Zimmer zu bringen.

Eingeklemmt unter dem schweren Arm des Vaters, betrachtete Marjam das Gesicht, das einen gelösten, heiteren Ausdruck angenommen hatte, während das der Mutter vor Schmerz verzerrt war.

Eigenartig, dachte sie, er sieht plötzlich so jung aus und sie wie eine uralte, gramgebeugte Frau.

Sie wandte sich wieder ihrem Vater zu. Er kam ihr so groß und doch schon so fern vor. Wehmütig stellte sie fest, daß die hektische, sinnlose Betriebsamkeit rings um ihn her ihn nicht mehr berührte. Aus seinen schwarzen, unnatürlich geweiteten Augen, Augen, die bereits die Finsternis schauten, warf er einen letzten Blick auf das Gezappel und Gehüpfe der diesseitigen Welt. Marjam starrte unverwandt in das unvergeßliche Gesicht mit den aufgerissenen Augen. Niemand war auf den Gedanken gekommen, sie zu schließen.

»Was ist schon dabei, wenn ich sie ein wenig umsorge, solange ich auf sie hinunterschaue? Wenn ich einmal nicht mehr da bin, wird sie noch früh genug erfahren, was Kummer und Leid bedeuten.«

Sie überlegte, wann sie diese Worte gehört hatte. Und mit einemmal wurde ihr klar, daß nichts mehr so sein würde wie früher. Die Zeit des Kummers und des Leids war angebrochen. Und dabei war sie erst vier Jahre alt.

Zuhra weinte, stöhnte, fuhr sich mit beiden Händen ins Gesicht, ließ die Fäuste auf die Schenkel niedersausen und hämmerte sich an die Brust. Schließlich schlug sie den Kopf auf den reglosen Körper ihres Mannes und auf den Marmorfußboden des Schlafzimmers. Das Geschrei hatte auch die Nachbarn geweckt. Sie kamen eilig herbeigelaufen und versuchten die verzweifelte Frau zu beruhigen.

»Nun hören Sie doch auf zu weinen, Zuhra! Der Arzt muß jeden Augenblick da sein. Sie werden sehen, Ihrem Mann fehlt gar nichts. Er hat das Bewußtsein verloren, das ist alles. Bald werden Sie beide darüber lachen, wenn Sie an diesen Moment zurückdenken.«

»O Schmerz! O düsteres Schicksal! O Glück, warum

hast du mich verlassen! Mein Mann ist tot, ich weiß es! Sonst hätte er doch reagiert, als ich ihm Parfüm ins Gesicht schüttete. Aber er hat nicht einmal geblinzelt!«

Der Onkel kam mit dem Arzt zurück. Als sie das Zimmer betraten, kehrte ein dumpfes, bedrückendes Schweigen ein, so als hätte der Tod seine schwarzen Schwingen ausgebreitet. Der Arzt öffnete seine Tasche und entnahm ihr ein Stethoskop und einen kleinen Spiegel. Er horchte Mohammeds Brust ab und hielt ihm dann den Taschenspiegel vor den Mund. Als sich kein Niederschlag auf der Oberfläche des Spiegels abzeichnete, schloß er dem Leblosen die Augen, stand auf und sagte ernst:

»Ich kann leider nichts mehr für Ihren Mann tun, Madame. Er ist tot. Mein aufrichtiges Beileid. Sein Herz schlägt noch, aber sein Gehirn arbeitet nicht mehr. Er hat im Schlaf eine Gehirnembolie erlitten. Das ist der schönste Tod, glauben Sie mir.«

Bei diesen Worten erhob sich schrilles, herzzerreißendes Wehgeschrei, das den Tanz der Haarbüschel untermalte, die Zuhra und ihre Töchter sich ausrissen, ohne den Schmerz zu spüren, so betäubt waren sie von ihrem Kummer. Ganze Strähnen von Zuhras hennarotem Haar wirbelten durch die Luft wie die Schwalben an jenem Märztag vor dem Krankenhaus. Das Zimmer, das gestern noch vom übermütigen Kichern der Kinder und Zuhras hellem, fröhlichem Lachen erfüllt gewesen war, in dem Mohammed Pläne für sich und die Seinen geschmiedet hatte, war zu einem Ort der Trauer und der Totenklage geworden.

Mohammeds Arme hielten Marjam noch immer umschlungen. Sie begriff den Kummer der Mutter und der Nachbarn nicht, und noch viel weniger begriff sie den Sinn des Wortes Tod. Hatte Zuhra ihr nicht immer wieder erklärt, daß die Toten in den Himmel kämen, um Gott zu dienen, und daß man deshalb nicht traurig sein dürfe, wenn jemand starb, sondern im Gegenteil Freude empfinden müsse? Und wenn der Himmel überdies so strahlend blau und klar war wie am Morgen dieses 4. Juli.

Meine Mutter benimmt sich wirklich albern, war Marjams letzter Gedanke, bevor sie das Bewußtsein verlor.

Der Arm ihres Vaters lastete so schwer auf ihr, daß sie keine Luft mehr bekam. Sie spürte, wie sie dem leblosen Körper, in dessen Brust noch immer das Herz schlug, entrissen wurde. Die Hand, an der sie die ersten Gehversuche unternommen, die sie beschützt und gestreichelt hatte, würde sie nie wieder berühren. Ein Gefühl grenzenloser Leere überkam sie, das noch verstärkt wurde durch eine eisige Kälte und einen stechenden Schmerz. Ihr war, als hätte eine eiserne Hand ihr das Herz herausgerissen.

Ihr Herzschlag war so schwach, daß der herbeigerufene Arzt sofort eine Herzmassage vornahm.

»Was für eine Ironie des Schicksals!« rief jemand in den Raum. »Das Herz des Vaters schlägt noch, und das der Tochter bleibt stehen!«

Nach langen, bangen Minuten nahm das blau angelaufene Gesicht des Mädchens wieder eine frischere, rosigere Farbe an. Auf Geheiß des Arztes wurde Marjam ins Kinderzimmer gebracht, wo er ihr ein Beruhigungsmittel verabreichte. Ihre Schwestern setzten sich zu ihr ans Bett.

Fusija beugte sich zu Nuria hinüber. »Ob sie wohl auch sterben wird?« flüsterte sie.

»Unsinn! Sie hat einen Schock erlitten und keine Luft mehr bekommen, weil sie von Vaters Arm eingeklemmt war. Der Arzt sagt, es geht ihr bald wieder besser. Sie atmet schon wieder ganz regelmäßig, siehst du?«

Wie aus weiter Ferne drangen Zuhras Schreie, die wie die eines verwundeten Tiers klangen, an Marjams Ohr. Ihre Mutter war noch so jung, und doch schien ihr Leben bereits zu Ende. Im Hintergrund hörte sie die Klagen des Onkels, das Schluchzen der Dienstboten und der Nachbarn. Als eine Nachbarin ihr anbot, die Kinder bei sich aufzunehmen, bis sie nach Tlemcen zurückführen, brüllte die völlig hysterische Zuhra:

»Lassen Sie meine Kinder in Ruhe! Wagen Sie es nicht, sie anzurühren, haben Sie mich verstanden? Ihr Vater ist tot, aber ich bin noch da, und ich werde nicht zulassen, daß man mir meine Kinder wegnimmt! Sie sind alles, was ich noch habe.«

Verwirrt fragte sich Marjam, warum man ihre Geschwister und sie von der Mutter trennen wollte. Und warum wachte ihr Vater nicht endlich auf? Sie hatten doch geplant, nach Tlemcen zurückzufahren. Baba, der Chauffeur, war schon da, sie hatte seine Stimme erkannt. Ihr gingen so viele Fragen durch den Kopf, daß ihr träger Verstand nicht nachkam. Sie versuchte zu sprechen, aber ihre Lippen klebten zusammen wie an diesem Märztag im Krankenhaus von Tlemcen, wo sie mit dem Tod rang.

Eine französische Nachbarin redete mit unendlicher Geduld so lange auf Zuhra ein, bis diese einwilligte, ihr die Kinder bis zur Abfahrt anzuvertrauen. Ihr Vorschlag, irgendwo am Meer zu Mittag zu essen und anschließend in den Zoo zu gehen, wurde von den Kleinen begeistert aufgenommen. Marjam dankte dem Herrn, daß sie daheim bleiben durfte. Sie haßte den Tierpark. Der Anblick der eingesperrten Kreaturen, die für geringes Entgelt begafft, ausgelacht und verspottet wurden, war ihr unerträglich.

Fatma trat ans Bett ihrer Schwester und rüttelte sie sanft.

»Marjam? Wach auf, Marjam. Mach die Augen auf, meine Gazelle, ich bin's, Fatma, deine Schwester.«

Marjam schlug die Augen auf und schluchzte:

»Fatma, wo ist Vater? Sag mir bitte, wo er ist, Fatma.«

»Er ruht sich aus, Liebes, ihm steht eine lange Reise bevor.«

»Fahren wir nach Tlemcen? Baba ist schon da, nicht wahr? Ich habe seine Stimme erkannt. Hilf mir bitte, ich will aufstehen.«

»Du bleibst schön brav liegen, meine Rose, wir fahren erst später. Sobald deine Großeltern und deine Onkeln und Tanten da sind.«

»Aber wieso kommen sie hierher? Wir wollten doch zu ihnen fahren und die Ferien bei ihnen verbringen. Weint meine Mutter noch immer?«

»Nein, Täubchen, sie hat aufgehört zu weinen«, erwiderte Fatma. Sie strich Marjam übers Haar und fügte hinzu: »Der Arzt hat gesagt, du wärst noch sehr schwach. Also bleibst du jetzt brav liegen, und ich mache dir Frühstück und bringe es dir ans Bett. Ich werde dich bedienen wie eine richtige Prinzessin. Ich werde dich sogar füttern. Das ist doch toll, oder?«

Fatma stand auf und ging hinaus. Nach ein paar Minuten kam sie mit einem Tablett voller Leckereien zurück, die Zuhra in der Vorfreude auf das Wiedersehen mit ihrer Familie eine Woche vorher mit Liebe und Hingabe gebacken hatte.

Aber Marjam hatte keinen Appetit. Ihre Kehle war wie zugeschnürt. Fatma bemühte sich vergeblich, ihr die Köstlichkeiten in den Schälchen schmackhaft zu machen.

»Dann trink wenigstens etwas. Du bist ganz blaß, und eine belegte Zunge hast du auch. Du mußt Flüssigkeit zu dir nehmen«, sagte Fatma und drückte ihr eine große Tasse Milchkaffee in die Hand.

Marjam trank einen kleinen Schluck, spie ihn aber sofort wieder aus. Der Milchkaffee schmeckte nach Tränen und Bitterkeit, und die gefüllten Hörnchen auf dem Tablett erinnerten sie an die Hörner des Teufels; fast glaubte sie sein hämisches Grinsen zu sehen.

»Bitte nimm es weg, Fatma. Ich kann nichts essen. Mir wird schon vom bloßen Anblick schlecht.«

»Aber du mußt etwas essen, wenn du wieder gesund werden willst«, beharrte Fatma. »Du weißt doch, Allah mag keine Kinder, die ihr Essen wieder ausspucken. Die beiden Engel auf deinen Schultern schreiben alle deine Taten auf, die guten wie die schlechten, vergiß das nicht. O je, da hat der Engel auf der linken Schulter aber eine Menge zu tun . . .«

So war das jedesmal: wenn ihr die Argumente ausgingen, rief sie den Himmel und die Engel zu Hilfe. Marjam machte die Augen zu und stellte sich schlafend. Kopfschüttelnd und mit einem tiefen Seufzer stand Fatma auf und trug das Tablett, etwas Unverständliches vor sich hinmurmelnd, wieder hinaus. Es dauerte nicht lange, da schlief Marjam ein. Sie wachte erst wieder auf, als ein unheimlicher, langanhaltender Schrei die trügerische Stille zerriß. Sie kletterte aus dem Bett und tappte mit schwankenden Schritten zur Tür. Draußen liefen die Dienstboten völlig kopflos umher und riefen ein ums andere Mal: *» Wili . . . wili . . . «* Eine sichtlich überforderte Fatma erschien auf dem Gang. Als sie Marjam erblickte, stürzte sie auf sie zu und fuhr sie an:

»Was machst du denn hier? Du sollst doch im Bett bleiben, hat der Arzt gesagt. Willst du dir den Tod holen?«

Sie nahm Marjam bei der Hand und brachte sie ins Bett. Während sie sie zudeckte, erklärte sie ihr, die Mutter sei mehrere Male ohnmächtig geworden und drohe den Verstand zu verlieren.

Als hätten Marjams Gedanken sie auf geheimnisvolle Weise angezogen, betrat in diesem Augenblick Fatma das Krankenzimmer. Die Schwestern vergötterten das Mädchen, das Mohammed adoptiert und wie sein eigenes Kind geliebt hatte. Sie war ihnen große Schwester, Mutter und Freundin zugleich. Auch Zuhra empfand aufrichtige Zuneigung zu ihr, die von Fatma erwidert wurde. Wehe dem, der es wagen wollte, Zuhra oder ihren Kindern auch nur ein Haar zu krümmen! Wie eine Löwin würde sie sie verteidigen. Sie war es, die die Mädchen einer gründlichen Inspektion unterzog, ehe sie sich morgens auf den Weg zur Schule machten; zu ihr kamen sie, wenn sie Kummer hatten.

»Was ist passiert?« rief sie entsetzt. »O dieser schreckliche Anblick! Mir kommt es so vor, als wäre das Rad der Zeit um zehn Jahre zurückgedreht worden. Ich meine, ich sehe Sidi Mohammed vor mir . . .«

Sie verstummte erschrocken, als sie Jamnas drohenden, mit einem bestimmten Blinzeln verbundenen Blick auffing, dessen Bedeutung sie als einzige kannte. Jamna hatte für jede Gelegenheit den passenden Augenaufschlag. Sie brüstete sich oft vor Zuhra damit, daß sie ihre eigene Methode hatte, sich mit ihren Kindern zu verständigen. Wenn sie zum Beispiel Gäste hatte, benutzte sie den folgenden Code: nach oben gerichteter Blick bedeutete Kaffee und Kuchen, nach unten gerichteter

Blick das Tablett und die Teekanne aus massivem Silber, die Kristallgläser und das Limoger Porzellan. Der Blick nach rechts hatte eine andere Bedeutung als der nach links, und das »Ja« aus ihrem Mund wollte nichts heißen, wenn die Augen »nein« sagten. Man tat gut daran, den Code richtig zu entschlüsseln, denn Jamna verstand keinen Spaß, wenn es um die Erziehung ihrer Kinder ging. Ihr Lieblingssprichwort lautete: »Wer frei ist, versteht alles auf den ersten Blick, der Sklave der Dummheit aber braucht den Knüppel.«

Fatma begriff, daß sie eine Ungeschicklichkeit begangen hatte. Sie schluckte und fuhr mit dünner Stimme fort:

»Was für ein Unglück ist deinem Augenstern zugestoßen? Warum hast du mir nichts gesagt? Ich hätte mich doch um die Kinder kümmern können.«

»Die sind inzwischen groß genug, um allein zurechtzukommen. Du hast selber genug Arbeit, und deine Kleinen brauchen dich.«

»So eine Schande! Meine Schwestern und meinen Bruder allein zu lassen! Ich werde heute abend noch nach ihnen sehen. Was sagen die Ärzte?«

»Daß man abwarten und Geduld haben müsse. Ihr Schicksal liegt in Allahs Händen. Vielleicht stirbt sie, vielleicht wird sie wieder gesund. Und so sitze ich da und bete und sage von morgens bis abends Koranverse auf und warte auf ein Zeichen der Besserung.«

»Soll ich Sidi Boumedienne aufsuchen oder zur Großen Moschee gehen, um etwas für die Armen zu spenden? Sie werden es sicherlich brauchen können, jetzt da der Winter zurückgekehrt ist, wo wir doch meinten, der Sommer sei schon da.«

»Genau das hatte ich vor«, erwiderte Zuhra. »Ich wollte *lalla* Zainab oder Zulaika Geld geben, damit sie es unter den Bedürftigen verteilen. Aber wenn du schon da bist, könntest du bei Sidi Balachsan vorbeigehen, die Moschee liegt an deinem Weg, und ihm diese zwanzigtausend Francs für die Armen geben. Wenn Marjam wieder gesund wird, werde ich ihren Vorfahren mit einer *waada*[1] in Ain el Houts für ihren Schutz und ihren Beistand danken.«

»Inschallah!« riefen Zulaika, Jamna und Fatma wie aus einem Munde.

Als Marjam die an Allah gerichtete Bitte, ihr das Leben zu schenken, hörte, hätte sie am liebsten gelacht, jenes spöttische, sarkastische Lachen, mit dem sie Zuhra zu ärgern pflegte.

Ihr das Leben schenken? Die Menschen hatten es ihr schon genommen, da war sie nicht älter als vier.

Denn leben heißt nicht nur essen, trinken, gehen, atmen, schlafen, aufwachen, arbeiten. Leben heißt vor allem glauben, an die Güte, die Großherzigkeit, die Liebe, die Treue, die Achtung vor sich selbst und dem anderen. Um diesen wesentlichen Bestandteil ihres Lebens war sie schon in frühester Kindheit von den Erwachsenen, jenen erbärmlichen, wankelmütigen Wesen, betrogen worden.

Marjam erinnerte sich genau an den Augenblick, da ihr Großvater, der aus Tlemcen angereist war, in ihr Zimmer gekommen war, sie umarmt und gestreichelt und dann gesagt hatte:

»Mein geliebtes Mädchen, ich werde dich jetzt zu deinem Vater bringen. Du mußt sehr tapfer sein. Dein Vater wird dich verlassen, er macht sich auf eine lan-

[1] Danksagungsfest zu Ehren eines Heiligen.

ge, wunderbare Reise, und deine besten Wünsche sollen ihn dabei begleiten.«

»Aber das weiß ich doch«, antwortete Marjam. »Wir wollen doch alle zusammen verreisen. Vater hat versprochen, daß wir die Ferien in Tlemcen verbringen werden.«

»Ja, mein Kind, ich weiß, meine hübsche Gazelle. Wir werden alle miteinander nach Tlemcen fahren.« Der Großvater nahm die Enkelin in seine Arme und trug sie in das Elternschlafzimmer hinüber.

Dort waren Gefäße mit Moschus, brennendem Weihrauch und Benzoeharz aufgestellt worden. Rauchschwaden hingen im Zimmer, und der penetrante Geruch reizte Marjams Kehle und verursachte ihr Übelkeit. Sie bemerkte die drei großen Kisten in der Ecke, ineinander gestapelt wie russische Holzpuppen, und einen merkwürdigen Apparat, der Feuer spie wie ein Drache.

Als sie ihren Großvater fragte, was das für weißgekleidete Männer seien und was sie mit diesem Höllending wollten, schüttelte der Greis, der vor Rührung kein Wort hervorbrachte, nur den Kopf und wischte sich die Tränen ab. Schließlich erklärte ihr ein Verwandter auf ihr Drängen hin, daß es sich bei diesem Gerät um eine Schere handle. Eine Schere? Ausgeschlossen, sie wußte, wie eine Schere aussah: Der Gärtner, der alle paar Wochen kam, um die Hecken und Sträucher zu stutzen und die Blumenbeete zu pflegen, hatte eine Schere, und die spie kein Feuer. Aber sie sagte nichts.

In diesem Augenblick betrat Zuhra das Zimmer. Das kleine Mädchen hätte die Mutter fast nicht wiedererkannt. Sie war ganz in Schwarz gekleidet, ein grauer Musselinschleier bedeckte ihren Kopf, und unter dem schwarzen Schal, den sie um die Stirn gebunden hatte, konnte man rötliche Kratzwunden in dem sonst leichenblassen Gesicht erkennen. Sie ging auf ihre Kinder zu und sagte:

»Kommt und sagt eurem Vater Lebewohl, meine Töchter. Nehmt Abschied von dem Mann, der euch mehr als alles auf der Welt liebte, mehr noch als mich, seine Frau. Kommt, meine armen vaterlosen Waisen. Kommt und huldigt dem Mann, der für uns sorgte und uns beschützte. Wenn ihr wüßtet, was uns erwartet!«

Ihr Ausbruch veranlaßte den Großvater, der die zitternde Marjam an sich drückte, einzugreifen:

»Zuhra, um Himmels willen! Um deiner armen Mutter und um des Mannes willen, der hier ruht, mäßige dich! Beruhige dich, Tochter, so beruhige dich doch! Erbarme dich deiner und deiner Kinder. Willst du sie um den Verstand bringen? Oder dich selbst ins Grab?«

»Ja! Ja!« schrie Zuhra. »Sterben will ich! Mein Leben bedeutet mir gar nichts mehr. Ich bin achtundzwanzig, ich habe fünf Kinder und mit Fatma ein sechstes, und ich bin WITWE! Begreifst du, was das heißt? Wozu soll ich noch weiterleben? Um Tag und Nacht Qualen zu leiden? Sag mir, Vater, wozu?«

»Bitte Allah um Vergebung, meine Tochter. Er hat dich erschaffen, und er wird dich in der Not nicht allein lassen. Lerne, dich in Geduld zu üben.«

»Mich in Geduld üben? Gott um Vergebung bitten? Wofür?« rief sie in höchster Erregung. »Dafür, daß er sechs Kinder zu Halbwaisen gemacht hat? Dafür, daß er kein Mitleid mit mir hat? Dafür, daß ich von nun an das traurige, trostlose Leben einer Witwe zu führen habe? Wofür, sag mir das!«

»Hör auf, Gott zu lästern, meine Tochter. Kein Unglück ist so groß, als daß nicht noch etwas Gutes aus ihm entstehen könnte.«

Zuhra, dem Zusammenbruch nahe, lachte höhnisch.

Dann begann sie übergangslos zu schluchzen, zerkratzte sich von neuem das Gesicht und riß sich das Haar büschelweise aus. Als sie, halb besinnungslos vor Kummer und Schmerz, mit beiden Händen ihr Kleid zu zerreißen versuchte, eilten die beiden Onkel herbei, nahmen sie in ihre Mitte und führten sie hinaus. Sie folgte ihnen widerstandslos, mit den mechanischen Bewegungen einer Marionette. Was war nur aus der Frau geworden, die noch zwei Tage zuvor das Regiment im Haus geführt hatte? Das Lächeln des Lebens war trügerisch gewesen.

Der Großvater setzte Marjam behutsam ab. Er kniete sich hin, legte die Arme um seine Enkelinnen und erklärte ihnen tief bewegt und mit Tränen in den Augen, daß sie diesem *Wesen*, das starr und bleich, mumiengleich auf dem elterlichen Bett lag, einen Kuß geben müßten. Das *Wesen* war weiß gekleidet, und die weiße Binde um den Kopf ließ nur einen Teil der Stirn, die geschlossenen Augen, den Mund und die Nase frei, die Auswüchsen gleich aus der wachsbleichen Masse emporragten. »Der Mann, der da regungslos auf dem Bett liegt«, sagte der Großvater, »ist euer Vater. Küßt ihn zärtlich zum Abschied, er hat eine lange Reise vor sich.«

Die Kinder wichen bestürzt zurück. Von panischer Angst ergriffen, versuchte Marjam sich loszureißen. Nie und nimmer würde sie dieses Ding da, das überhaupt keine Ähnlichkeit mit dem Vater hatte, küssen.

»Was reden Sie denn da!« schrie Fatma. »Das ist nicht unser Vater. Das ist nicht Sidi Mohammed! Geben Sie uns unseren Vater zurück. Wenn das Sidi Mohammed wäre, würde er nicht stumm mit ansehen, wie wir weinen. Unser Vater ist ein lebensfroher Mann voller Energie, voller Zärtlichkeit, voller Güte. Vorgestern um diese Zeit hat er mit uns gesungen, gespielt und gelacht. Wir wollen unseren Vater wiederhaben«, stießen die Mädchen schluchzend hervor.

Als Zuhra sie weinen hörte, brach sie von neuem in Tränen aus. Die Kinder boten einen so herzzerreißenden Anblick, daß niemand sich ihnen zu nähern wagte, um sie zu trösten.

Plötzlich schoß Blut aus Marjams Nase, lief ihr über Mund und Kinn, tropfte auf die Brust, rann über ihr Kleid und bildete einen roten Fleck auf dem weißen Marmorboden.

Der eilig herbeigerufene Arzt verordnete ihr strikte Bettruhe bis zur Abreise nach Tlemcen. Das Fieber schüttelte sie so heftig, daß sie mit den Zähnen klapperte, und obwohl es draußen drückend warm war, liefen ihr kalte Schauer den Rücken hinunter.

Später kam der Großvater und setzte sich zu ihr ans Bett. Er strich ihr übers Haar und wischte ihr den Schweiß von der fieberglühenden Stirn. »Sei nicht traurig, Liebes, dein Vater ist deshalb so eigenartig angezogen, weil er eine weite Reise antreten muß . . .«

Sie schaute ihn an aus Augen, in denen der Lebensfunke erloschen war, und mauerte sich ein in ihrem Schweigen, das viele Jahre dauern sollte. Sie war vier Jahre alt, aber sie wußte, auch wenn sie es noch nicht akzeptieren konnte, daß sie ihren Vater nie mehr wiedersehen würde. Das bislang so großzügige Schicksal würde sich von nun an geiziger zeigen.

3

Es schneite noch immer in Tlemcen. Zuhra unterhielt sich leise mit ihrer Schwester und mit Zulaika. Amti Zainab gönnte ihrer Gebetsschnur mit den Bernsteinperlen keine Ruhepause, während sie unentwegt Koranverse vor sich hinmurmelte. Von Zeit zu Zeit streckte sie die Hand aus und befühlte die Stirn der Patientin, die sich mit ihren Erinnerungen herumquälte.

Auf der Fahrt nach Tlemcen blieb der Platz des Vaters in dem Delage, den Baba mit Tränen in den Augen steuerte, leer. Der Vater reiste in einer verschweißten Kiste über die gewundenen Straßen durch die herrliche Landschaft zwischen Casablanca und Tlemcen. Statt ausgelassener Freude über die bevorstehenden Ferien herrschte Trauer und eine beklemmende Stille.

Marjam hatte herausgefunden, daß die »Schere« ein Schneidbrenner war. Beide Geräte waren Werkzeuge des Todes: mit dem einen wurden Rosen geschnitten, die in einer Vase ihr Leben aushauchten, mit dem andern schloß man den Tod in einem Sarg ein. Denn die angebliche Schere, die sie im Totenzimmer gesehen hatte, hatte dazu gedient, den Leichnam ihres vierzigjährigen Vaters in einen Sarg einzuschweißen.

Am dritten Tag nach dem Begräbnis versammelte sich die Familie bei Einbruch der Dunkelheit, um des Toten zu gedenken und ein letztes Mal Kontakt mit seiner Seele aufzunehmen, ehe sie zum Himmel emporstieg. Dieser »Abend des Abschiednehmens« zählt zu den geheiligten Traditionen des Islam. Während Zuhra und ihre Töchter noch ins Gebet vertieft waren, begannen einige von Mohammeds Angehörigen bereits mit der Bestandsaufnahme seines Besitzes. Hatte dieser Mann, den sie so liebten und achteten und dem kein Opfer zu groß gewesen war für die Seinen, doch tatsächlich nur MÄDCHEN gezeugt!

Der Mann der Tante und Mohammeds Bruder zeigten nicht das geringste Verständnis für die Lage der jungen Witwe; daß sie in Not geraten könnte, rührte sie nicht im mindesten. Der erstgenannte entschied, es sei nur recht und billig, wenn die Bücher des Verstorbenen, insbesondere seine Mathematikbücher, in den Besitz seiner Söhne übergingen.

»Ich bitte Sie, meine liebe Zuhra! Sie achten doch so sehr auf Sauberkeit und Ordnung, und da wollen Sie diese Staubfänger behalten? Wofür denn? Für Ihre Töchter etwa? Aber so nehmen Sie doch Vernunft an, meine Liebe! Die Mädchen können doch gar nichts damit anfangen. Sie sind Halbwaisen, vergessen Sie das nicht. Sie werden früher oder später heiraten, und ich kann mir nicht vorstellen, daß ihr Mann Wert legt auf Belesenheit oder auf die Mathematikbücher ihres Vaters. Bringen Sie ihnen lieber rechtzeitig bei, wie man mit dem Putzzeug umgeht und wie man eine *schorba*, eine *harira*[1] und Fleischpasteten zubereitet. Vor allen Dingen sollten Sie ihnen zeigen, wie man in Öl gebackene Kartoffeln[2] kocht«, riet er der völlig niedergeschlagenen Zuhra.

Der Bruder erstellte unterdessen eine Liste von den Möbeln, dem Schmuck, den Wertsachen, all den Dingen, für die Mohammed hart gearbeitet hatte.

Zuhra und ihren Kindern blieb nichts. Das einzige, worauf eine Frau, die ihren Mann verliert und mit ihren Töchtern allein dasteht, ein Anrecht hat, ist Weinen und Trauern.

Marjam lernte, daß ein Mann soviel wert war wie sechs Frauen. So stand es im Heiligen Buch, so wollte es das Gesetz des Islam. Und das Gelichter, das Geschmeiß dieser Erde nützte diesen Umstand weidlich aus.

[1] Suppen.
[2] Speise, die in Algerien als »Armengericht« gilt.

Ihr junger Verstand registrierte die Szene in allen Einzelheiten. Sie, die noch vor wenigen Tagen an das Gute im Menschen und die Herzlichkeit eines Lächelns geglaubt hatte, verkroch sich in sich selbst und beobachtete aus ihrem Schneckenhaus heraus aufmerksam die Komödie der Erwachsenen.

»Marjam! Warum weinst du, Marjam? Was hast du? Wo tut es dir weh, mein Mädchen?«

Zuhras Stimme erreichte sie wie aus weiter Ferne. Verwirrt wanderte Marjam einen Augenblick auf dem Grat zwischen den Welten. Sie wünschte, sie könnte ihr sagen, was so schrecklich weh tat, aber sie wußte, sie würde es niemals fertigbringen, weil Zuhra es nicht verkraften würde. Es war die Heuchelei, die Hinterhältigkeit, die Grausamkeit und die Speichelleckerei der Erwachsenen, unter der sie litt.

»Gib mir ein Zeichen, Marjam, ich flehe dich an! Sprich mit mir oder tu irgend etwas! Wo hast du Schmerzen, mein Kind, sag es mir doch! O Herr, nimm mein Leben für das meiner Tochter! Jamna, schnell, hol den Doktor!«

Jamna stürzte aus dem Zimmer, und Zuhra klammerte sich in ihrer Verzweiflung an die Verse des Koran wie ein Ertrinkender an ein auf den Wellen treibendes Brett.

»Bekenne, daß es nur einen Gott gibt,
Daß Er der einzige ist,
Daß Er nicht zeugt und nicht gezeugt wurde
Und daß niemand Ihm gleichkommt.«

Al Ichlas (Die Verehrung Gottes)

»Im Namen Allahs, des Barmherzigen und Mildtätigen,
Gelobt sei Allah, der Herr der Welten,

Unser Richter am Jüngsten Tage,
Dich beten wir an, zu Dir flehen wir um Beistand.
Führe uns auf den rechten Pfad,
Den Pfad jener, die sich Deiner Gnade erfreuen
Und Deinen Zorn nicht fürchten,
Weil sie allzeit auf dem wahren Weg wandeln.«

Al Fatiha (Die Eröffnung)

»Sprich: Ich suche Zuflucht beim Herrn der Menschen,
Dem Gebieter der Menschen und Gott der Menschen,
Vor dem Übel der Versuchung,
Das der aus den Dämonen und den Menschen hervorgegangene Verführer
In die Herzen der Menschen aussät.«

Annas (Die Menschen)

»Im Namen Allahs, des Barmherzigen und Mildtätigen,
Sprich: Ich suche Zuflucht beim Herrn der Morgendämmerung
Vor dem Übel, das von den Dingen kommt, die Er erschuf,
Vor dem Übel, das von der Finsternis kommt, wenn sie sich ausbreitet,
Vor dem Übel, das von jenen ausgeht, die Zwietracht schüren,
Vor dem Übel, das von jenem ausgeht, der Neid empfindet.«

Al Falaq (Die Morgendämmerung)

In fieberhafter Aufregung sagten die drei Frauen, Zuhra, Amti Zainab und Zulaika, ein ums andere Mal die Koranverse auf, bis endlich die Tür aufging und der Arzt, gefolgt von Jamna, hereinkam.

»Nun, was gibt es, Madame?«

»Ich weiß es nicht, Herr Doktor. Wir haben uns leise unterhalten und gedacht, Marjam sei eingeschlafen. Plötzlich sah ich, daß sie leichenblaß war, und dann fing sie zu stöhnen an und wurde ganz unruhig.«

Der Arzt beugte sich über Marjam, fühlte ihr den Puls, horchte das Herz ab. Es sei alles in bester Ordnung, versicherte er Zuhra. Nachdem er ein paar Bemerkungen ins Krankenblatt eingetragen und sein Stethoskop in die Brusttasche zurückgesteckt hatte, nickte er den Frauen zu und ging wieder.

Zuhras Stimme übte eine beruhigende Wirkung auf Marjam aus, und es gelang ihr, ihre Erinnerungen abzuschütteln. Sie hätte der Mutter gern gesagt, sie solle sich nicht jedesmal aufregen, wenn sie sah, daß ihr die Tränen übers Gesicht liefen. Aber obwohl ihr die Silben, Wörter und Sätze im Kopf herumwirbelten, brachte sie keinen Ton hervor.

Es wurde zaghaft an die Tür geklopft. Zuhra wischte sich über die vom Weinen und von den schlaflosen Nächten verquollenen Augen und öffnete. Die Besucherin war Amti Mania, eine Cousine ihres verstorbenen Mannes.

Als die Frauen einander begrüßt hatten, legte Amti Mania ihren Schleier ab, faltete ihn sorgfältig und verstaute ihn in ihrer Tasche, nachdem sie einen Teller mit *makruts*[1], ein Zuckerbrot und ein Fläschchen Orangenblütenwasser ausgepackt hatte. Es war Brauch, bei einem Krankenbesuch ein Geschenk für die Familie des Kranken mitzubringen.

Den Teller mit dem Gebäck und das Zuckerbrot reichte sie Zuhra, den Flakon stellte sie auf den Tisch neben Marjams Bett. Das Fläschchen enthielt den gan-

[1] Honigüberzogenes Gebäck aus Grieß und Datteln.

zen Zauber Algeriens. Sie träufelte ein wenig Flüssigkeit auf ihre Fingerspitzen und rieb die Handgelenke und das Gesicht des Mädchens damit ein. Die würdevolle alte Dame stellte keine Fragen. Sie strahlte eine solche Ruhe aus, daß selbst Zuhras Nervosität sich legte. Sogar Amti Zainab war verstummt.

Amti Mania war eine ungewöhnliche Frau. Sie bewahrte stets Haltung, hatte immer ein freundliches Wort für ihre Mitmenschen, fand in jeder Situation die treffende Bemerkung. Sie nötigte jedem, der ihr gegenüberstand, durch ihre bloße Anwesenheit Respekt ab. Undenkbar, daß jemand in ihrer Gegenwart die Beherrschung verlor.

Marjam kannte keine schönere und elegantere Frau. Obgleich die mehrfache Mutter und Großmutter über sechzig war und kein leichtes Leben gehabt hatte, hatte sie sich das Aussehen einer Vierzigjährigen bewahrt. Keine Falte zeigte sich in dem von Leberflecken übersäten Gesicht, und die leicht gerötete Haut, die für die Frauen von Tlemcen so typisch war, schimmerte wie Seide. Amti Mania hatte Marjam mit der Welt der Erwachsenen versöhnt, und das Mädchen liebte sie abgöttisch. Den Koran kannte sie auswendig; sie konnte ihn im Urtext lesen und stützte ihre Interpretationen auf Hadiths. Sie verfaßte Gedichte, die sie Marjam und ihren Geschwistern in den endlosen Nächten des Fastenmonats Ramadan vorlas und danach, sorgfältig in einen Seidenschal eingewickelt, in einer Schublade ihrer Rosenholzkommode aufbewahrte.

Manias Vater war ein guter Moslem und ein kluger Mann gewesen, der die Ansicht vertrat, daß nicht nur die Knaben, sondern auch die Mädchen im Lesen und im Schreiben unterwiesen werden sollten. Wären nicht die gesellschaftlichen Zwänge gewesen, würde er seine

Tochter vermutlich ermutigt haben, ihr Wissen zu vertiefen. Er dämpfte ihren Bildungshunger zwar nicht, erklärte ihr jedoch, daß es sinnlos sei, mehr als ein bestimmtes Niveau erreichen zu wollen, weil sie sonst Gefahr liefe, von der Gemeinschaft ausgeschlossen zu werden. Mania fügte sich, auch wenn sie eine gewisse Verbitterung dabei empfand.

Sozusagen als Ansporn hatte sie Marjam und ihren Schwestern von ihren Erfahrungen erzählt und sie immer wieder ermahnt, nicht vor den schulischen Anforderungen zu resignieren. Hatte eins der Mädchen eine Prüfung bestanden, war Amti Mania die erste, die Zuhra gratulierte. Jeder Erfolg der Schwestern erfüllte sie mit triumphierender Freude, so als könnte sie auf diese Weise Rache am Leben nehmen für das, was ihr selbst versagt geblieben war.

»Wie geht es dir, meine Tochter?« wandte sich die große alte Dame an Zuhra. »Was für ein Unglück hat dieses Mal wieder an deine Tür geklopft?«

»Wie es mir geht, liebe Tante? Ich lebe, wie Sie sehen. Von dreihundertfünfundsechzig Tagen meines Lebens ist einer rosarot, der Rest grau. Und Sie? Wie geht es Ihnen?«

»Ich bin zufrieden, meine Tochter. Jeder Tag ist ein Geschenk Gottes, für das ich dankbar bin.«

»Und Ihre Krankheit, Tante? Dieses scheußliche Leiden?« mischte sich nun Jamna ein. »Haben Sie es endgültig besiegt?«

»Weißt du, meine Tochter, wer an Gott glaubt, dem kann nichts geschehen. Tief in meinem Innern habe ich immer gewußt, daß meine Stunde noch nicht gekommen war, denn meine Vorfahren halten ihre schützende Hand über mich, und mein Glaube an den Allmächtigen ist unerschütterlich.«

»Es ist unfaßbar! Sie hatten Hautkrebs und sind von der arabischen Medizin geheilt worden. Das ist ein Wunder! Erzählen Sie uns, wie alles gekommen ist«, bat Jamna aufgeregt.

»Was soll ich euch sagen? Seht ihr diese Narbe hier auf meiner rechten Wange? Die ist von dem Leberfleck, mit dem alles angefangen hat. Ich hatte meinen kleinen Enkel, der damals zweieinhalb war, auf dem Arm und sang ihm Wiegenlieder vor und spielte mit ihm. Seine größte Freude war, mir das Kopftuch herunterzuzerren und *bischu . . . hani*, kuckuck . . . da! zu spielen. Als er mit seinen kleinen Fäusten nach dem Tuch grapschte, hat er mir dieses Muttermal hier aufgekratzt. Es war nur eine harmlose kleine Wunde, und so dachte ich nicht daran, sie zu desinfizieren.«

»*Bismi Allah arrahman arrahim*!« rief Zulaika aus. »Und das Muttermal verwandelte sich in einen bösartigen Krebs?«

»Genauso war es. Ein paar Tage später entzündete sich die Wunde. Ich achtete zunächst nicht darauf. Erst als meine Wange schon ganz geschwollen war, begann ich mir Sorgen zu machen. Und dann bildeten sich Knoten am Hals und in den Achselhöhlen. Mein Sohn kaufte französische Medikamente, die ich eine Zeitlang einnahm, aber sie halfen nichts. Im Gegenteil! Es wurde immer schlimmer. Da beschwor er mich, endlich einen Arzt aufzusuchen. Ich wollte zuerst nicht, aber die Schmerzen waren unerträglich geworden, und so ließ ich mich schließlich überreden.«

»Sind Sie nur bei einem gewesen, Tante? Oder bei mehreren? Was haben sie gesagt?«

»Ach, meine Töchter, der Herr schütze uns vor den Ärzten und halte uns fern von ihnen! Sie haben mir Blut abgenommen, mich geröntgt und umfangreiche Untersuchungen angestellt, und als die Ergebnisse vorlagen, ließen sie meinen Sohn kommen, um mit ihm ein Gespräch unter Männern über meinen Gesundheitszustand zu führen. Mich, die Patientin, haben sie vollkommen ignoriert! Mit meinem Sohn, den ich in mir getragen und großgezogen habe, haben sie geredet und mich wie einen Gegenstand, ein Möbelstück behandelt! Ich sage euch, das ist das Ende der Welt. Wißt ihr, was sie ihm gesagt haben? Es sei das beste, wenn ich nach Hause ginge, um in Frieden zu sterben.«

»Das haben sie ihm in Ihrer Gegenwart gesagt?«

»Jawohl, meine Tochter. Der dümmste Esel hätte mehr Taktgefühl bewiesen als diese elenden Gestalten. Schulbildung ist eben keine Garantie für Herzensbildung. Ich bin blaß geworden vor Wut, wie ich sie so reden hörte. Ich hatte keine Angst vor dem Sterben, aber bei dem Gedanken, ans Bett gefesselt zu sein und irgend jemandem – und sei es meinem eigenen Sohn – zur Last zu fallen, packte mich das blanke Entsetzen.«

»Ich kann Sie gut verstehen, Tante«, sagte Zuhra leise und mit einem Blick auf ihre Tochter. »Der Tod birgt keine Schrecken für uns, die schlimmste Strafe ist es, behindert zu sein, zu leiden und den anderen Kummer zu bereiten.«

»Die verächtliche, selbstgefällige Haltung dieser Ärzte hat mich einerseits zwar schockiert, war aber andererseits heilsam, denn jetzt regte sich mein Stolz, und ich sagte mir, muß ich, Scherifin und Nachkomme der *mrabets*, mich so behandeln lassen? Ich schwor mir, daß ich ihnen zeigen würde, wozu die Töchter der Weisen und Erhabenen fähig sind.«

»Erzählen Sie weiter, Tante«, drängte Jamna. »O brennender Schmerz! Wissen diese Leute denn nicht, wer die Scherifen und die *mrabets* sind? Das ist das Ende der Welt! Sie kennen keinen Respekt mehr vor den *schorfas*[1] und den *mrabets*, sie haben keine Achtung mehr vor den Verstorbenen und den Alten. Die alten Werte sind bedeutungslos geworden. Heutzutage regiert die Mittelmäßigkeit. Aber fahren Sie doch fort, Tante, und Allah möge Ihnen ein langes Leben schenken.«

»Ich weigerte mich, im Krankenhaus zu bleiben, und das hat mir das Leben gerettet. Ich ging nach Hause und schickte meine Kinder fort. Ich duldete nur meine alte Haushälterin in meiner Nähe. Dann schloß ich mich in der Bibliothek meines Vaters ein und studierte die Lehrbücher der arabischen Heilkunde. Ich schrieb alles heraus, was ich über die Heilung von Hautkrebs fand.«

»Ihr Vater besaß Lehrbücher von arabischen Autoren?«

»Aber meine liebe Zulaika!« rief Mania aus. »Die Araber haben jahrhundertelang eine führende Rolle in den unterschiedlichsten wissenschaftlichen Bereichen gespielt. Die Christen ließen ihre Kinder an unseren Schulen unterrichten, weil wir die bedeutendsten Gelehrten hervorbrachten. Die besten Ärzte, Mathematiker, Astronomen, Grammatiker, Philosophen, Logiker, Exegeten, Historiker und Dichter waren Araber. Genauer gesagt, *adscham*, keine gebürtigen Araber, sondern Zuwanderer, die in das Haus des Islam, *dar al-islam*, wie man sagte, integriert wurden. Viele der aus Syrien, Persien, Ägypten und der Berberei stammenden Gelehrten waren Moslems, aber auch Juden oder Christen. Das kollektive Unbewußte hat sie als Araber vereinnahmt, so als hätten sie hier ihre Wurzeln gehabt. Damals war der Islam noch nicht die empfindliche,

[1] Arab. Plural von *scharif.* (Anm. d. Übers.).

engstirnige, in sich gekehrte Religion, die er heute ist. Nun, ich las also besagte Bücher und schrieb mir die Namen der Pflanzen und die jeweilige Dosis, die ich für mein Heilmittel benötigte, heraus. Gemeinsam mit meiner Haushälterin suchte ich einen Kräuterhändler nach dem andern auf, bis ich alles hatte, was ich brauchte. Ich machte mich sofort an die Arbeit und nahm die Medizin sechs Monate lang ein. Die Ärzte hatten mir höchstens noch sechzig Tage gegeben. Aber schon nach einem Monat trat eine deutliche Besserung ein. Ich war nicht mehr müde, und die Schwellungen im Gesicht gingen zurück. Nach weiteren vier Monaten waren die Knoten verschwunden.«

»*Bismi Allah arrahman arrahim*! Gott hat ein Wunder an Ihnen vollbracht! Gelobt sei Allah!«

»Alle hielten es für ein Wunder, ich nicht. Erstens wußte ich, daß meine Stunde noch nicht gekommen war. Und zweitens hatte ich uneingeschränktes Vertrauen in die Bücher meines Vaters, die er selbst von seinem Vater geerbt hatte. Mit ihrer Hilfe gelang es mir viele Male, eine gutartige Krankheit zu heilen.«

»Weißt du, was sie getan hat?« wandte sich Zuhra an ihre Schwester. »Sie beschloß, Allah und der Vorsehung auf ihre Weise zu danken. Erst fastete sie dreißig Tage lang, obwohl sie noch geschwächt war, und dann wanderte sie von Tlemcen nach Ain el Houts, um ihren Vorfahren zu danken und niederzuknien an den Gräbern von Sidi Abdallah, dem Stolzen und Tapferen, von Sidi Mohammed Ben Ali, dem Weisen und Gelehrten, und von Sidi Mansur, dem Freien und Unbeugsamen.«

»Ein paar Monate später kam mir eine Idee«, fuhr Mania fort. »Ich beschloß, die Ärzte aufzusuchen, die mich bereits aufgegeben hatten. Ich brauche euch wohl nicht zu sagen, daß sie fast in Ohnmacht gefallen wären, als sie mich sahen. Alle stürzten sich auf mich, als sie sich von ihrer Überraschung erholt hatten, und umarmten mich.«

Sie verstummte und warf einen Blick auf Marjam, deren Hand sie die ganze Zeit über gehalten hatte. Durch die Finger der anderen ließ sie eine Gebetsschnur mit Türkisen gleiten, die ihr Ehemann aus Mekka mitgebracht hatte und die sie immer bei sich trug.

Eine sonderbare Stille trat ein. Sogar die sonst so gesprächige Zainab war ruhig. Sie betrachtete Mania, die auf wunderbare Weise Geheilte, mit ehrfürchtiger Scheu. Zuhra hatte neuen Mut gefaßt. Wenn die Cousine von ihrer schrecklichen Krankheit geheilt wurde, wird auch Marjam wieder gesund werden, dachte sie voller Zuversicht.

Mania stand auf und streichelte zärtlich Marjams Gesicht. Dann legte sie mit anmutigen Bewegungen Kopftuch und Schleier um und verschloß das Etui mit der Gebetsschnur. Zainab erhob sich ebenfalls.

»Wir gehen zusammen«, sagte sie. »Das ist besser bei diesem Schnee und den glatten Straßen.«

An Zuhra gewandt, sagte Mania: »Ich gehe jetzt, mein Kind. Sollte irgendeine Veränderung eintreten, möchte ich, daß du mich sofort verständigst. Vergiß nicht, daß ich die Stelle deiner Mutter eingenommen habe. Seit deiner Hochzeit mit meinem Vetter bist du mir mehr ans Herz gewachsen als meine eigenen Kinder. Auf Wiedersehen, meine Tochter. Ich werde dir nicht sagen, sei tapfer, denn daß du es bist, beweist du seit vielen Jahren.«

Auch Zainab sparte nicht mit ermutigenden, wohlwollenden Worten und versprach, am darauffolgenden Tag wiederzukommen.

Als sie gegangen waren, war es totenstill im Zimmer. Jede der drei Frauen hing ihren eigenen Gedanken nach. Selbst die geschwätzige Jamna schwieg. Marjam spürte, wie ihre Lider immer schwerer wurden. Als sie die Hand ihrer Mutter an ihrem Handgelenk nach dem Puls tasten fühlte, schlief sie beruhigt ein.

»Sie schläft«, flüsterte Zuhra. »Wollen wir draußen im Gang ein paar Schritte gehen?«

»Eine gute Idee«, pflichtete Jamna ihr bei. »Marjam wird nichts geschehen. Solange sie schläft, könnten wir einige der anderen Kranken besuchen. Viele von ihnen sind arm dran, sie bekommen nie Besuch, weil ihre Angehörigen außerhalb wohnen. Wir nehmen einige *makruts* für sie mit«, entschied sie.

Nach einem letzten Blick auf das Mädchen verließen sie leise das Zimmer. Marjam hörte, wie sie sich mit einer Patientin über die Ärzte, die Behandlung ihrer Leiden und die Schicksalsschläge unterhielten, mit denen der Herr prüfen wollte, ob ihr Glaube stark genug war. Dann entfernten sich ihre Stimmen, und Marjam nutzte die Augenblicke der Stille und Ungestörtheit, um sich auf die Minuten vor dem Unfall zu konzentrieren. Was hatte sie in Aswi'a gemacht? Sie bemühte sich verzweifelt, den Nebelschleier über ihrem Gedächtnis zu zerreißen. Weshalb war sie in die Nähe ihres alten Wohnviertels zurückgekehrt? Aber sosehr sie sich auch den Kopf zermarterte, sie fand keine Antwort auf ihre Fragen. Statt sich aufzulösen, blieb der Schleier liegen, weiß und undurchdringlich, weiß wie die Wände des Krankenzimmers, wie die Decke, mit der sie zugedeckt war, wie der Verband, den sie um den Kopf trug, wie das Leichentuch, in das man den Leichnam ihres Vaters gehüllt hatte, weiß wie der Schnee, der als dichter Vorhang fiel und den sie als Kind mit freudigem Händeklatschen begrüßt hatte, weil er schulfrei bedeutete. Zuhra behielt die Kinder an solchen Tagen nämlich lieber zu Hause, aus Angst, sie könnten sich ein Bein brechen oder von einer allzu wilden Schneeballschlacht ein blaues Auge davontragen.

Je nach Kulturkreis gilt Weiß als Farbe der Freude oder der Trauer, Farbe der wärmenden Sonne oder des Eises. Weiß ziert keinen Regenbogen. Weiß zieht an oder stößt ab. Weiße Haut neben sanft gebräunter wird als häßlich empfunden, weiße Milch aus der Mutterbrust ist ein Quell des Lebens und des Wohlbehagens. Weiß, Symbol des Lebens und des Todes.

Marjam stellte erfreut fest, daß ihr Verstand aus seiner Betäubung erwacht war und sie ihre Gedanken von neuem schweifen zu lassen vermochte, bis sie sich in irgendwelchen Windungen oder versteckten Winkeln verloren.

Wie oft und mit welcher Hingabe hatte sie dieses Spiel gespielt, das ein seliges Lächeln auf ihre Lippen zu zaubern pflegte und ihr Gesicht vor Freude verklärte, so daß ihre Mutter sie ansah, als hätte sie den Verstand verloren. Sie senkte dann rasch den Blick und machte sich verlegen wieder an die Arbeit, mit der sie gerade beschäftigt war. Gleichgültig, womit ihre Hände sich beschäftigten, ihr Geist konnte sich frei bewegen, und so ließ sie ihre Gedanken wandern, wohin es ihnen beliebte. Nur dann fühlte sie sich stark und unverwundbar und lebendig. Das war ihre Art aufzubegehren.

Es schickte sich nicht für ein arabisches Mädchen, allein das Haus zu verlassen. »Eine Tochter aus guter Familie spaziert nicht ziellos durch die Stadt. Was sind denn das für Ideen? Sie kann allein zur Schule oder ins

Gymnasium gehen, sicher. Aber in den Hamam? Nur in Begleitung der Mutter, einer Tante oder einer großen Schwester. Eine Freundin besuchen? Nur wenn sie die kleine Schwester oder den kleinen Bruder mitnimmt. Die Gräber der Heiligen oder der Vorfahren aufsuchen? Nur unter Aufsicht der Mutter oder der Tante. Durch die Straßen zu flanieren, planlos umherzuschlendern aber ist ein Vorrecht der Männer, und Gott bewahre ein anständiges Mädchen davor, dieses Recht zu verletzen.«

Ihren Körper konnte man vielleicht einsperren oder zur Regungslosigkeit zwingen wie jetzt in diesem Krankenhausbett, nicht aber ihren Geist. Ihr Geist war frei, nichts hinderte ihn daran, sich zu entfalten, zu reisen, sich in die Lüfte zu erheben oder die muffige, staubige Luft der Bücher zu atmen. Niemand kann den Geist in Fesseln legen oder ihm etwas verbieten. Mochten ihre Mutter und die Gesellschaft, für die sie eintrat, über ihren Körper verfügen – ihre Gedanken gehörten ihr allein. Mit ihrer Hilfe war es möglich, Dinge und Ereignisse zu beeinflussen, nach ihrem Willen zu formen, und diese Erkenntnis gab ihr ein Gefühl von Macht.

In der französischen Schule hatte man ihren Geist zu bändigen, zu säubern und zu desinfizieren versucht, um eine richtige kleine Französin aus ihr zu machen, die bestens Bescheid wußte über die Schlachten von Poitiers, Alésia und Waterloo und über die Dichter und Schriftsteller, die mehr als jeder General zu Frankreichs, des Mutterlands, Ruhm und Ehre beigetragen hatten.

Aber sowie die Aufmerksamkeit der Lehrerin einen Augenblick abgelenkt war, stahl sich Marjams Geist davon und ging auf die Reise: mit Mohammed, dem

Propheten, mit Abu Bekr[1], Omar[2], Othman[3], Ali[4], Harun[5], Tarik[6], Okba[7], Juba[8], mit dem heiligen Augustinus, mit Abd el-Kader, Busijan el Qal'i und Abd el-Krim. Wie wenig hatten diese Männer mit den blutrünstigen, niederträchtigen, habgierigen Individuen gemein, die man ihr im Unterricht nahezubringen versuchte. Karl den Großen indes bewunderte sie, nicht etwa, weil er die Bildung von Schulen gefördert hatte, sondern weil er der erste christliche Herrscher gewesen war, der freundschaftliche Beziehungen zu den Arabern unterhalten hatte. Die Geschichte von Vercingetorix rührte sie zu Tränen, während sie über Chlodwig, der das in Soissons geraubte goldene Gefäß nicht behalten durfte, lächeln mußte.

Die Geschichte des »Mutterlands« Frankreichs kam ihr wie eines der Märchen vor, die Amti Zainab, Nana Chedudscha oder Amti Mania erzählten: realitätsfern und fremdartig. Der einzige Unterschied war der, daß die »Märchen« der Lehrerinnen kein Ende nehmen wollten.

Schein, nichts als Schein! Oder wäre ein König noch ein König, wenn er nackt vor sein Volk träte? Du kannst

1 Abu Bekr: der erste Kalif (von 632 bis 634, seinem Todesjahr); Anhänger Mohammeds und sein Schwiegervater (Vater der Aischa).

2 Omar ibn al-Chattab: der zweite Kalif (634-644); Gefährte Mohammeds und sein Schwiegervater (Vater der Chadidja).

3 Othman ibn Affan: der dritte Kalif (644-656); Gefährte Mohammeds und mit dessen Tochter Rokajja verheiratet.

4 Ali ibn Abi Talib: der vierte Kalif (656-661); Vetter Mohammeds und mit dessen Tochter Fatima verheiratet.

5 Harun ar-Raschid: abbasidischer Kalif (786-809).

6 Tarik ibn Sijad: nordafrikanischer Heerführer, besiegte in der Schlacht von Jerez de la Frontera (711) die Westgoten unter Roderich.

7 Okba ibn Nafi: Gründer der Stadt Kairuan (671).

8 Juba: König v. Numidien (gest. 46 v. Chr.), wird von Caesar bei Thapsos besiegt; sein Sohn, Juba II., König v. Mauretanien (gest. 23 n. Chr.), machte Nordafrika zum kulturellen Mittelpt.

stehlen, lügen und betrügen, unterdrücken und töten, solange du nur freitags in die Moschee gehst oder samstags in die Synagoge oder sonntags in die Kirche. Du kannst alles tun, solange du nur den Schein wahrst.

Marjam konnte sich noch immer nicht an den Unfallhergang erinnern. Doch das beunruhigte sie nicht mehr. Irgendwann würden sich die Gedächtnislücken schließen, eine nach der anderen, wie ein Puzzle würde sich das Bild Teil für Teil zu einem Ganzen fügen.

»Sieh nur, Jamna!« Zuhra beugte sich über ihre Tochter und deckte sie zu. »Sie hat wieder ein bißchen Farbe bekommen. Ich glaube, die Ärzte haben recht. Sie erholt sich wirklich schneller, als ich gedacht hätte.«

»Ich habe doch gleich gesagt, du machst dir unnötig Sorgen. Aber die Härte des Knüppels kennt nur der, der ihn schon einmal zu spüren bekam, wie das Sprichwort sagt. Gott hat deine Gebete erhört. Du wirst sehen, in ein paar Tagen kann Marjam wieder sprechen, und alles wird so sein wie früher, Tochter meiner Mutter.«

»Deine Töchter sind da, Zuhra. Wenn ich sie mir so anschaue, habe ich das Gefühl, es wird Zeit, ihre Aussteuer vorzubereiten«, sagte Zulaika und umarmte die Mädchen nacheinander. »Sie sind zu richtigen jungen Frauen herangewachsen.«

»Wo ist euer Bruder?« wollte Zuhra wissen.

»Er kommt mit Großvater nach. Wie geht es Marjam, *Mwa*?«

»Den Umständen entsprechend«, antwortete Jamna seufzend. »Sie ist aus dem Koma aufgewacht, und der Arzt sagt, eure Mutter muß Geduld haben und Ruhe bewahren. Sie regt sich fürchterlich auf, sobald Marjam auch nur den kleinsten Schmerzenslaut von sich gibt.«

Die Mädchen setzten sich ans Bett der Schwester. Nadschia brach in Tränen aus. »Wird sie sterben, *Mwa*?«

»Nadschia! Verflucht sei Satan, der dir solchen Unsinn eingibt. Deine Tante hat doch gerade gesagt, daß es Marjam bessergeht. Denk nächstes Mal erst nach, bevor du den Mund aufmachst, sonst setzt es was, hast du verstanden?«

Nach einer Pause fuhr Zuhra fort: »So wie ich euch kenne, geht zu Hause alles drunter und drüber, wenn ich nicht da bin, nicht wahr? Deshalb wird Fatma heute abend kommen und bei euch bleiben, solange ich hier bei Marjam sein werde.«

»Wir sind alt genug, um selbst auf uns aufzupassen«, protestierte Nuria. »Du brauchst dir wirklich keine Sorgen um uns zu machen.«

»Keine Widerrede, mein Entschluß steht fest. Fatma wird sich um euch kümmern, bis ich wieder da bin.«

Jamna warf den Mädchen einen warnenden Blick zu, der soviel bedeuten wollte wie: »Haltet den Mund und gehorcht.« Und das taten sie auch.

»*Mwa*, Marjams Freundinnen haben gefragt, ob sie sie besuchen dürften. Ich habe ihnen gesagt, daß ich ihnen morgen Bescheid geben würde.«

»Nein, nein, das kommt nicht in Frage. Ich will nicht, daß sie hierherkommen. Der Zustand deiner Schwester könnte sich vor Kummer verschlechtern. Denk doch nur, was sie empfinden muß, wenn sie sieht, wie gut es ihren Freundinnen geht. Sie können sie besuchen, sobald sie das Krankenhaus *auf ihren eigenen Füßen* verlassen hat und wieder daheim ist.«

»Eure Mutter hat recht«, sagte Jamna in versöhnlichem Ton. »Zuviel Besuch wäre zu anstrengend für eure Schwester. Außerdem könnten ihre Freundinnen eine unbedachte Bemerkung machen, die sie vielleicht verletzt. Da sie immer noch nicht sprechen kann, wissen wir nicht, was ihr mißfällt und was nicht. Vorhin fing sie plötzlich zu weinen an und wurde totenblaß, und wir hatten keine Ahnung, warum. Also erspart uns alles, was zusätzliche Probleme schaffen könnte. Wir müssen froh sein, wenn wir die meistern, die wir im Augenblick haben.«

Bei diesen Worten schlug Marjam die Augen auf. Sie ließ den Blick über ihre Schwestern gleiten und stellte verärgert fest, daß Fusija ihr Lieblingskleid und eins der anderen Mädchen eine Weste trug, die ihr gehörte. Ich bin noch nicht mal tot, da haben sie schon meine Sachen untereinander aufgeteilt, dachte sie zornig. Anscheinend können sie es gar nicht erwarten! Sie hätte schreien mögen vor Wut, denn sie konnte es nicht ausstehen, wenn sich jemand ihre Kleider oder Bücher auslieh, ohne vorher zu fragen.

Plötzlich wünschte sie sich nichts sehnlicher, als auf dem schnellsten Wege gesund zu werden. Sie machte rasch die Augen zu, damit sie nichts mehr sah. Es wäre doch zu dumm, wenn sie nun, nachdem sie den Unfall überlebt hatte, vor lauter Ärger sterben würde.

Als wenig später ihr Großvater mit Mohammed kam, der sie stürmisch umarmte und ihr ein Bild zeigte, das er für sie gemalt hatte, beruhigte sie sich wieder. Dieser Großvater mütterlicherseits, der nach Sidi Boumedienne, dem Schutzpatron der Stadt, Al Ghauzi, der Hilfreiche, genannt worden war, hatte nach dem Tod des Vaters dessen Platz eingenommen. Zu ihm kamen die Mädchen und ihr Bruder, wenn sie Kummer hatten oder ihre Freude mit jemandem teilen wollten. In seinen Armen suchten sie Zärtlichkeit und Zuneigung, ihm zeigten sie stolz ihre Hefte und Zeugnisse.

Mohammed war tot, aber Al Ghauzi, der Gerechte, hatte sich als sein würdiger Vertreter erwiesen. Wie oft hatte er Marjam die Schulaufgaben abgefragt, zur großen Empörung Zuhras, die der Meinung war, daß jemand, der sich helfen ließ, ein Taugenichts war. Und was für wunderschöne Augen er hatte! Augen so blau wie die der Puppe, die er ihrer Schwester geschenkt hatte. Sein weizenblondes Haar wurde allmählich weiß. Sein Lächeln war stets freundlich und seine Ruhe unerschütterlich. Ein Großvater wie Al Ghauzi war ein Geschenk des Himmels. Marjam schaute auf dem Heimweg von der Schule oft bei ihm vorbei. In seiner Anwaltskanzlei fanden sich Menschen aus allen sozialen Schichten ein. Eines Tages traf sie vier zerlumpte Gestalten im Gespräch mit ihrem Großvater an. Beim Anblick der abgerissenen Männer zuckte Marjam unwillkürlich zurück. Al Ghauzi war die Bewegung nicht entgangen.

»Komm und sag *meinen Gästen* guten Tag, Marjam«, befahl er in schneidendem Ton. »Und dann warte nebenan auf mich.«

Im Nebenzimmer konnte Marjam hören, wie er seinen Klienten ausführlich und höflich erklärte, welche Schritte sie unternehmen und welche Unterlagen sie sich besorgen müßten. Er setzte einen Brief für sie auf, den er eigenhändig abtippte, und lehnte es ab, Geld für seine Dienste zu nehmen. Die Männer bedankten sich überschwenglich und segneten die Enkelin des Wohltäters. Als sie sich verabschiedet hatten, rief er Marjam zu sich und sagte streng:

»Ich möchte nicht noch einmal erleben, daß du dich so aufführst wie vorhin, hast du mich verstanden?«

»Aber was habe ich denn so Schlimmes getan, Großvater?«

»Das fragst du noch? Als ob du es nicht genau wüßtest! Du hast es an Respekt gegenüber meinen Klienten und Gästen mangeln lassen. Keines Blickes hast du sie gewürdigt. Seit wann sind dir einige Menschen mehr wert, gegrüßt zu werden, als andere? Ekel habe ich auf deinem Gesicht gesehen. Oder täusche ich mich?«

»Sie sahen so verwahrlost aus, Großvater«, stammelte Marja mit hochrotem Kopf. Es tat weh, von jemandem getadelt zu werden, den man über alles in der Welt liebte. »Ich war einfach überrascht, als ich die schmutzigen, geflickten Kleider und die runzligen Hände und Gesichter sah.«

»Ach, so ist das! Man muß Anzug und Krawatte oder Seidenkleider tragen, damit du einigermaßen höflich bist. In diesem Fall wirst du nicht viele Menschen zu grüßen brauchen. Sieh dich doch nur um. Mach dir die Mühe und zähle die Leute, die sich angemessene Kleidung leisten können. Du würdest dich wundern, wie wenige das sind. Das wäre die leichteste Rechenaufgabe, die dir je gestellt worden ist.«

»Aber es laufen doch nicht alle Algerier in Lumpen herum«, protestierte Marjam schwach.

»Geh auf die Straße hinaus und sieh dir deine Landsleute an. Und dann sag mir, wie viele deines Grußes würdig wären. Die Männer vorhin stammen aus einer der ältesten Familien der Stadt. Ihrem Urgroßvater gehörte viel Grundbesitz in Saf-Saf, damals, bevor die Franzosen kamen. ›Der Himmel gehört Allah und die Erde den Hadschis‹, sagte man. Aber als sich die Siedler in Tlemcen niederließen, wurde die Familie einfach enteignet. Der Urgroßvater grämte sich buchstäblich zu Tode darüber, seine Frau folgte ihm wenige Monate später, und aus ihren Kindern, den einstigen Eigentümern, wurden Bedienstete. Sie arbeiteten für die Leute, die ihnen ihr Hab und Gut weggenommen hatten.[1]«

»O Großvater, es tut mir ja so leid, daß ich so schrecklich unhöflich war!«

»Mein Vater hat mir die Geschichte dieser Familie erzählt. Er war mit ihr verwandt. ›Mein Sohn‹, hat er zu mir gesagt, ›du darfst dem Äußeren eines Menschen niemals Bedeutung beimessen. Behandle ihn stets so, wie du selbst behandelt werden willst.‹ Dein Vater war genauso. Er hat nicht lange gefragt: ›Wie ist der Name deiner Familie?‹ oder ›Welcher Religion gehörst du an?‹, sondern er hat geholfen, wenn jemand in Not war. Laß dir das eine Lehre sein, Marjam. Behandle den Armen besser als dich selbst, denn du kennst die Gründe für seinen sozialen Abstieg nicht. Merk dir das gut und vergiß es nie wieder. Es heißt, arm zu sein ist keine Schande und reich zu sein kein Verdienst. Viele von denen, die heute arm sind, werden morgen reich sein – und umgekehrt. Das darfst du niemals vergessen, mein Kind. Achte den Menschen für das, was er ist, und nicht für das, was er besitzt. Das ist es, was ein Mitglied einer alteingesessenen, ehrbaren, guten Familie von einem oberflächlichen Menschen unterscheidet, der nur dem Augenblick verhaftet ist und die Macht des Geldes oder irgendeines Amtes höher schätzt als alles andere. Denke nie, du wärst etwas Besseres als deine Mitmenschen, mein Kind. Alles ist vergänglich, nur deine Taten und deine Wurzeln nicht.« Er hob den Zeigefinger und fuhr mit stren-

[1] Als Hadschi wird der Mekka-Pilger bezeichnet. Die Pilgerfahrt nach Mekka ist eine der heiligen Vorschriften, die der Prophet Mohammed den Gläubigen aufgetragen hat.

ger Miene fort: »Wenn wir sterben, werden wir alle das gleiche Gewand aus weißem Perkal tragen und in der gleichen Wohnung unter der Erde wohnen, ob wir nun reich wie Krösus oder arm wie Hiob sind, König oder Knecht, Gelehrter oder Unwissender. Das vergessen viele, weil sie glauben, sie würden ewig leben. Mach nicht denselben Fehler, Kind.«

»Marjam? Du mußt ganz schnell wieder gesund werden, Marjam, hörst du? Ich habe niemanden mehr, mit dem ich plaudern kann, und außerdem wächst mir der Papierkram über den Kopf, seit mein Sekretär fort ist.«

Marjam sah, daß ihr Großvater Tränen in den Augen hatte. Er räusperte sich und fügte hinzu:

»Was meinst du, wer mich heute morgen trotz des Schneetreibens besucht hat? Eine Abordnung der Einwohner von Derb Messoufa. Deine Freundinnen Radia und Salima waren dabei, Nana Scharifa, Al Alia und die Frau deines besonderen Freundes Ami Ambarak. Sie wollten dich hier im Krankenhaus besuchen, aber ich habe sie davon überzeugt, daß es besser wäre, noch ein wenig damit zu warten.«

Al Ghauzi kannte Marjams schwache Stelle genau. Er wußte, daß der Name Derb Messoufa das Zauberwort war, das sie aus ihrer Benommenheit reißen würde. Sie hing sehr an diesem Viertel, in dem sie die vielleicht schönste Zeit ihres Lebens verbracht hatte. Und wenn auch das Glück nicht immer ungetrübt gewesen war, so wußte sie doch zumindest, wo sie herkam und wo sie hingehörte.

4

Nachdem der Haushalt in Marokko endgültig aufgelöst worden war und feststand, daß sie nach Tlemcen zurückkehren würden, beschloß Zuhra, wieder nach Derb Messoufa zu ziehen. Sie erwartete ihr sechstes Kind und war ihres Nomadenlebens überdrüssig. Für Marjam bedeutete die Rückkehr nach Derb Messoufa das Ende eines Alptraums.

Das Viertel lag im arabischen Teil von Tlemcen. Es gab auch einen französischen, mit breiten, von Platanen gesäumten Straßen; mit Straßencafes und Geschäften, die ihre protzigen Auslagen hinter blitzenden Scheiben zur Schau stellten; mit Plätzen, die nach Frankreich, und Straßen, die nach Paris benannt waren; mit Konditoreien und Bäckereien, in denen es gefüllte Windbeutel, Apfel- und Birnentorten, Stangenbrot, Pariser Brot und Baguette zu kaufen gab; mit einem überdachten Markt und einem Musikpavillon, wo an jedem 14. Juli die städtische Blaskapelle Stücke spielte, die für Marjams Ohren und die ihrer Freundinnen fremdartig klangen; mit normannischen Villen, bretonischen Landhäusern und provenzalischen Bauernkaten.

Der französische Teil war indes nicht mehr rein französisch: Es gab Araber, deren Streben nach Assimilation so weit ging, daß sie ihre Herkunft verleugneten, ihre Sprache und ihre Kultur abstreiften und sich sogar von ihrem Glauben, der letzten Bastion gegen die Kolonialisierung, lossagten, um in jenem Teil der Stadt wohnen zu können.

Die Grenze zwischen dem französischen und dem arabischen Tlemcen verlief zwischen der Place de la

Mairie und der Großen Moschee. Über die Römerstraße Al Qajsarija[1], eine bekannte Geschäftsstraße, in der die Frauen kostbare Stoffe für ihre prachtvollen Gewänder kauften, ging man »hinauf«, wenn man in den französischen, und »hinunter«, wenn man in den arabischen Teil wollte.

Al Qajsarija mündete auf den Madrasa-Platz, wo Stände mit Obst, Gemüse und Gewürzen in der prallen Sonne aufgestellt waren und die Lebensmittel in der Hitze eine wahrhaft sinnbetäubende Fülle von Düften entwickelten. Die zahlreichen kleineren Straßen und Gassen, die von dem Platz aus in alle Himmelsrichtungen führten, bildeten ein Labyrinth, in dem sich der unachtsame Spaziergänger leicht verirren konnte. Aber in diesen Gassen war die Geschichte der Stadt geschrieben worden, deshalb lohnte es sich, den Schritt zu verlangsamen und zwischen den Mauern zu verweilen. »Lauf nicht der Zeit hinterher, Wanderer, sie wird dich schon einholen«, pflegten die Alten zu sagen.

Nimm dir Zeit, Wanderer, schon nach wenigen Schritten wirst du dich in einem Märchen aus Tausendundeiner Nacht wähnen. Du brauchst Scheherazade nicht, die Mauern dieser Stadt, die Häuser, Hamams, Backstuben und Moscheen erzählen selbst, du brauchst nur zuzuhören.

Geh noch ein Stück weiter, nur zu, hab keine Angst. Geh mit reinem Herzen und beobachte mit offenem Sinn. Sieh nur die Türen aus edlen Hölzern mit ihren Perlmuttintarsien und Türklopfern aus massivem Silber. Streck die Hand aus, Wanderer, du darfst sie berühren. Nein, das ist kein Traum. Niemand hier käme auf den

[1] Wörtl. »die Kaiserliche«; arab. *qajsar* bedeutet »Caesar«.

Gedanken, die Türklopfer abzuschrauben und zu entwenden, denn wer hier wohnt, weiß, daß alles vergänglich ist und nur die Taten und die Wurzeln eines jeden einzelnen Bestand haben.

Tritt näher, Wanderer, und wirf einen Blick in das Innere eines Hauses, das dir mit seinem Marmor, seinen Mosaiken, seinen vielfarbigen *salajdschs*, seinem Innenhof und seinen Wasserspielen ein Lächeln entlocken wird.

Tritt näher, aber tritt nicht ein, denn dies ist das Reich der Frauen. Hier herrschen die Töchter der Hadaren, der Nachkommen von Arabern und Berbern, die Töchter spanisch-maurischer Eltern, Töchter des Exils und des Exodus, die Töchter der *kurughlis*, der türkischen Einwanderer, oder die Töchter jener vornehmen Familien, vor denen ganz Tlemcen zittert, Scherifinnen mit dem von den Vorfahren ererbten ungestümen Temperament.

Lausche ihrem Gesang, Wanderer, und geh deines Weges. Bleib nicht stehen, wenn du nicht das gleiche Schicksal wie Odysseus und seine Gefährten erleiden willst. Die Frauen hier benötigen weder Zauberspruch noch Liebestrank oder Amulett, um dich zu becircen. Über solche Dinge lächeln sie nur. Ihre Stimme genügt, dich zu verzaubern und an unbekannte Gestade zu lokken. Nicht einmal die Stimme von Scheherazade besitzt diese Zauberkraft. Die Frauen von Tlemcen werden dich betören, weil sie aus einem besonderen Ton geformt und mit der Patina einer mehrhundertjährigen Zivilisation überzogen sind. Sie sind die lebendigen Zeugen einer Aristokratie, die Aufstieg, Blüte und Niedergang kannte. Sie sind die Nachkommen jener Frauen aus *bilad al-Andalus*, über die der Gelehrte und Dichter Ibn Bassam im 11. Jahrhundert schrieb: »Keine andere Frau ihrer Zeit hat eine sanftere Stimme, keine andere beherrscht die Kunst des Gesangs, des Schreibens und der Kalligraphie mit der gleichen Vollkommenheit. Da sie eine vorzügliche Bildung genossen hat, eine große Gewandtheit im Ausdruck besitzt und gleichermaßen bewandert ist auf dem Gebiet der Formenlehre, der Wortlehre und der Verslehre, ist sie unfehlbar im Gebrauch der geschriebenen und der gesprochenen Sprache. Selbst in den Bereichen der Medizin, der Naturgeschichte, der Astronomie sowie in anderen Wissensgebieten erwies sie sich als zeitgenössischen Gelehrten überlegen.«

Die Frau, die Ibn Bassam hier beschreibt, war Schülerin an einer Hochschule für Musik und Wissenschaften, die von Al Kinani, einem bedeutenden Musiktheoretiker und Meister des zwölfstufigen, »andalusischen« Tonsystems, geleitet wurde. Diese Frauen sind die würdigen Nachfahren der Frauen aus Córdoba, Sevilla oder Granada, die im Schreiben und in den Naturwissenschaften ebenso unterwiesen wurden wie im Spiel der Rebab, der 'Ud und der Kemantsche[1].

Zier dich nicht, verehrter Wanderer, irgendeine Tür einen Spaltbreit zu öffnen. Jene dort zum Beispiel, die aus Ebenholz. Riechst du es? Es duftet nach Geranien, Rosen und Jasmin, nicht wahr? Das ist ein Glückstag, Wanderer. Siehst du die alte Frau in dem karminroten Kaftan? Eine hoheitsvolle Erscheinung, findest du nicht? Ein Bild wie aus einer Märchenwelt. Nana Chedudscha Bint Assanussi hat Waschtag. Sie gebietet über den Hof, die Waschzuber, Kohlenbecken und duftenden Essenzen, als handele es sich um eine Dienerschar.

[1]Streich- und Zupfinstrumente.

Nana Chedudscha Bint Assanussi, Lalla Mania Bint Benmansur, Nana Scharifa, Lalla Zubaida – sie alle führen unbewußt noch die gleichen Gesten aus wie ihre Vorfahren in der glanzvollen Epoche.

Hier wird der Adel des Herzens, der Seele und des Blutes nicht am Erfolg gemessen. Hier gelten andere Maßstäbe, hier zählt nicht Geld, sondern der über Jahrhunderte hinweg erworbene Reichtum der feinen Gesten, der gemäßigten Worte, der Zeit, die dem Rhythmus des Rufs zum Gebet unterworfen ist. Hier herrscht die Weisheit der vornehmen Herkunft: *Al asl wal fasl.*

Der Duft der Geranien, der Rosen und des Jasmins hat dich betäubt, Wanderer? Ich habe dich gewarnt. Diese Gassen sprechen, sie sind Zeugen der Geschichte. Und die Häuser schlagen dich in ihren Bann, erzählen packender als jedes Geschichtsbuch von der Entstehung dieser Stadt, vom Exodus ihrer Bewohner, von der Vertreibung aus *bilad al-Andalus.*

Setze deinen Weg fort, Wanderer, und beobachte mit dem Herzen. Verzieh nicht das Gesicht, wenn du die kleinen Läden und Handwerksbetriebe betrachtest und die abblätternde Farbe, die schiefen Mauern, die Risse in den Decken siehst. Halte dich nicht mit diesen oberflächlichen Dingen auf, sondern kümmere dich um das Wesentliche. Die Vorfahren dieser Handwerker waren spanische Juden und Mauren. Das Jahr 1492 war ein schicksalhaftes Jahr für sie, ähnlich wie das Jahr 1948 für die Palästinenser. Frage diese Menschen nie nach ihrem Glauben, Wanderer. Und tust du es doch, so werden sie dich verächtlich mustern und dir antworten, daß ihre Religion das Leid ist, der Exodus und das Exil, und kein Buch der Thora, kein Vers des Koran hätte ihre Glaubensgemeinschaft fester zusammenschweißen können als die gemeinsame leidvolle Erfahrung der Flucht vor der Reconquista und den Scheiterhaufen der Inquisition. Sie wissen, was Fanatismus bedeutet, sie tragen seine Spuren an Leib und Seele. Und sie bekämpfen ihn auf ihre Weise.

Grüße mit den Worten *as-Salam alaikum* – »Heil und Friede über Euch« –, setz dich auf die Schwelle, und lausche dem Gesang und der Musik im Innern des Ladens. Musik und Gesang sind die beiden anderen verbindenden Elemente ihrer Gemeinschaft. Schon ihre jüdischen und moslemischen Vorfahren haben diese Lieder gesungen, die vertonten *qasidas*[1], *madhs*[2] und *sadschals*[3].

Weißt du etwas über die Abstammung dieser Handwerker, über ihre ursprüngliche Heimat? Nein? Dann bleib sitzen, Wanderer, und hör zu. Ihre Vorfahren waren Kadis aus Sevilla, Wissenschaftler und Gelehrte aus Córdoba, Ärzte und Dichter aus Granada, reiche Kaufleute und bekannte Musikanten aus Murcia, aber auch Bauern aus Andalusien.

Sie hofften bis zuletzt, daß die von der Hohen Pforte versprochene Hilfe einträfe. Aber sie wurden enttäuscht, ihre »Brüder« aus dem Morgenland hielten ihr Versprechen nicht. Da häuften sie eine Handvoll heilige Erde in ein Kopftuch und verließen schweren Herzens die Heimat. Das Sprichwort »Rettung kommt niemals von anderen, sondern nur aus dir selbst« traf zu, wie sie verbittert feststellen mußten. Keiner ihrer »Brüder« hatte anscheinend auch nur einen Gedanken an ihr Schicksal verschwendet.

Erinnert dich das nicht an etwas anderes, stiller Wan-

[1] Qasida: Lied in klassischem Arabisch mit identischen, sich reimenden Versen.
[2] Madh: Loblied auf den Propheten Mohammed.
[3] Sadschal: Tanzlied in arabischem Dialekt, Vorläufer des Andalu.

derer? Aber ja doch! Du fürchtest dich doch nicht? Denk stets daran, daß du dich hier auf islamischem Boden befindest, wo man sagt: »Fürchte niemanden außer Gott.« Nun, hast du endlich die Sprache wiedergefunden? Die Tragödie der Andalusier erinnert an das Schicksal der Palästinenser, nicht wahr? Auch sie haben auf Hilfe von ihren »arabischen Brüdern« gehofft. Auch sie haben schließlich ihre Heimat verlassen. Sie zogen fort aus Nablus, Ram Allah, Gaza, Bethlehem, Akko, Jerusalem, mit nichts in Händen als einem Tuch mit einer Handvoll Erde und den »Sanads«, den Besitzurkunden, die sie als rechtmäßige Eigentümer von Grund und Boden auswiesen.

Von nun an irrten sie umher, von einem Land zum nächsten, und in ihren Taschen klimperten die Schlüssel zu ihren Wohnungen und die Schlüssel ihrer Schränke. Hat sich an ihnen der Fluch ihrer andalusischen Brüder erfüllt? Das weiß niemand, Wanderer. Aber wie sagten die weisen Männer schon immer: »Lausche den Worten, die dich zu Tränen rühren, nie aber jenen, die dich zum Lachen oder zum Lächeln bringen.« Wer wollte da behaupten, die Geschichte würde sich nicht wiederholen?

Sollte der Orient dich locken, Wanderer, nachdem du den Reiz, den Zauber, die Gastfreundschaft und die Pracht in den Straßen von Tlemcen, Karthago, Fez oder Kairuan kennengelernt hast, und dein Weg dich nach Kairo, Damaskus oder Beirut führen, dann geh in die »Qajrawans«, die Elendsviertel mit Hütten aus Strohlehm, Pappe und Wellblech, in denen die Palästinenser hausen. Grüße mit den Worten *as-Salam alaikum,* und setze dich zu dem Greis, dessen runzliges Gesicht von einem Leben voller Sorge und Leid erzählt. Beobachte ihn, während er, den Blick abwesend zu Boden gerichtet, die Wasserpfeife raucht. Beobachte die Gesten und die Haltung des alten Mannes und seiner Frau und seiner Töchter, denn ich bin sicher, sie werden dich zum Bleiben auffordern, Wanderer, und ihre karge Mahlzeit und den mit Kardamom gewürzten Kaffee mit dir teilen.

Achte sorgfältig auf ihre Bewegungen, ihren Gang, den abwesenden Ausdruck ihrer Augen. Hörst du ihre Seufzer? Und jetzt denk zurück. Erinnert dich das nicht an eine andere Szene? Aber ja doch! An die Handwerker in den Straßen von Tlemcen, Fez und Kairuan.

Und wenn du diesen Palästinenser nun nach seinem Glauben fragst, so wirst du nichts als verächtliche Blicke ernten. Nur zu, frag den Palästinenser aus Tall Zataar Mijé-Mijé, aus Ain el Halwé, Al Karantina, Al Rachidié, Bordj, Baradjneh, Sabra oder Chatila, ob er Moslem oder Christ ist. Er wird dich ansehen, als hättest du den Verstand verloren, und leicht gereizt auf die Wand zeigen, an der neben dem Bild der Muttergottes ein Täfelchen mit einer Koransure hängt.

Boutros (Peter), Hanna (Johannes), Simon, Georges, Mohammed, Ali, Zaitun, Leila, Marjam und Marie – sie alle haben eine gemeinsame Religion: das Leid. Die an ihrem Volk verübten Verbrechen, die Vertreibung und das Leid haben sie zu einer Glaubensgemeinschaft zusammengefügt, der gleichen Gemeinde, der auch Elie, Gabriel, Isaac, Mohammed und Rédouane aus Tlemcen angehören.

Koste die Rosenkonfitüre, die Leila oder Marie zubereitet hat, und erzähle von dir. Sag ihnen, daß du aus Algerien kommst, jenem heißen Land im Norden Afrikas. *»Ifriqija*[1] *tufarriq«*, Afrika trennt, hatte Kalif Omar ibn al-Chattab zu seinen Generälen gesagt, als sie ihn drängten, Gebiete in jenem Teil der Welt zu erobern, der im

[1] Auf der arabischen Wortwurzel »frq« – was soviel wie »trennen, teilen« bedeutet – beruhendes Wortspiel.

Arabischen *gharb* genannt wird, was nicht nur »Westen, Abendland«, sondern auch »Andersartigkeit«, »Verbannung« bedeutet im Gegensatz zu *sharq* mit der Bedeutung »Morgenland«, »Sonne«.

Sag diesem Palästinenser, du kommst aus Algerien, und du wirst sehen, er wird dich freudig umarmen, und seine Augen werden leuchten, wenn er voller Wehmut und Zärtlichkeit vom Emir Abd el-Kader, von den Dschamilas und vielen anderen Helden erzählen wird.

Kalif Omar irrte: Afrika trennt nicht. Im Gegenteil! Es vereint, es heilt Wunden, es lindert Schmerzen und spendet Trost und empfängt mit offenen Armen, ohne eine Gegenleistung zu verlangen.

Aber laß uns nach Tlemcen zurückkehren, edler Wanderer. Verweile noch ein bißchen in den Straßen der arabischen Stadt, dort wo die Handwerker mit den adligen andalusischen Vorfahren ihre Werkstätten haben. Du zweifelst an ihrer vornehmen Abstammung? Nun, dann laß dich von einem von ihnen in sein Haus einladen. Bist du reinen Herzens, so wird er dir Gastfreundschaft gewähren und dir seine Ahnentafel zeigen, die er sorgsam aufbewahrt, um sie eines Tages an seine Kinder weiterzugeben. Alle Dokumente, die er besitzt, sind echt: die *qasidas*, die von den musisch Begabten unter seinen Vorfahren verfaßt wurden, ebenso wie die medizinischen, grammatikalischen, rechtswissenschaftlichen, astronomischen oder geschichtswissenschaftlichen Abhandlungen. Du brauchst ihr Alter nicht mit der Radiokarbon-Methode zu bestimmen oder sie einer mikroskopischen Untersuchung zu unterziehen, um festzustellen, daß sie authentisch sind.

»Das Leben gleicht einem Rad, mein Kind: im einen Augenblick dreht es sich mit dir, im nächsten gegen dich.«

Lausche den Liedern voller Trauer und Wehmut, und beobachte die Männer bei der Arbeit. Beobachte die flinken, geschickten Hände, die angespannte Miene, die in Falten gelegte Stirn, den lächelnden Mund. Sie haben gelernt, ihre Arbeit zu lieben: *san'a*, der Beruf, der sie davor bewahrt hat, den Verstand zu verlieren. Es sind Künstler, die deine Bewunderung verdient haben, Wanderer. Sie handhaben ihre Werkzeuge, ziselieren, weben, bearbeiten Holz und Stein mit der gleichen Kunstfertigkeit, der gleichen Hingabe und Liebe zur Perfektion, mit der einst ihre Vorfahren Gedichte und Musikstücke schrieben.

Und wenn der Abend kommt und Abraham und Mohammed, Elie und Benaouda, Dawud und Zaitun Feile, Hammer, Schere und Weberschiffchen gegen Rebab, Kemantsche, 'Ud, Kissar und Gitarre vertauschen und gemeinsam die Räumlichkeiten unweit der Synagoge oder der Moschee aufsuchen, dann folge ihnen, ehrwürdiger Wanderer. Sie werden ihre Instrumente stimmen und mit der gleichen Hingabe, der gleichen Liebe spielen, die sie bei der Arbeit zeigen. Sie spielen zu Ehren von Boumedienne[1], dem Schutzheiligen der Stadt, der von Al Oubad aus über sie wacht, und von Ephraim Ain Kaoua.

Kennst du die Legende von Ephraim Ain Kaoua, Wanderer? Nein? Dann setz dich und hör zu.

Der Überlieferung zufolge – und es gibt keinen Grund, die Richtigkeit der Aussagen anzuzweifeln – soll Ephraim Ain Kaoua nach dem Studium der Philosophie und der Naturwissenschaften in Toledo zum Verlassen der Heimat genötigt worden sein. Schweren Herzens

[1] Der bei Sevilla geborene und 1198 in Tlemcen gestorbene Mystiker predigte die Abwendung von diesseitigen Besitztümern. Er wurde in einer Moschee in der Nähe von Al Oubad beigesetzt.

überquerte er im Jahr 1391 christlicher Zeitrechnung das Mittelmeer und gelangte über Marokko und die Hafenstadt Honain nach Tlemcen, »die von Gott Wohlbehütete«. Das war während der Regierungszeit von Abd ar-Rahman Abu Taschfin, Allah sei seiner Seele gnädig.

Der Sultan schloß Freundschaft mit dem Gelehrten. Als eines Tages seine einzige Tochter erkrankte, ließ er Ephraim zu sich rufen und sagte zu ihm:

»Ich lege das Schicksal meiner Tochter in deine Hände, Ephraim. Tue alles, was in deiner Macht steht, aber fürchte dich nicht: Sollte es dir nicht gelingen, sie zu retten, so muß ich mich dem Willen Allahs beugen, wie groß mein Schmerz auch sein mag. Solltest du sie aber heilen, so will ich alle deine Wünsche erfüllen.«

Ephraim verwandte seine Tage und seine Nächte darauf, die Tochter des Sultans zu pflegen. Und das Wunder geschah: die Prinzessin wurde wieder gesund. Dein ist die Macht und die Herrlichkeit, o Herr!

Da begab sich Abd ar-Rahman Abu Taschfin zu Ephraim und sagte:

»Du hast meine Tochter geheilt, das Licht meines Lebens. Und nun sprich, der du mir in Freundschaft verbunden bist: Welches ist dein größter Wunsch?«

Ephraim warf sich vor dem Sultan auf die Knie und antwortete:

»Ich bitte dich untertänigst um Erlaubnis, meine Glaubensbrüder aus der umliegenden Gegend, aber auch aus Marokko und aus Spanien, wo sie von der Inquisition bedroht werden, nach Tlemcen holen zu dürfen, damit wir hier ein Gebetshaus zu Ehren unseres Gottes, der auch der deinige ist, errichten.«

Das, ehrwürdiger Wanderer, ist der Grund, weshalb die Nachkommen der Andalusier den jüdischen Gelehrten Ephraim Ain Kaoua genauso verehren wie den moslemischen Mystiker Sidi Boumedienne, den Schutzpatron der Stadt.

Ich habe dich gewarnt, Wanderer. Hier wird der Zeit eine andere Bedeutung beigemessen. Es heißt zwar, *alli fat mat* – was war, ist tot; nichtsdestoweniger wirft die Vergangenheit ihren Schatten auf die Gegenwart. Und wenn Moslems und Juden von der Zukunft sprechen, vergessen sie nie, ein »Inschallah« hinzuzufügen – so Gott will.

Der Vergangenheit und der Gegenwart kann man sich sicher sein, die Zukunft aber liegt in den Händen der Vorsehung.

Trotz des Keils, den der Crémieux-Erlaß[1], der ein Dolchstoß in den Rücken war, und das Jahr 1870 zwischen die »Brüder« Elie, Dawud, Gabriel, Isaac, Moussa und Maurice getrieben haben, ist das Wissen, daß ihre Eltern Zuflucht, Hilfe und Trost auf dem heißen, islamischen Boden des einenden Afrika fanden, tief in ihren Herzen, in ihrem Unterbewußtsein oder in ihrem kollektiven Gedächtnis verankert. Und niemand kann es ihnen nehmen.

Ihnen widerfuhr das gleiche Schicksal wie ihren moslemischen Brüdern: sie waren gezwungen, Spanien zu verlassen und im Exil zu leben, manchmal wie Fürsten, manchmal wie Bettler.

Und darum frage diese Menschen nie nach ihrem Glauben, verehrter Wanderer. Sie sind durch Kummer, Leid, Not, Verbannung und Heimweh zu einer Gemeinschaft zusammengewachsen. Und so ist es auch nicht verwunderlich, daß sie nach getaner Arbeit und nach dem Gebet einträchtig beisammensitzen und Lieder sin-

[1] Isaac Moise Adolphe Crémieux, franz. Anwalt und Politiker, Mitglied der Regierung. Der nach ihm benannte Erlaß machte die algerischen Juden zu französischen Staatsbürgern.

gen, die für deine Ohren wie eine jammervolle Klage klingen mögen. Lieder, die ihr gemeinsames Erbe widerspiegeln.

Dann, Wanderer, wirst du von den Gesichtern der Moslems und der Juden das ganze Glück, aber auch die ganze Tragik ihrer Geschichte ablesen können. Du wirst sehen, daß sie sich nicht scheuen, ihren Gefühlen freien Lauf zu lassen, und sogar Tränen in ihren Augen glänzen.

Die gleichen starken Emotionen nimmst du auf den Gesichtern der palästinensischen Christen und Moslems wahr, wenn sie das *mawwal* ihres Dorfes anstimmen und dazu die *dabka* tanzen. Und sie weinen um die verlorene Heimat und das verlorene Glück. Deshalb frage die Vertriebenen in den Flüchtlingslagern rings um die Städte nie nach ihrer Religion, Wanderer.

Nimm dir Zeit. Es stimmt übrigens nicht, daß die Araber keinen Zeitbegriff kennen. Ihre Vorstellung von Zeit ist nur eine andere. Denk immer daran: Wenn du dich mit einem Araber verabredest, gleichgültig, wann und wo, so wird er dasein – wenn nicht zur vereinbarten Stunde, dann eben zu einer späteren. »Nur die Berge begegnen sich niemals«, pflegen die Wüstensöhne zu sagen, die Urahnen der kunstfertigen Handwerker von Tlemcen.

Schau ihnen bei der Arbeit zu. Keiner von ihnen ist ein Freund des berühmten *»Kawwar wa'ti ila al a'war«*: pack es ein, verschnür es und gib es dem Einäugigen. Sie sind so sehr in ihr *san'a* vertieft, daß sie selbst Essen und Schlafen darüber vergessen.

Aus einer Werkstatt tönen Hammerschläge, manchmal hell und fröhlich, dann wieder dumpf und traurig. Aus Kupfer und Silber werden Kannen, Tabletts, Schüsseln und Schalen, Trinkgefäße und Teller getrieben, Gerät, das von einstiger Größe zeugt und vielleicht nicht mehr zeitgemäß, in einem Tlemcener Haushalt aber unentbehrlich ist.

Unter den Händen des Lederwarenherstellers ächzt das Leder. Wenn er es zuschneidet, dann mit einer so präzisen, heftigen Geste, als könnte er dadurch den Schmerz ein für allemal vertreiben, als trennte er die Nabelschnur durch, die ihn gegen seinen Willen mit dem Land seiner Ahnen, *bilad al-Andalus*, verbindet.

Zieh die Pantoffeln, die du in irgendeinem Souk erworben hast, erst in der Stille deines Hauses an, Wanderer. Hörst du das Raunen des Leders? Es erzählt vom Leid der Vorfahren des Mannes, der es bearbeitet hat, und von der Trauer in seinem Herzen. Manchmal singt es auch. Eine andalusische *nuba*[1] wäre passend. Denn soll die Arbeit leicht von der Hand gehen, muß die Seele frei von Sorgen sein. Und welche Musik wäre geeigneter, einen Handwerker mit andalusischen Vorfahren zu begleiten, als die von Sarjab[2]?

Und wenn der Sattler bei der Fertigung prachtvoller Sättel, dem Stolz eines jeden Reiters, eine *twischija*[3] vor sich hinsummt, so kannst du sicher sein, daß seine Gedanken irgendwo in der fernen Vergangenheit weilen.

Jede Gasse hat ihre Besonderheit, ehrwürdiger Wanderer. Sag nicht, ich hätte dich nicht gewarnt! Nimm dir Zeit, wenn du durch die Straße der Messingwarenhersteller oder der Sattler gehst. Bei den Kindern am be-

[1] Musikstück für Vokal- und Instrumentalstimmen, die in einer festgelegten Reihenfolge aufeinanderfolgen.

[2] Wörtl. »Amsel«, Beiname von Abu al-Hasan Ali Ibn Nafi (789-857), Schüler von Ishaq Al Mawsili, dem besten Lautenspieler seiner Zeit. Sarjab überwirft sich mit ihm und verläßt Bagdad. Als er von Ziyadat Allah aus dem tunesischen Al Qairawan verbannt wird, sucht er Zuflucht am Hofe Abd ar-Rahmans in Córdoba. Er gibt der andalusischen Musik neue Impulse, gilt aber auch als bedeutender Astronom und Geograph. Er kannte Text und Musik von zehntausend Liedern.

[3] Instrumentale Ouvertüre, die oft von einer Gesangsstimme begleitet wird.

liebtesten war die Straße der Färber. Vorsichtig schlängelten sie sich zwischen den riesigen, über Kohlenbecken brodelnden Kesseln hindurch, blieben auf einmal wie angewurzelt stehen und schauten staunend, so wie du jetzt, den Zauberern zu, die geschickt die Wolle in einen Kessel tauchten, wo sich das Weiß in Gelb, Violett, Rosarot, Blau oder Rot und die Straße in einen Regenbogen verwandelte.

Doch es warten noch mehr Überraschungen auf dich, Wanderer. Kannst du den monotonen Singsang der Weber schon hören? Auf ihren Webstühlen entstehen die weißen Schleier, mit denen die Frauen, schöne und häßliche, reiche und arme, ihr Gesicht bedecken. Auf ihren Webstühlen entstehen auch die Decken, die dich an einem Wintermorgen in der Stadt wärmen, die bei den Römern Pommaria hieß, bei den Berbern Agadir, die »Festung«, oder – falls du den etwas poetischeren Namen bevorzugst – Tilimsan, die »Stadt der Quellen«.

Die Gasse der Färber mündet auf einen stillen kleinen Platz, an dem ein Badehaus steht, das aus der Römerzeit stammen soll. Wer hier vorbeigeht, beschleunigt seinen Schritt, denn man erzählt, es spuke in dem Gebäude. Falls du dich aber nicht allzusehr vor der Vergangenheit fürchtest, Wanderer, solltest du dich setzen und irgendeins der Kinder dieser Stadt bitten, dir die Geschichte vom unheimlichen Hamam zu erzählen. Und die geht so:

Eines Tages bemerkte eine Frau aus Tlemcen, die gekommen war, ihr Bad zu nehmen, ein seltsames Funkeln. Als sie näher trat, sah sie, daß es eine Halskette war. Sie bückte sich rasch, hob sie auf, steckte sie in ihre Badetasche und nahm sie mit nach Hause, wo sie sie in eine Schatulle legte und diese sorgfältig verschloß. Sie erzählte niemandem von ihrem Fund.

Am anderen Tag blieb das Badehaus, das für seine wohltuende Wärme bekannt war, kalt. Der Besitzer konnte Holz nachlegen, soviel er wollte: das Wasser in dem großen Kessel erwärmte sich nicht. Die Kunden gingen wieder, und der Ärmste stand bald vor dem Ruin.

Eines Abends, als er vor Erschöpfung in einen kurzen, unruhigen Schlaf fiel, erschien ihm im Traum eine Schlange, die ihm den Grund für sein Ungemach erklärte: »Geh zu Frau Soundso, sie ist heute abend allein zu Hause. Klopf an ihre Tür, und wenn sie öffnet, sag ihr, sie soll die Halskette zurückgeben, die sie mitgenommen hat. Und jetzt steh schnell auf und geh!«

Der Mann fuhr aus dem Schlaf auf, rieb sich das Gesicht und murmelte: »Dein ist die Macht und die Herrlichkeit, o Herr!« Er stand auf, zog sich an, verließ das Haus und eilte zur angegebenen Adresse. Er mußte lange klopfen, ehe er drinnen eine Frauenstimme fragen hörte:

»Wer ist denn da? Wer wagt es, zu so später Stunde die Ruhe eines Gläubigen zu stören? Ist da draußen ein Freund oder ein Feind?«

»Ich weiß, daß Sie allein sind, *lalla.* Ich komme als Freund und als Moslem. Sie brauchen keine Angst zu haben, Sidi Boumedienne hält seine schützende Hand über Sie. Öffnen Sie bitte, ich möchte mich mit Ihnen über den Gegenstand unterhalten, den Sie im Hamam gefunden und mitgenommen haben.«

Als die Frau öffnete, bat der verzweifelte Badehausbesitzer sie, ihm sein Eigentum zurückzugeben. Die verdutzte und beschämte Frau gehorchte. Sie holte die mit Schnitzereien und Perlmutter verzierte Schatulle und machte den Deckel auf. Erschrocken zuckte sie zurück: drinnen lag zusammengerollt eine schlafende Schlange.

Der Mann erkannte sie sofort wieder: es war die gleiche, die ihm im Traum erschienen war. Er nahm sie vorsichtig heraus, trug sie in den Hamam zurück und ließ sie in eins der Wasserbecken gleiten.

Und das Wunder geschah, die Wärme kehrte ins Badehaus zurück. Die Schlange aber verwandelte sich von neuem in eine Halskette. Man erzählt, es sei Sidi Balachsan, der Aufrichtige, der Hüter der Stadt, gewesen, der die Gestalt des Tieres angenommen habe.

Vielleicht, verehrter Wanderer, verstehst du nun, weshalb der französische Teil der Stadt dort oben weder meine Eltern noch mich jemals interessiert hat. Die Kastanienbäume, Platanen, Kiefern und Eichen rechts und links der Straßen sind nicht einmal hundert Jahre alt. Und die stattlichen Häuser im Schatten ihrer Kronen haben keine Vergangenheit, keine Geschichte, kennen keinen Schmerz, keine Vertreibung; ihre Musik, ihr Gesang und ihre Wehklagen sind nicht die gleichen. Meine Stadt hingegen atmet den Geist der Geschichte.

Von Derb Assabaghin, der Straße der Färber, gelangt man in die Gassen Al Qoran al'Akbir und Al Qoran Asghir. Sie sind erfüllt von Leben, von Scharen quirliger Kinder. Jeder Platz, jede Straße, jedes Viertel hat eine eigene Bande: Derb Sidi Balachsan, Bab Ali, Derb Sidi Al Khaldoun, Bab al 'ajyad und Derb Messoufa. Sie rennen die Aswi'a hinunter und treffen sich alle auf dem Platz Bab Sidi Boumedienne.

Nur ein Weg führt nach Derb Messoufa, und zwar zwischen der Moschee und dem Brunnen zur Rechten und der Koranschule zur Linken. Von dort, von der Königszitadelle aus blickt man auf die Straße der Färber, auf den Lebensmittelladen von Ami Ambarak, auf die Backstube, wo die Kinder das luftige Brot holten, auf den Hamam, den Marjam donnerstags und sonntags aufsuchte.

Wer Derb Messoufa betritt, meint sein eigenes Haus zu betreten. Aus den weit geöffneten Türen strömt der Geruch von Essen und Waschlauge. Kindergeschrei vermischt sich mit dem Lachen der Erwachsenen. Marjams Herz weitete sich, wenn sie in ihre Straße einbog. Hier war sie zu Hause, bei den Ihren. Hier war es unmöglich, ein Geheimnis für sich zu behalten: Jeder nahm am Leben des anderen teil, und Kummer und Sorgen wurden ebenso geteilt wie Freude und Glück. Abu Al Aswad Addu'-ali, der die Grundlage für eine arabische Grammatik schuf, hatte völlig recht, als er sagte: *»Al dschar qabla 'addar«* – erst der Nachbar, dann das Haus.

So wie Derb Messoufa stellte sich Marjam das Paradies vor.

»*Mwa*, sieh nur!« rief Nadschia aufgeregt. »Marjam lächelt.«

»Tatsächlich, du hast recht. Seit sie aus dem Koma aufgewacht ist, ist sie ständig für eine Überraschung gut. Erst weint und stöhnt sie, jetzt lächelt sie selig.«

Zulaika, die mit dem Aufzählen der Gotteseigenschaften beschäftigt gewesen war, sagte an den Großvater gewandt:

»Sie wird spüren, daß wir alle da sind. Und daß Sie gekommen sind, wird sie besonders freuen. Sie liebt Sie doch über alles.«

»Seit sie diesen Unfall gehabt hat, ist nichts mehr so wie früher«, erwiderte der Großvater. »Ich hatte mich so daran gewöhnt, daß sie jeden Tag bei mir vorbeischaute.«

Das Mädchen, das die Unterhaltung gehört hatte,

kehrte nach Derb Messoufa zurück, wo man sich seiner annahm und seine Wunden versorgte.

Als Marjam eines Tages nach Hause kam, wartete Zuhra bereits voller Ungeduld auf sie.

»Wasch dir schnell die Hände, und dann komm zu mir. Beeil dich!« Das Mädchen tat wie geheißen. »Ich habe dich in der Vorschule an der Place des Victoires angemeldet«, sagte die Mutter. »Ich habe der Direktorin zwar erklärt, daß du schon zu groß für die Vorschule bist, aber sie meinte, der Besuch könne dir nicht schaden. Du müßtest dich an den Schulalltag gewöhnen. Ich habe mich von ihr überzeugen lassen, daß es so am besten ist. Die Schule beginnt in einer Woche, und du hast jeden Tag Unterricht.«

Eines Morgens war es dann soweit. Fatma weckte sie und sagte:

»Steh auf, Marjam. Ich muß dich anziehen.«

»Ich will nicht in die Schule! Ich habe Angst. Die Lehrerinnen sollen böse sein, und die Kinder sprechen eine Sprache, die ich nicht verstehe.«

»Wer hat dir denn diesen Unsinn erzählt?«

»Nuria, Fusija und Fatima haben gesagt, die Frauen, die dort arbeiten, seien Menschenfresser«, antwortete das Mädchen, das sich unter der Bettdecke versteckt hatte.

»Menschenfresser! Du meine Güte! So was gibt's doch nur im Märchen, Marjam. Komm, steh schnell auf, sonst wird deine Mutter böse. Du weißt doch, daß du ihr keinen Kummer machen darfst. Was würde dein Vater sagen, wenn er erfahren würde, daß du nicht zur Schule gehen willst?«

»Fatma, wird Vater rechtzeitig von seiner Reise zurück sein, damit er mich nach der Schule abholen kann wie meine Schwestern damals auch?« fragte Marjam unter der Decke hervor.

»Aber ja, meine Gazelle! Er wird dasein, du wirst sehen. Und jetzt steh endlich auf«, sagte Fatma lächelnd.

Marjam sprang mit einem Satz aus dem Bett. Der Gedanke, daß ihr Vater voller Stolz am Eingang zur Schule auf sie warten, sie in die Arme nehmen und in die Höhe heben würde, wie er es mit ihren Schwestern getan hatte, machte sie glücklich.

»Trink deine Milch, solange sie noch warm ist«, mahnte Fatma. »Die Schule macht hungriger als spielen.«

Die großen Schwestern fingen zu lachen an. »Sie wird sich schon nicht überanstrengen, keine Sorge. Was machen sie in der Vorschule denn anderes als spielen, Ringelreihen tanzen, Abzählreime singen und malen?«

Marjam musterte sie mit dem Gesichtsausdruck einer gekränkten Prinzessin, würdigte sie aber keiner Antwort. Immerhin kehrte der Vater ihretwegen von seiner Reise zurück, und darauf war sie furchtbar stolz.

»Beeil dich, Marjam, wir kommen sonst zu spät zur Schule, wenn wir dich erst noch zur Place des Victoires bringen und der Direktorin vorstellen sollen«, drängte die Älteste.

Fatma fuhr mit der Bürste ein paarmal über Marjams Haar, säuberte Gesicht und Hände mit einem parfümierten Tuch, gab ihr einen Kuß und versprach, sie gemeinsam mit Sidi Mohammed von der Schule abzuholen. Fröhlich machte sich das kleine Mädchen auf den Weg.

»Gib Fatima deine Hand«, sagte Nuria.

Gehorsam schob Marjam die Hand in die ihrer Schwester und wünschte jedem, der ihnen begegnete, lauthals einen »glücklichen Morgen«.

Auf der Place des Victoires warteten die kleinen *Rumis* gemeinsam mit ihren Papas und Mamas darauf, daß sich die Schulpforten öffneten. Marjam betrachtete staunend die gutgekleideten Mütter, die geschminkt und gepudert waren, als gingen sie zum Tanz. Die Väter redeten mit tiefer, beruhigender Stimme auf ihre Sprößlinge ein. Das Mädchen dachte an den Vater, der auf einer »langen Reise« war, und an die kranke, gebrochene Mutter.

Marjams Schwestern bahnten sich einen Weg zur Tür und klingelten. Als die Hausmeisterin kam, baten sie, die Direktorin sprechen zu dürfen. Die hielt sich gerade in der Hausmeisterswohnung auf und hörte, daß die Mädchen nach ihr fragten. Sie rief sie herein, begrüßte sie herzlich, erkundigte sich nach Zuhra und beugte sich dann zu Marjam hinunter. Sie nahm sie in die Arme, hob sie hoch und sagte entzückt:

»Bist du aber ein hübsches Ding! Und was für ein reizendes Kleid du anhast! Dein Vater wäre stolz auf dich, wenn er dich heute sehen könnte.«

Bestürzt starrte Marjam die Direktorin an, die in einer ihr völlig fremden Sprache auf sie einredete. Das einzige, was sie verstanden hatte, war das Wort »Vater« – *bwa.* Aber als ihre Schwestern für sie übersetzt hatten, antwortete sie:

»O ja, er wird sehr stolz auf mich sein. Er ist verreist, aber er kommt eigens meinetwegen zurück, damit er mich von der Schule abholen kann.«

Die erstaunte Direktorin sah die älteren Schwestern fragend an. Bedrückt übersetzten sie ihr, was Marjam geantwortet hatte. Da drückte sie sie fest an sich, gab ihr einen Kuß und setzte sie wieder ab. Als sie sich auf französisch an die beiden großen Mädchen wandte, nickte Marjam dazu, als könnte sie jedes Wort verstehen. Die steile Falte auf der Stirn der Direktorin bemerkte sie nicht.

Schließlich sagte die ältere Schwester zu ihr:

»Wir müssen jetzt gehen. Sei brav und gib gut acht im Unterricht. Der erste Tag wird nicht ganz leicht sein, aber du wirst sehen, du gewöhnst dich schnell daran. Französisch ist keine schwere Sprache.«

Marjam blieb allein zurück. Und weil sie so verloren und verschüchtert wirkte, nahm die Direktorin sie bei der Hand und ging mit ihr zum Eingang der Schule, um die Tür zu öffnen. Die Kinder, die hereinströmten, waren fast alle *Rumis.* Und dazwischen die sichtlich gerührten Eltern. Die Direktorin führte Marjam zu einem Klassenzimmer, wo sie von einer etwa vierzigjährigen, großen, schlanken Frau mit leicht gewelltem Haar und geschminktem Gesicht begrüßt wurde.

»Guten Tag, Marjam. Ich bin deine Lehrerin. Ich freue mich, dich in meiner Klasse zu haben. Hast du gewußt, daß ich auch deine drei Schwestern unterrichtet habe? Ich hoffe, du bist genauso begabt wie sie.«

Zu Marjams Erstaunen hatte die Lehrerin arabisch gesprochen. Sie hatte immer gedacht, die *Rumis* sprächen nur französisch!

Nachdem sie dem Mädchen einen Platz zugewiesen hatte, verließ die Direktorin das Klassenzimmer, in das immer mehr Kinder strömten. Als ihnen klar wurde, daß sie sich nun von ihren Eltern trennen mußten, hob ein großes Geschrei an. Einige warfen sich auf den Boden und strampelten vor Verzweiflung, andere klammerten sich mit tränen- und rotzverschmierten Gesichtern an die Röcke der Mütter oder die Hosenbeine der Väter und brüllten: »Mama, Mama . . .« oder »Papa, Papa . . .«

Zu guter Letzt bereitete die Lehrerin dem Drama ein

Ende, indem sie die Eltern bat, das Zimmer zu verlassen. Viele Mütter hatten Tränen in den Augen, und die Väter schneuzten sich geräuschvoll, um ihre Rührung zu verbergen. Ich hätte niemals geweint, dachte Marjam bei sich, auch nicht, wenn mein Vater dagewesen wäre.

Als endlich die letzten Erwachsenen gegangen, alle Nasen geputzt und die Tränen getrocknet waren, kehrte allmählich Ruhe ein. Die Lehrerin rief ein Kind nach dem anderen bei Vor- und Nachnamen auf und ließ die Kleinen einen Kreis zu einem ausgelassenen Ringelreihen bilden. Der Vormittag war im Nu vorüber.

Nach dem Läuten mußten sich die Mädchen in einer Zweierreihe aufstellen, um das Klassenzimmer zu verlassen. Marjam schlug das Herz bis zum Hals. Am liebsten wäre sie losgestürmt und hätte alle beiseite gestoßen, die sich ihr in den Weg zu stellen versuchten, und wenn es die Frau Direktorin höchstpersönlich gewesen wäre, um nur ja als erste draußen zu sein. Aber sie bezähmte ihre Ungeduld.

Der Weg vom Klassenzimmer bis zur Tür des Schulhauses kam ihr so lang vor wie ein sterbenslangweiliges Märchen. Als es endlich soweit war und sie mit klopfendem Herzen hinaustrat, rechnete sie damit, jeden Augenblick von den starken Armen ihres Vaters gepackt und durch die Luft gewirbelt zu werden. Aber da war niemand. Sie schaute sich um und hörte plötzlich Fatma rufen:

»Marjam! Marjam! Hier bin ich, meine hübsche Gazelle! Komm her zu mir, mein Täubchen.«

Überglücklich drehte sie sich um. Ihre Enttäuschung war grenzenlos, als sie feststellte, daß man sie belogen hatte, daß der Vater nicht gekommen war, um seinen kleinen Liebling von der Schule abzuholen. In ihrem unsagbaren Kummer wünschte sie sich, tot zu sein und ihm ins Grab zu folgen.

Während ringsumher fröhliche, lachende Kinder von ihren Eltern in Empfang genommen wurden, brüllte Marjam wie am Spieß und weigerte sich, auch nur einen Schritt zu gehen. Sie mußte doch auf den Vater warten! Sie sah, wie ihre Schulkameradinnen von ihren Müttern und Vätern geherzt und geküßt wurden, und haßte sie aus tiefster Seele.

Fatma versuchte, sie hinter sich herzuzerren, aber Marjam setzte sich so ungestüm zur Wehr, daß sie es bald aufgeben mußte. Sie ließ sie stehen und machte sich auf die Suche nach der Direktorin. Als sie ihr erklärte, was geschehen war, ging sie mit ihr hinaus, nahm Marjam in dic Arme, drückte sie an sich, küßte sie und strich ihr zärtlich übers Haar. Sie redete leise und beruhigend in ihrer fremden Sprache auf sie ein, wiegte sie in ihren Armen, bis sie aufhörte zu schluchzen. Dann reichte sie sie vorsichtig an Fatma weiter und sagte etwas auf französisch zu ihr. Fatma nickte, wischte die Tränen ab und ging langsam über den Platz davon. Sie trug Marjam durch den französischen Teil der Stadt und dann durch den arabischen bis nach Derb Messoufa.

»Laß mich runter«, flüsterte das Mädchen mit tonloser Stimme. »Ich kann selbst gehen.«

Fatma setzte sie ab. Als sie sich dem Haus näherten, weigerte sich Marjam weiterzugehen. Statt dessen hockte sie sich auf die Eingangsstufen von Ami Al Hadschs Haus, von wo sie die ganze Straße überblicken konnte. Hier hatte sie immer gesessen und auf den Vater gewartet. Sie sah ihn vor sich, wie er, lächelnd und in der einen Hand eine dicke Aktenmappe aus hellem Leder, die Straße entlangkam. Fast glaubte sie seinen schmatzenden Kuß auf der Wange zu spüren. Sie blieb lange sitzen und starrte in die Richtung, aus der er kommen mußte. Ami Al Hadsch versuchte, sie zu trösten und zum Nachhausegehen zu bewegen, weil sich Zuhra bestimmt schon Sorgen mache. Marjam reagierte nicht. Dann kam auch Zulaika, die langjährige Freundin in guten wie in schlechten Zeiten, Nachbarin und Ersatzmutter zugleich, herbeigelaufen und beschwor Marjam, doch endlich heimzugehen. Nana Scharifa, die mit ihren Söhnen unterwegs war, lud Marjam zum Essen ein. Aber das Mädchen in seinem grenzenlosen Kummer sah und hörte nichts. Weder die älteren Schwestern noch die Dienstboten wagten Zuhra von dem Drama, das sich nur wenige Meter vom Haus abspielte, zu unterrichten, aus Angst, ein noch viel größeres heraufzubeschwören.

Marjam hatte die Knie angezogen, den Kopf auf die verschränkten Arme gelegt und schluchzte heftig. Plötzlich spürte sie, daß sich jemand neben sie setzte. Sie traute sich nicht aufzublicken. Eine Hand strich ihr übers Haar, genauso wie es der Vater immer getan hatte. Er war wieder da! Er war zurückgekommen, weil er nicht mit ansehen konnte, wie sein kleines Mädchen litt.

»Verzeih mir, mein Liebling«, sagte eine Stimme, die nicht ihrem Vater gehörte. »Verzeih, Licht meiner Tage, daß ich dich nicht von der Schule abgeholt und dir so großen Kummer bereitet habe. Ständig sind irgendwelche unerwarteten Probleme aufgetaucht. Gott ist mein Zeuge, daß ich immer wieder auf die Uhr geschaut habe, um nur ja pünktlich zu sein. Aber dann kam in letzter Minute etwas Dringendes dazwischen, sonst wäre ich dagewesen und hätte dich abgeholt, wie dein Vater es getan hätte. Wenn er von seinem Platz im Himmel aus sieht, wie sich sein Mädchen quält, wird er bestimmt traurig sein. Verzeih mir bitte. Und jetzt komm, mein

Kind, wisch dir die Tränen ab, und dann laß uns nach Hause gehen.«

Marjam warf sich in die Arme des Großvaters. Nach einer Weile löste sie sich von ihm, schaute erst ihn, dann die Nachbarn an, die einen Halbkreis um das verzweifelte Mädchen gebildet hatten und es nun ihrerseits umarmten, und wußte, ohne sich jemals ins Unabänderliche fügen zu können, daß sie ihren Vater nicht mehr wiedersehen würde.

Al Ghauzi brachte seine Enkelin nach Hause. Zuhra, die seit Monaten krank war, winkte ihre Tochter zu sich ans Bett. Prüfend betrachtete sie die geröteten, verquollenen Augen des Kindes.

»Was ist passiert? Warum hast du geweint, Kind? Ist es wegen der Schule? Antworte mir.«

Der Großvater drückte Marjams Hand und sagte:

»Mach dir keine Sorgen. Es ist nur, weil . . . weil sie kein einziges Wort Französisch versteht. Das hat sie traurig gemacht.«

Zuhra musterte ihre Tochter mißtrauisch. Die Antwort klang nicht sehr überzeugend.

»Stimmt das? Hast du deswegen geweint, mein Kind? Sag die Wahrheit. Oder hat dir irgend jemand etwas getan? Sag es mir, wenn es so ist, dann werde ich zur Direktorin gehen und dafür sorgen, daß es nicht wieder vorkommt.«

»Nein, nein, *Mwa.* Die Direktorin und die Lehrerin waren sehr nett zu mir. Wirklich! Bei Gott und seinen Propheten, ich will verdammt sein, wenn ich lüge. Es stimmt, was Großvater gesagt hat. Ich habe geweint, weil alle diese elende Sprache sprechen, die ihr benutzt, wenn ihr nicht wollt, daß ich etwas verstehe. Das hat mich so traurig gemacht, daß ich angefangen habe zu weinen. Darf ich jetzt gehen?«

»Ja, Kind, geh nur. Und mach dir keine Sorgen mehr, du wirst sehen, du hast die Sprache bald gelernt.«

Lächelnd zwinkerte der Großvater Marjam zu. Sie ging ohne ein weiteres Wort hinaus und stieg die Treppe zur Dachterrasse hinauf. Fatma folgte ihr; es sei Zeit zum Mittagessen, sagte sie. Marjam starrte sie nur haßerfüllt an. Kurze Zeit später brachte der Großvater ihr einen dampfenden Teller mit Erbsen- und Artischokkeneintopf, ihrem Lieblingsgericht. Aber Marjam rührte das Essen nicht an.

Da stellte der Großvater den Teller beiseite und setzte das Mädchen auf seinen Schoß. Er begann über dies und jenes zu plaudern, erzählte von der Türkei, dem Land ihrer Vorfahren, das sie eines Tages, wenn sie ein bißchen größer wäre, besuchen würden. Der Klang der magischen Namen Anatolien, Bosporus, Istanbul, Ankara, Izmir ließ Marjams Herz schneller schlagen, und ihre Augen nahmen einen verträumten Ausdruck an. »Eines Tages werden wir zusammen hinfahren«, versprach der Großvater.

Als er sah, daß sie sich beruhigt hatte, stand er auf und sagte leise:

»Ich muß jetzt gehen. Und wenn du mir versprichst, brav zu sein und nicht mehr zu weinen, verrate ich dir ein Geheimnis. Aber du mußt es für dich behalten, hörst du?«

Neugierig geworden, nickte Marjam und fragte ungeduldig: »Was ist das für ein Geheimnis?«

»Nun . . . deiner Mama geht es oft nicht gut, nicht wahr?«

»Ja, sie weint viel, regt sich über alles auf und schreit uns wegen jeder Kleinigkeit an.«

»Weißt du auch, warum?«

»Ich weiß nur, daß sie so ist, seit Vater verreist ist.«

Der Großvater legte ihr die Hand auf den Kopf. »Ist dir denn nicht aufgefallen, daß ihr noch alle eure Sachen habt? Die Möbel, die Teppiche, der Schmuck, die Bücher deines Vaters – es ist alles noch da, nicht wahr?«

»Ja, ich weiß auch nicht, warum sie noch nicht abgeholt worden sind.«

»Das will ich dir sagen, mein Kind. Deine Mutter ist schwanger. Sie erwartet ihr sechstes Kind. Deshalb sei schön artig, meine Taube, und bete. Bete, so inbrünstig deine reine Kinderseele es vermag, und bitte Gott, er möge dir ein Brüderchen schenken.«

»Meine Mutter hat ein Baby im Bauch?« stammelte Marjam.

»Aber ja, wo soll es denn sonst sein?«

»Und wann wird es kommen, Großvater?«

»In ein paar Monaten, mein Püppchen. Und darum bitte ich dich, immer schön brav zu sein und deiner Mutter keinen Kummer zu machen. Weine nicht, und geh frohen Herzens zur Schule. Wer soll denn dem kleinen Bruder später das Lesen, das Schreiben und das Rechnen beibringen, wenn nicht du?«

Marjam hätte ihn gern gefragt, woher er denn wisse, daß das Kind ein Junge wird. Aber sie sagte nichts, weil sie das Gefühl hatte, ihm mit dieser Frage weh zu tun.

»Ich muß jetzt gehen, Kind. Die Direktorin hat Fatma gesagt, du könntest heute nachmittag zu Hause bleiben. Sie kannte euren Vater gut und hat euch sehr gern. Siehst du, mein Schatz, wenn man etwas Gutes im Leben getan hat, kann man beruhigt die Augen schließen und Abschied nehmen von dieser Welt. Es wird immer jemand da sein, der sich an einen erinnert und sagt: ›Gott segne diesen Menschen und nehme ihn auf in sein Reich.‹ Gott segne dich und deine Mutter, mein armes Kind! Der Wille Gottes geschehe«, murmelte der Großvater mit vor Rührung halb erstickter Stimme und gab dem Mädchen einen Kuß auf die Stirn.

Marjam schaute ihm nach, als er die Treppe hinunterging, den Hof überquerte und auf die Straße hinaustrat. Zum erstenmal fiel ihr die unheimliche Stille auf, die über dem Haus lag. Wo war das Gelächter geblieben, die Freudenschreie, die Musik, die Lieder, die sie mit der Mutter gesungen hatten? Wo die gellenden *jujus*, die Zuhra auszustoßen pflegte? Wo waren die Augenblicke reinen Glücks, die man mit den Nachbarn geteilt hatte? Wo waren die Besucher, die ständig kamen und gingen, als der Hausherr noch am Leben war? Trostlos und verlassen lag das Haus da, seit die Sorglosigkeit dem Leid, das Lachen den Tränen, die Freude der Trauer gewichen war.

»Marjam! Kannst du mich hören, meine geliebte Enkelin? Ich weiß, du bist noch sehr schwach, aber das Schlimmste ist überstanden. Das Leben hat dich wieder. Das ist ein Tag der Freude, meine Gazelle. Ich muß jetzt gehen, aber ich komme morgen wieder, und dann wirst du mich mit einem Lächeln begrüßen«, flüsterte der Großvater ihr ins Ohr.

»Du hast recht, Vater, heute ist ein Tag der Freude«, pflichtete Jamna ihm bei. »Genau wie damals, als die Militärs dich aus dem Gefängnis entließen.«

Der Großvater und die Kinder verabschiedeten sich. Die drei Frauen blieben allein zurück, allein mit ihren Erinnerungen.

»Was haben wir für schwere Stunden erlebt! Der Krieg hat uns alle gezeichnet«, bemerkte Zulaika, während sie unablässig die Gebetsschnur durch die Finger gleiten ließ.

»Es war eine harte und trotzdem schöne Zeit. Wir

konnten hoffen«, sagte Jamna, und ihre Stimme klang wehmütig.

»Ja, wir konnten hoffen«, wiederholte Zuhra leise.

5

Bei Ausbruch des Krieges waren die Hoffnungen ebenso groß wie die Torheiten zahlreich. Das ganze Viertel hoffte und betete, daß die Araber ihn gewannen. Und das ganze Viertel hoffte und betete, daß Zuhra einen Jungen zur Welt bringen würde.

Marjams Kindheit war überschattet von der Stille des Krieges. Sie nahm ihn zum erstenmal an einem Novemberabend wahr, an einem jener Abende, an denen die ersten Blätter von den Platanen und den Kastanienbäumen fielen und die Frauen die letzten Gläser mit eingemachten Paprikaschoten und Tomaten, mit getrocknetem Fleisch und Grieß für das Couscous im Winter verschlossen.

Ja, es war an einem jener Herbsttage, wo die Dunkelheit so schnell hereinbricht, daß die Menschen in konturlose Schatten verwandelt werden. Ein stürmischer Wind, »der Wind des Zorns«, fegte über die Stadt und ließ Marjam frösteln.

Die ersten Kriegstage waren nicht viel anders als ein Tag des Aid, wenn die Kinder Ami Ambaraks Laden stürmten, ihre Sparbüchsen ausleerten und die Jungen sich Knallfrösche und Wunderkerzen kauften und die Mädchen Haarspangen, Fingerringe aus Blech und ein fragwürdiges Parfüm mit dem exotischen Namen »Duft des Orients«.

Nachdem sie sich gegenseitig die Spangen ins Haar gesteckt, die Hände mit Henna gefärbt und einen Ring über jeden Finger gestreift hatten, stolzierten sie, von einem bestialischen Geruch umweht, durch die Gassen, belauert von den Jungen, die auf ihre Chance warteten. Sowie die Mädchen eine Sekunde nicht aufpaßten, warfen die »Söhne Satans« ihnen Knallfrösche vor die Füße. Und wenn sie dann erschrocken und kreischend zurücksprangen, brachen die kleinen »Sadisten« in triumphierendes Freudengeheul aus.

Ja, am Anfang war der Krieg wie ein Tag des Aid gewesen. Die Bombenexplosionen hörten sich an wie übermäßig laute explodierende Knallkörper. Die Kinder lachten fröhlich und klatschten in die Hände. Sie wußten nicht, was sie erwartete.

In der Schule schloß Marjam Freundschaft mit einem Mädchen namens Céline. Gleich am ersten Tag schob die Kleine, die nicht weit von Derb Messoufa entfernt wohnte, ihre zarte Hand vertrauensvoll in die Marjams.

»Wohnen denn nicht alle *Rumis* in der französischen Stadt?«

»Nein, nicht alle. Viele leben mit den Arabern zusammen, vor allem Juden«, erklärte Fatma.

»Was ist das, ein Jude?«

»Nun, Zhari zum Beispiel, die dich und deine Schwestern auf die Welt geholt hat, ist eine Jüdin. Oder Frau El Bar, die Schneiderin deiner Mutter. Doktor Ayasch, euer Hausarzt, ist auch ein Jude. Die Juden sind eine religionsmäßig zusammengehörende Gemeinschaft. Ihr Prophet Sidna Musa ist auch unser Prophet. Man kann sagen, daß Moslems und Juden Vettern sind.«

»Dann ist Céline also meine Cousine?« fragte Marjam ungläubig.

»Wir sind nur weitläufig miteinander verwandt. Wir

haben den gleichen Urahn, Sidna Abraham, der zwei Söhne hatte, nämlich Isaak und Ismael.«

Marjam starrte sie verblüfft an. »Aber wie können sie *Rumis* sein, wenn wir miteinander verwandt sind?«

Fatma, die mit ihrer Weisheit am Ende war, antwortete mit der magischen Formel, bei der alle Erwachsenen Zuflucht suchen, wenn sie nicht mehr weiterwissen: »*Allah ija'lam* – das weiß nur Gott.«

Marjam gab sich damit zufrieden. Sie nutzte einen günstigen Augenblick, um Fatma zu entwischen, und lief, so schnell sie konnte, Al Qajsarija hinunter und nach Hause, wo etwas viel Wichtigeres auf sie wartete: der Bauch ihrer Mutter, in dem das Baby heranwuchs.

Aber als sie in ihre Straße einbiegen wollte, wurde sie von Ami Ambarak, dem Lebensmittelhändler, angehalten. Sein Laden lag zwischen der Backstube, in der das Brot und das Gebäck, das zu Hause vorbereitet worden war, gebacken wurde, und dem Hamam, wo die Kinder jeden Donnerstag von ihren Müttern, Schwestern oder Dienstboten gebadet und geschrubbt wurden.

Ami Ambarak stand oft auf der Straße, wenn die Kinder aus dem *faran*, dem öffentlichen Backhaus, kamen, das Tablett mit den frischgebackenen Brotlaiben auf dem Kopf balancierend. Dann steckte er jedem von ihnen einen Schokoladenriegel zu, der vorzüglich zu dem warmen Brot schmeckte. Oder er lud sie zu einem Glas eisgekühltem *gasus* ein, wenn er sie, krebsrot von der Hitze und vom gründlichen Schrubben, aus dem Hamam kommen sah.

Ami Ambarak mußte um die Fünfzig sein, aber für die Bewohner des Viertels war er alterslos wie die Ewigkeit, eine Institution, solange sie zurückdenken konnten. Er hatte eine dunkle, gesunde Gesichtsfarbe und trug stets einen grauen Kittel, so daß er ein wenig wie ein

Lehrer aussah. Er sagte immer, jede Falte in seinem Gesicht habe ihre eigene Geschichte. Unter seinem Käppi schaute schneeweißes Haar hervor. Am eindrucksvollsten aber waren seine Augen: Kinderaugen, die die Welt jeden Tag staunend aufs neue entdeckten. Die perlmutterne Gebetsschnur, die er unablässig durch die Finger der rechten Hand gleiten ließ, steckte er in seine Brusttasche, sobald ein Kunde den Laden betrat. Er kannte den Koran in- und auswendig und hatte eine Vorliebe für andalusische Musik. Wenn er nicht gerade Verse oder Suren vor sich hinmurmelte, summte er die Melodie eines andalusischen Liedes, das in manch einer Tlemcenerin zärtliche Gefühle geweckt hätte.

Der feuchte, von einer Glühbirne nur spärlich erhellte Laden, in dem ein heilloses Durcheinander herrschte, war für die Kinder ein wahres Paradies. Zwischen Gläsern mit Karamelbonbons, gefüllten Bonbons, Schokolade und klebrigen Zuckerdragees lagen Knallfrösche, die nicht explodierten, Wunderkerzen, Feuerwerkskörper, bunte Bänder, Haarspangen und Blechringe. An der Wand lehnten große Säcke mit Grieß, Mehl, Zucker, Kichererbsen und Bohnen und kleine mit Gewürzen; daneben standen Krüge, die bis zum Rand mit eingelegten Gurken und Paprikaschoten gefüllt waren. Die bunte Mischung verströmte einen eigenartigen Geruch. Die Kinder störte das nicht. Auf sie übte der Laden die Faszination von Ali Babas Räuberhöhle aus. Wenn sie im Schreibwarengeschäft ein Heft oder einen Stift vergessen hatten, liefen sie zu Ami Ambarak. Der brummte etwas vor sich hin, bückte sich, kramte zwischen den Säcken herum, richtete sich schnaubend wieder auf und schwenkte triumphierend ein Bündel Hefte oder Bleistifte in der Hand. Er machte kein Aufhebens, wenn sie einmal ihr Geld vergessen hatten, ja er notierte die

Schulden nicht einmal; er vertraute ihnen einfach. Und wenn sie Kummer hatten, hielt er ein Glas *gasus* oder eine Zuckerstange bereit. Ihr »Gott schütze dich, Ami Ambarak« hatte die gleiche Wirkung wie die Zauberformel »Sesam, öffne dich«. Hätten die Kinder aus Aswi'a, Derb Messoufa, aus den Straßen Mascara, el Madrasa und Al Qoran das Wahlrecht besessen, würde Ami Ambarak alle Stimmen auf sich vereinigt haben.

Der alte Mann stand in der Tür seines Ladens, als Marjam die Straße heruntergelaufen kam.

»Marjam! Komm schnell her zu mir, meine kleine Blume. Ich muß dir etwas sagen.«

»Einen glücklichen Morgen wünsche ich dir, Ami Ambarak. Wie geht es dir? Und wie geht es deiner Frau und deinen Kindern?« erkundigte sich Marjam höflich.

»Gut, meine Kleinc. Hicr hast du ein paar Zuckerstangen, die machen stark und klug, das brauchst du jetzt, wo du zur Schule gehst.«

»Danke, Ami Ambarak. Gott möge es dir eines Tages lohnen. Möge er dich deiner Familie erhalten.«

»Möge er deine schützen, mein Kind. Sag deiner Mama, daß ich jeden Tag in die Moschee gehe und zum Allmächtigen bete, damit er euch ein Brüderchen schenkt. Sag ihr das, das wird sie freuen.«

»Ganz bestimmt, Ami Ambarak.« Marjam schlang die Arme um seinen Hals und gab ihm auf jede Wange einen schmatzenden Kuß.

Hinter ihr tauchte plötzlich Fatma auf und keuchte atemlos:

»Sie ist doch hoffentlich nicht frech zu Ihnen gewesen, Ami Ambarak?«

»Aber nein, meine Tochter, nein, nein ... Jedesmal, wenn ich eine von Sidi Mohammeds Töchtern sehe, kommen mir unweigerlich die Tränen. Möge Gott seiner unglücklichen Frau und ihren unschuldigen Kindern ›den Schlüssel geben, der die Tür zu ihrem Haus verschließt‹. Möge sie einen Sohn zur Welt bringen!«

Ami Ambarak wartete jeden Tag, bis Marjam auf dem Heimweg von der Schule am Laden vorbeikam. Eines Tages rief er sie aufgeregt zu sich.

»Marjam! Marjam! Lauf schnell nach Hause und sag deiner Mutter, ich hätte geträumt, daß sie einen Sohn bekommt. Sie hat ihn nach deinem Vater Mohammed genannt. Ich habe alles im Traum gesehen! Sag ihr das.«

Sie gab Ami Ambarak einen Kuß und rannte dann, so schnell ihre Füße sie trugen, nach Hause. Sie riß die Tür auf und rief lachend:

»*Mwa, Mwa*! Ami Ambarak hat im Traum gesehen, daß du einen Sohn bekommst und ihn Mohammed nennst. Du wirst sehen, das Baby in deinem Bauch ist ein Junge.«

»Geh spielen, mein Kind. Ich werde bekommen, was Gott will, das ich bekomme«, flüsterte Zuhra mit einem matten Lächeln.

»Aber Ami Ambarak hat doch geträumt, daß du einen Sohn bekommst!«

»Ist Ami Ambarak vielleicht der liebe Gott?«

Marjam sah die Mutter sprachlos an. Nein, Ami Ambarak war sicher nicht der liebe Gott. Aber es erschien ihr unvorstellbar, daß Gott, der ihr ihren Vater genommen hatte, nun nicht wenigstens dafür sorgte, daß sie ein Brüderchen bekam.

Es war an einem herrlichen Vorfrühlingsmorgen, als die Direktorin freudestrahlend Marjams Klassenzimmer betrat und sagte:

»Komm schnell, Marjam! Deine Mutter hat einen Jungen zur Welt gebracht.«

»Einen Jungen? Genauso wie Ami Ambarak es im

Traum gesehen hat?« stammelte Marjam auf arabisch. In der Aufregung fielen ihr die paar Worte Französisch, die sie bisher gelernt hatte, nicht ein.

Die Lehrerin nickte. »Deine Schwestern warten im Büro der Direktorin auf dich. Du hast den Rest der Woche frei. Sag deiner Mama, wie sehr wir uns für sie freuen und daß wir sie am Sonntag besuchen werden.«

Das ganze Viertel freute sich mit Zuhra und den Kindern. Im Haus herrschte ein unglaubliches Gedränge. *Rumis* und Araber, alle waren gekommen, um das Kind zu sehen, dem Zuhra den Namen seines Vaters, Mohammed, gab. Marjam mußte sich einen Weg durch die Menge bahnen, damit sie einen Blick auf den schreienden Säugling in den Armen ihrer Mutter werfen konnte. Sie betrachtete ihn voller Zärtlichkeit und mit einem Gefühl tiefer Dankbarkeit. Dann lief sie hinaus, schaute zum Himmel hinauf und dankte Gott dafür, daß er ihre Gebete erhört hatte, bevor sie zu Ami Ambarak rannte, um ihm die gute Nachricht zu überbringen.

»Du hast recht gehabt, Ami Ambarak! Deine Gebete sind erhört worden. Ich habe ein Brüderchen bekommen.«

»Ich weiß, meine Gazelle. Der Arzt, der bei der Geburt dabei war, hat mir unter Tränen gesagt, daß ein neuer Mohammed das Licht der Welt erblickt habe. Endlich habt ihr den Schlüssel, der die Tür zu eurem Haus verschließt, damit niemand euch euer Hab und Gut nehmen kann. Komm, setz dich einen Augenblick zu mir, mein Kind«, fügte der alte Mann sichtlich gerührt hinzu.

Marjam hockte sich auf einen Sack Grieß und trank einen Schluck *gasus* auf das Wohl des kleinen Bruders.

»Woran denkst du, Kind?«

»Ach, Ami Ambarak . . .« Sie brach unvermittelt in

Tränen aus, als sie sah, wie ihr großer Freund sich verstohlen mit einem alten Tuch über die Augen wischte. In seine Dankbarkeit mischte sich Trauer darüber, daß es dem Vater nicht vergönnt gewesen war, seinen Sohn zu sehen.

»Weine nicht, mein Augenstern«, sagte er dann und setzte eine strenge Miene auf. »Weißt du nicht, daß jede Träne deinem Vater unsägliche Schmerzen bereitet?«

»Ich kann nichts dafür, Ami Ambarak. Ich muß weinen, sonst ersticke ich. Ich weine vor Freude, weißt du?«

»Wenn es so ist, dann weine nur, meine Gazelle. Weine, soviel du willst.«

Die Tränen strömten ihr übers Gesicht und tropften auf Hals und Brust. Es waren reinigende, befreiende Tränen. Als sie sich ausgeweint hatte, ging sie nach Hause. Madschid, Kansas Sohn, sprach in einem Kreis andächtig lauschender *Rumis* Gebete aus dem Koran. Fatma und Zuhras Schwestern waren mit der Vorbereitung des Mahls für die Gäste beschäftigt; die Nachbarinnen halfen ihnen dabei.

»Wo kommst du jetzt her?« rief der Großvater, als er Marjam sah. »Wir haben überall nach dir gesucht! Hat dich der Anblick deines Brüderchens so erschreckt, daß du die Flucht ergriffen hast?«

»Aber nein. Ich war bei Ami Ambarak und habe ihm gesagt, daß sein Traum in Erfüllung gegangen ist«, antwortete das Mädchen ernst.

»So? Na, dann komm, sehen wir nach deinem Bruder«, meinte der Großvater, dessen Augen schelmisch funkelten.

Hand in Hand betraten sie Zuhras Zimmer. Marjam beugte sich über die Wiege und betrachtete den Säugling in stummer Verwunderung. Als er die winzigen Fäuste hob, als wollte er sich die Augen reiben, kicherte sie nervös.

»Was machst du denn da, meine Rose?« murmelte Zuhra.

Meine Rose! So hat sie mich schon lange nicht mehr genannt, dachte das Mädchen wehmütig.

»Ich wollte ihr nur ihr Brüderchen zeigen«, sagte der Großvater leise. »Wenn du Angst hast, daß wir den Kleinen aufwecken, kommen wir wieder, wenn du ihm die Brust gibst.«

»Nein, *Bwa*, bleibt nur.« An Marjam gewandt, fügte sie hinzu: »Du kannst ihn ruhig anfassen, er geht nicht kaputt.«

Marjam strich über die Wange des Säuglings, die sich samtiger anfühlte als ein Karamelbonbon. Und der Flaum auf dem Köpfchen war weicher als Seide.

Sie spürte, daß jemand sie ansah. Sie schaute auf, und ihr Blick fiel auf das Bild ihres Vaters an der Wand. Sie lächelte ihm überglücklich zu. Als sie sich zu ihrer Mutter umwandte, sah sie, daß ihre Augen in Tränen schwammen. Der Großvater fühlte, daß sich eine Krise anbahnte. Er stand auf, deckte seine älteste Tochter liebevoll zu, faßte Marjam bei den Schultern und verließ mit ihr das Zimmer.

Und derselbe Bruder, der damals in der Wiege gelegen hatte, hatte sie gerade im Krankenhaus besucht. Sie hatte ihn sprechen hören, aber es war wie im Traum gewesen. Es war alles so verwirrend, daß sie sich nicht mehr zurechtfand. Raum und Zeit schienen sich auf einen einzigen Punkt zu konzentrieren: Derb Messoufa. Der Name zog ihre Gedanken an wie ein Magnet und ließ sie nicht mehr los.

Eine Zeitlang vertrieb die Freude über Mohammeds

Geburt die Traurigkeit und die Stille aus dem Haus. Marjam konnte stundenlang an der Wiege sitzen und dem Säugling zuschauen. Das war soviel schöner als zur Schule zu gehen. Aber der Tag kam, da sie von neuem den Weg zur Place des Victoires einschlagen mußte, wo die Knetmasse, die Lieder und die Ringelreihenspiele auf sie warteten. Jede freie Minute aber verbrachte sie mit dem kleinen Bruder und war glücklich, wenn er sie anstrahlte oder fröhlich krähte. Das Leben nahm seinen gewohnten Gang; die Freude ordnete sich dem Alltag unter, die Sorgen drückten nicht mehr ganz so schwer.

Eines Tages hielt unvermittelt der Krieg Einzug im Viertel. Ein neues Wort war in aller Munde: *Istiqlal.* Marjam fragte den Großvater, was das bedeute.

»*Istiqlal,* mein Kind, bedeutet, von niemandem abhängig zu sein, selbst über sein Leben bestimmen und es so führen zu können, wie man es für richtig hält. Vorausgesetzt natürlich, man fügt einem anderen damit keinen Schaden zu. *Istiqlal* bedeutet, sich frei in Algerien bewegen, es ungehindert von Osten nach Westen, von Norden nach Süden durchqueren zu können. Es bedeutet, daß du sagen kannst, du bist hier zu Hause, in deiner Heimat.«

»Aber Großvater, ich bin doch hier zu Hause! Algerien ist mein Land, Tlemcen meine Heimatstadt, in Ain el Houts ruhen meine Vorfahren, Derb Messoufa ist mein Viertel und die Schule an der Place des Victoires meine Schule. Das weiß ich doch auch ohne *Istiqlal!*«

»Da hast du schon recht, aber du wirst besser verstehen, was ich meine, wenn du ein bißchen älter bist.«

Istiqlal . . . Istiqlal . . . Istiqlal . . . lal . . . lal . . .

Ihr gefiel der magische Klang des Wortes, und sie dachte bei sich, daß es etwas sehr Kostbares sein müsse, wenn es Menschen gab, die ihr Leben dafür opferten. Als dann auch noch Ami Ambarak für die *Istiqlal* zu beten begann, zweifelte sie nicht mehr an der Bedeutsamkeit des Wortes. Es mußte sich um etwas mindestens genauso Wichtiges wie die Geburt ihres Brüderchens handeln.

Eines Tages nach der Schule wurden Marjam und ihre Schwestern Zeugen einer heftigen Auseinandersetzung zwischen Zuhra und ihrem Vater.

»Das kommt nicht in Frage! Ich werde niemals von hier fortgehen, hast du verstanden?« schrie Zuhra.

»Nun reg dich nicht gleich auf. Hör mir lieber erst einmal zu. Die Soldaten werden Tag und Nacht durch das Viertel patrouillieren, bei der geringsten Explosion werden sie die Bevölkerung zur Rechenschaft ziehen. Die arabische Bevölkerung, wohlgemerkt!«

»Muß ich mich vielleicht dafür schämen, daß ich eine Araberin bin?« Zuhras Augen sprühten Funken.

»Du bist jung, meine Tochter, du bist Witwe, und du bist allein«, erwiderte Al Ghauzi traurig. »Ich bitte dich nur, Derb Messoufa für eine Weile zu verlassen. Warum ziehst du nicht mit den Kindern zu uns? Das Haus ist groß genug für alle, und ihr seid uns herzlich willkommen.«

»Ich bin nicht allein. Gott ist bei mir, er wird mich beschützen. Ich danke dir, aber ich bleibe hier. Niemand – hörst du? – niemand wird mich dazu bringen, mein Haus zu verlassen, weder die Franzosen noch die Militärs noch die Polizei.«

»Wie du willst, meine Tochter. Aber ich warne dich: Dir steht eine schwere Zeit bevor, und niemand weiß, wie lange sie dauern wird. Falls du deine Meinung ändern solltest, mein Haus steht dir immer offen«, sagte Al Ghauzi.

Marjam hatte die Unterhaltung mit wachsendem Entsetzen belauscht. Derb Messoufa verlassen? Niemals! Das würde ihren sicheren Tod bedeuten. Sie würde genauso elendiglich zugrunde gehen wie ein Fisch, den man aufs Trockene wirft.

In Derb Messoufa, Aswi'a, Sidi al Yadoun, Bab Ali, Bab al Ajyad, Al Qoran, Agadir und Sidi al Halwi lebten die »Eingeborenen«, wie sie von den Franzosen verächtlich genannt wurden. Die Araber, die sich in dieses labyrinthische Gassengewirr zurückgezogen hatten und sich stolz zu ihrer Herkunft bekannten, waren den *Rumis* ein Dorn im Auge. Marjams Vater hätte sich niemals dazu herabgelassen, in ein »weißes« Viertel zu ziehen. Und jetzt verlangte ihr Großvater, daß sie, die Nachkommen der Scherifen, ihre Familie verraten, ihre stolze Vergangenheit einfach auslöschen sollten? Zuhras Hartnäckigkeit bewahrte sie zum Glück davor, aus der gewohnten Umgebung gerissen zu werden. Sie durfte bleiben, wo vor ihr ihr Vater und der Vater ihres Vaters das Licht der Welt erblickt hatten.

Der Krieg machte auch vor der Schule nicht halt. Die kleinen *Rumis* taxierten die paar »Eingeborenen«, die das Privileg hatten, die gleiche Schule wie sie besuchen zu dürfen, mit mißtrauischen Blicken. Es war viel von »Krieg«, »den Ereignissen« und »Befriedung« die Rede, aber Marjam verstand nicht, was damit gemeint war.

Die Befriedung, das waren die Bombenexplosionen und die Maschinengewehrsalven, die immer öfter zu hören waren und immer näher rückten. Angst beschlich Marjam, eine Angst, die sich nicht mehr abschütteln ließ und ihr junges Leben beherrschte.

Die Nachbarn kamen früher als gewohnt von der Arbeit nach Hause, setzten sich zusammen und redeten. Aber an den langen Abenden wurden keine Märchen und Legenden mehr erzählt und keine Rätselfragen mehr gestellt. Statt dessen vernahm Marjam Geschichten von tapferen Männern, die ausgezogen waren, ihre Würde zurückzuerobern – von Männern, die nicht mehr zurückkamen. Ihr fiel auf, daß man kaum noch junge Männer im Viertel sah, nur Familienväter, Greise, Frauen und Kinder. Wo waren all die jungen Burschen, die gerade erst den Kinderschuhen entwachsen waren?

Um der Welt der Erwachsenen zu entrinnen, flüchtete sich Marjam in Tagträume. Sie dachte sich Geschichten aus, in denen alle Menschen glücklich waren und niemand Tränen vergoß, nicht einmal vor Freude, und niemand, auch nicht die Bösen, sterben mußte.

Obwohl sie wußte, daß die Mutter schimpfen würde, riß sie manchmal von zu Hause aus und lief die Aswi'a hinunter zum Platz Bab Sidi Boumedienne, um den Geschichtenerzählern zuzuhören. Wer sich einmal in ihren Bann schlagen ließ, wird verstehen, warum die Menschen hier stolz darauf sind, Araber zu sein. Dem aufmerksamen Beobachter werden die vor Wissensdurst glänzenden Augen der Zuhörer ebensowenig entgehen wie der begierige Ausdruck auf ihren Gesichtern, hervorgerufen durch den Wunsch, die Geheimnisse ihrer Geschichte zu ergründen: das Geheimnis von Größe und Niedergang, von Zivilisation und Barbarei, von Würde und Unehrenhaftigkeit, von Leben und Tod.

Kein Mensch wußte, woher diese Nachfahren der fahrenden Sänger kamen, die die wunderbare Gabe besaßen, die zufällig Vorübergehenden so zu fesseln, daß sie blieben und stundenlang in der Hitze ausharrten, ungeachtet ihrer Müdigkeit oder ihres Hungers.

Auch Marjam ließ sich verzaubern. Sie vergaß den Krieg, den Tod, sie vergaß ihre Mutter und Fatma und die Dienstboten, die sich Sorgen machten und sie überall suchten. Sie war weit weg, in einem fernen Land, dort wo Antar und Abla lebten und Qajs und Leila in inniger Liebe zueinander entbrannt waren. Sie fühlte sich dem Propheten nahe, bewunderte den Mut und die Gelehrtheit Alis und spazierte mit dem Kalifen Omar Ibn al-Chattab durch Medina, »die Erleuchtete«. Sie schlenderte durch die Gärten von Damaskus, als die Omajjaden dort regierten, sie lauschte den gelehrten Streitgesprächen zwischen Harun ar-Raschid – und später seinem Sohn Al Ma'mun – und den größten Denkern, die die Welt je hervorbrachte. Sie wanderte zwischen Arabien, Andalusien und Bagdad, besuchte Jerusalem und segelte übers Meer nach Kairo und Tunis. Im marokkanischen Fez kniete sie am Grab von Mulaj Idris nieder, bevor sie auf das Schiff der Träume zurückkehrte. Sie wachte erst auf dem Festland wieder auf, weil jemand sie ohrfeigte oder an den Ohren zog.

Als sie von einem ihrer Ausflüge nach Hause kam, den Kopf voller Farben und Töne, Melodien und Träume und das Herz schwer vor Sehnsucht, wurde sie vom Großvater schon erwartet.

»Wo warst du denn, Marjam? Ich bin gekommen, weil ich dir etwas Wichtiges zu sagen habe«, meinte er, und seine Augen blitzten schalkhaft.

Marjam verzog das Gesicht. Überraschungen dieser Art mochte sie gar nicht. »Ich hoffe, es sind gute Nachrichten? Inschallah! Spann mich nicht so lange auf die Folter, Großvater.«

»Es ist eine gute Nachricht, mein Kind, hab keine Angst. Nach den Ferien wirst du auf die Slane-Schule wechseln. Du wirst nicht mehr allein sein, ist das nicht schön? Fatima wird da sein und kann dich beschützen.«

»Ich komme in die Grundschule! O meine Vorfahren! Ich werde endlich lesen und schreiben lernen. Ich werde

Aufsätze schreiben und Hausaufgaben aufbekommen.« Außer sich vor Freude, hüpfte sie auf und ab, klatschte in die Hände und rief: »Ich muß nie mehr Figuren aus Knetmasse formen, nie mehr Strohhälmchen zum Auslosen ziehen, nie mehr Ringelreihen tanzen! Und ich muß mich nie mehr nachmittags hinlegen!«

»O doch! Daß du in die Grundschule gehst, ist kein Grund, an deinen freien Tagen auf das Mittagsschläfchen zu verzichten. Warte nur ab, bis wir Oktober haben«, versetzte Zuhra, die ihren Sohn stillte.

Noch drei Monate! So lange noch, bis sie endlich lesen lernen würde. Das dämpfte ihre Begeisterung ein wenig. Aber dann erklärte sie mit fester Stimme:

»Ich kann warten, keine Sorge. Hast du mir nicht immer gesagt, Geduld sei ein Baum, dessen Wurzeln bitter sind, dessen Früchte aber süß schmecken?«

Zuhra sah ihre Tochter scharf an, mußte dann aber lachen.

Als Marjam eines Tages wieder zum magischen Ort der Geschichtenerzähler lief, fand sie den Platz verlassen vor. Dort, wo normalerweise rege Betriebsamkeit herrschte, war weit und breit keine Menschenseele zu sehen. Die fahrenden Sänger waren fort. Mit Hilfe von Sprichwörtern, Volksweisheiten und lehrreichen Beispielen aus der Geschichte des Landes hatten sie ihre Zuhörer dazu gebracht, über die »Moral von der Geschicht'« nachzudenken. Die Militärs hatten die Gefahr erkannt, die von ihnen ausging. Einige, so erzählte ihr ein Junge, seien verhaftet worden, andere hätten fliehen können.

Marjam hatte sich im Lauf der Zeit mit den Jungen, die rings um den Platz wohnten, angefreundet. Viele teilten ihre Vorliebe für Abenteuer und spannende Geschichten, und so borgte sie ihnen Bücher, die sie sich von ihren Schwestern auslieh. Sie brachte ihnen auch Aprikosenkerne mit, die als Ersatz für Murmeln dienten. Dafür liehen sie ihr Comichefte wie »Zembla«, »Tarzan« oder »Blec le Roc«. Dieser schwunghafte Handel ging so lange gut, bis Zuhra sie eines Tages bei der Lektüre der illustrierten Heftchen ertappte.

»Habe ich dich dafür großgezogen?« schrie sie außer sich. »Möge Gott dir ein Erdbeben schicken und der Boden sich unter dir auftun, damit du in der Hölle schmorst! Möge er dich mit Typhus und Cholera strafen! Möge er . . . eine Bombe auf dich fallen lassen!«

Marjam starrte ihre Mutter sprachlos an. So gräßliche Verwünschungen wegen ein paar harmloser Hefte? Aber nicht die Hefte waren es, die Zuhra so wütend machten, sondern der Umgang ihrer Tochter mit Jungen, die, als wäre das der Schande nicht genug, obendrein aus einem anderen Viertel stammten. Erst viel später sollte Marjam begreifen, daß ihr der Zutritt zum Reich der Knaben streng untersagt war.

In der gnadenlosen Welt des Krieges boten Märchen und Spiele Zuflucht vor der grausamen Realität. Marjam fügte sich dem Wunsch der Mutter und spielte nur noch mit den Mädchen. Sie trafen sich jeden Morgen unweit von Ami Al Hadschs Haus. Jede hatte irgendeine Idee, was sie spielen könnten, aber es dauerte eine Ewigkeit, bis sie ihre Pläne in die Tat umsetzten. Wurde beschlossen, Himmel und Hölle zu spielen, zog sich Marjam zurück. Quadrate auf den Boden zu malen und auf einem Bein oder mit gekreuzten Beinen von einem zum andern zu hüpfen, war ihr zu blöde. Bei *schaluta* oder *blissa* dagegen machte sie gern mit, und auch die Mütter betrachteten diesen Zeitvertreib mit Wohlwollen, bereitete er die Mädchen doch auf ihre künftigen Pflichten als Ehefrauen und Mütter vor.

Manchmal kam eins der Mädchen mit glänzenden Augen angerannt und sprudelte aufgeregt hervor:

»Wir können zu mir und *schaluta* spielen, wenn ihr wollt. Meine Mutter fährt zur Hochzeit ihres Vetters nach Sidi Bel Abbès.«

»Au ja!« kreischten die anderen übermütig.

»Gut. Aber wir spielen auf der Terrasse und zur Mittagszeit, wir dürfen also keinen Lärm machen.«

»Ich glaube, ich kann nicht kommen«, sagte Zakia. »Meine Großmutter kommt uns heute besuchen, und da muß ich zu Hause sein, sonst ist sie böse mit mir.«

»Wenn Malika, die Tochter vom Lebensmittelhändler, auch kommt, braucht ihr nicht mit mir zu rechnen«, erklärte Leila.

»Ich mache mit«, sagte Latifa, »aber mitbringen kann ich nichts. Letztes Mal habe ich eine Tracht Prügel bekommen, weil ich das Fleisch fürs Abendessen mitgehen ließ. Meine Mutter hat gesagt, ich dürfte nichts mehr aus der Küche mitnehmen. Nicht einmal eine Prise Salz.«

Es war gar nicht so einfach, genug Freundinnen zu finden, die mitspielten, alle unter einen Hut zu bringen und dann auch noch die Mütter gnädig zu stimmen.

Gelegentlich stritten sich die Mädchen auch und begannen, einander zu beschimpfen.

»Wieso tust du Pfeffer ans Hühnerragout? Da gehört Butter dazu und Safran und sonst gar nichts.«

»Meine Mutter gibt immer Pfeffer dazu.«

»Dann sollte deine Mutter endlich kochen lernen.«

»Ach ja? Ich glaube eher, deine hat's viel nötiger. Als ich das letzte Mal bei euch war, hat das Couscous so fade geschmeckt, wie du aussiehst.«

»Willst du damit sagen, du Witwenhintern, meine Mutter könnte nicht kochen?«

»Witwenhintern hast du gesagt? Schau lieber mal in den Spiegel, du hellhäutige Negerin, du!«

»Wenn sie eine Negerin ist, dann bist du eine Eule.«

»Ach, halt doch den Mund, du Hexe, du qualmendes Feuer! Jedesmal, wenn du mitspielst, gibt es Streit.«

»Ich bin also eine Hexe? Du hast es gerade nötig, du Spinne . . .«

Nicht selten wurde ihr Spiel von der Explosion einer Bombe in unmittelbarer Nähe unterbrochen. Dann ließen sie alles stehen und liegen und rannten kopflos wie eine verschreckte Kükenschar die Treppe hinunter zu den Erwachsenen.

Lieber noch als *schaluta*, das ihr schnell zu langweilig wurde, spielte Marjam mit der *blissa*. Dazu brauchte man nicht viel, und es ging ruhiger dabei zu. Aus zwei Schilfstengeln und ein paar Lumpen wurde eine herrliche Puppe gebastelt, deren Kleider aus Stoffresten geschneidert wurden. Die Mädchen wetteiferten miteinander um die schönste Puppengarderobe. Und da Stoffreste nicht leicht zu beschaffen waren, mußte man sich mit den Schneiderinnen im Viertel gutstellen. Als Lohn für kleine Dienste und Botengänge gab es Stoffreste. Die weitesten Gänge wurden mit den prächtigsten Stoffen belohnt, nämlich solchen, aus denen Brautkleider genäht wurden: Brokat, Moiré, Lamé, paillettenbesetzter Tüll und Spitzen.

Marjam und ihre Schwester Nadschia brachten ganze Stunden damit zu, Puppenkleider für jeden Lebensabschnitt zu nähen. Die Greisin kleidete sich in weiße Seide, die Erwachsene in alle möglichen Stoffe, desgleichen die Jugendliche, obwohl deren Kleider bescheidener ausfielen, und die Witwe trug Musselin in den tristen Farben Afrikas: braun, schwarz, beige, violett und dunkelblau. Hatte die Puppenfrau ein Kind bekommen, schmückte sie sich mit rosaroten Bändern, wenn es ein Mädchen, und mit hellblauen, wenn es ein Junge war.

Die Mädchen waren so in ihr Spiel vertieft, daß sie alles rings um sich her vergaßen. Sie übertrugen ihre Wünsche und Sehnsüchte auf die Puppe, die in einer besseren Welt leben sollte als sie selbst. Denn oft genug fuhren sie erschrocken auf, weil irgendwo eine Bombe einschlug und die eiligen Schritte, das aufgeregte Geschrei, die Schüsse und das ohrenbetäubende Heulen der Sirenen der Krankenwagen und der »*loto habibi*«[1] nach der Detonation sie wieder daran erinnerten, daß Krieg war. Krieg, dem ihre Kinderseelen zu entrinnen suchten.

Marjam und ihre Schwestern besaßen kein Spielzeug, aber dafür wuchsen sie in der Geborgenheit der liebevollen Gemeinschaft von Derb Messoufa auf. Wenn die kleinen *Rumis* von den vielen Geschenken erzählten, die sie bekamen, staunte Marjam jedesmal über soviel Verschwendung. Was waren die teuersten Geschenke verglichen mit den Märchen und Sagen der Geschichtenerzähler vom Platz Bab Sidi Boumedienne, mit *blissa* und *schaluta*?

Als die Mädchen einmal zu Hause berichteten, was für schöne Spielsachen die kleinen *Rumis* geschenkt bekamen, antwortete Zuhra stirnrunzelnd:

»Nichts kann die Zuneigung eines Vaters, einer Mutter oder einer Nachbarin, die immer für euch da sind, ersetzen, und sei es noch so wertvoll. Wenn ihr die Wahl gehabt hättet zwischen dem kostbarsten Schatz und eurem Vater, hättet ihr euch dann nicht für euren Vater

[1] Wörtlich: »Auto, mein Schatz«. So wurden die Polizeifahrzeuge genannt. Wurde ein Algerier bei einer Razzia festgenommen, trieben die Polizisten ihn mit Stockschlägen und der Aufforderung: »*Atla' habibi*« – steig ein, mein Schatz – in die Transportwagen.

entschieden? Seht ihr! Eine Mutter ist mehr wert als jedes Geschenk, selbst wenn Schicksalsschläge und Krieg sie zu einer kranken Frau gemacht haben«, fügte sie seufzend hinzu.

Ausnahmsweise gaben die Mädchen ihr recht.

6

Seit Menschengedenken hatte es in Tlemcen im März nicht mehr so geschneit. Während das dichte Schneetreiben die Stadt einhüllte, wurde Marjam im Halbdunkel des Krankenzimmers von der Flut ihrer Erinnerungen mitgerissen.

Die Krankenschwester kam herein, um die Infusionsflaschen auszuwechseln. Dann bat sie Zuhra und Jamna, ihr zu helfen. Die beiden Frauen hoben das Mädchen hoch, damit die Schwester eine Schüssel unterschieben konnte. Aber als sie sie wieder hervorzog, war sie leer. Sie schüttelte den Kopf und sagte:

»Sie muß unbedingt Wasser lassen, sonst müssen wir ihr die Blase katheterisieren.«

Zuhra warf einen erstaunten Blick in die Schüssel. Ihre Nasenflügel begannen zu beben, und zwei bittere Falten gruben sich in ihre Mundwinkel.

»Warum hast du mich erschaffen, Herr, wenn du mich nur quälst?« seufzte sie.

»Lassen Sie die Schüssel da«, sagte Jamna zur Krankenschwester. »Wir werden es nachher noch einmal versuchen. Vielleicht verspürt sie im Augenblick einfach kein Bedürfnis.«

»Ja, kann sein.«

Sie horchte Marjam ab, notierte ihre Beobachtungen auf der Patientenkarte am Krankenbett, wünschte den Frauen dann eine gute Nacht und ging wieder. Zuhra aber war zutiefst beunruhigt. Als einige Augenblicke später der Arzt hereinkam und wortlos die Eintragungen in der Patientenkarte überflog, fragte sie angstvoll:

»Stimmt etwas nicht, Doktor? Ich sehe Ihnen doch an, daß etwas nicht in Ordnung ist. Ist es sehr schlimm?«

»Aber nein, es ist alles in Ordnung, machen Sie sich keine Sorgen. Das ist eine reine Routinevisite. Ich muß gleich in den OP, und da wollte ich vorher noch einmal nach meinen Patienten sehen.«

»Sie kann kein Wasser lassen, Doktor. Hat das etwas Ernstes zu bedeuten?«

»Überhaupt nicht. Wenn es gar nicht anders geht, werden wir ihr die Harnblase katheterisieren. Das ist nichts Besonderes, diese Methode wenden wir ständig an. Sehr angenehm ist es natürlich nicht.«

»Sind es die Nieren, Doktor? Ist es ein Nierenversagen?« fragte Zuhra mit gepreßter, vor Angst tonloser Stimme.

»Wenn das der Fall wäre, wäre Ihre Tochter nicht mehr am Leben, glauben Sie mir. Seien Sie unbesorgt, Madame, es ist alles in Ordnung. Ich werde nach der Operation noch einmal nach ihr sehen.«

Marjam hatte die Unterhaltung mit angehört. Sie versuchte zu schreien, irgendwie auf sich aufmerksam zu machen, damit sie merkten, sie war wach. Sie wollte die Hand ausstrecken, den Arzt oder ihre Mutter am Arm packen, sie anflehen, ihr zu helfen, die Flut der Erinnerungen und die Dunkelheit, die sie umfing, zurückzudrängen. Aber sosehr sie sich auch anstrengte, sie brachte keinen Ton hervor, konnte keinen Muskel bewegen.

Mit sechs Jahren kam Marjam in die Grundschule. Am Abend vor dem ersten Schultag erzählten die großen Schwestern ihr wahre Schauermärchen, um ihr Angst einzujagen. Die Lehrerinnen seien schrecklich böse und würden die Kinder aufs schlimmste quälen.

»Die Klassenarbeiten sind unheimlich schwer«, sagte Nuria, »und wer drei Sechsen geschrieben hat, fliegt von der Schule.« Marjam preßte die Lippen zusammen und stellte sich taub.

Als Zuhra sie am anderen Morgen weckte, stand sie gehorsam auf, wusch sich und spülte den Mund mit »Teufelspipi« aus. Nachdem Fatma ihr beim Anziehen und Kämmen geholfen hatte, ging sie in die Küche, wo ihre Schwestern bereits beim Frühstück saßen.

»Ich an deiner Stelle würde wieder ins Bett gehen«, neckte eins der Mädchen sie. Die anderen fingen zu lachen an.

»Nun laßt sie doch in Ruhe frühstücken«, sagte Fatma tadelnd.

Marjam brachte keinen Bissen hinunter. Und als es Zeit war zu gehen, weigerte sie sich. Da erklärte Zuhra ihr, daß ihr Vater viele Jahre an dieser Schule unterrichtet habe. Aber auch das half nichts. Sie wolle ja zur Schule gehen, erwiderte sie, aber nicht in eine, wo einen so gräßliche Dinge erwarteten. Als Zuhra die Argumente ausgingen, verlegte sie sich aufs Schreien:

»Da hört sich doch alles auf! Seht euch diese kleine Rotznase an! Weigert sich, in die Schule zu gehen! Wer hat hier das Sagen, du oder ich?«

Marjam verzog keine Miene, während Zuhra ihr mit immer schrillerer Stimme eine Standpauke hielt.

»Glaubst du alles, was man dir erzählt? Wirst du jetzt endlich gehen, ja oder nein?«

Der Unterricht begann in wenigen Minuten, aber Marjam rührte sich nicht vom Fleck.

»Du willst also dumm bleiben. Ist es das, was du willst?« keifte Zuhra. »Nicht zu fassen, meine Tochter will eine dumme Gans bleiben!«

Bei diesen Worten zuckte Marjam zusammen. Wortlos griff sie nach dem neuen Schulranzen und verließ das Haus, ohne ihre Schwestern, die sich vor Lachen bogen, auch nur eines Blickes zu würdigen.

Entschlossen strebte sie der Slane-Schule zu, bereit, alle Qualen zu erdulden, die sich die Ungeheuer dort für sie ausdenken mochten. Ihr war alles egal, wenn sie nur endlich lesen und schreiben lernte, damit sie Zugang hatte zu den Büchern ihrer Schwestern und denen, die die Regale in der großen Bibliothek ihres Vaters füllten. Nichts wünschte sie sich so sehr, als jene Texte zu verstehen, die ihr helfen würden, die Schrecken des Krieges und des Blutzolls, den er täglich, ja stündlich forderte, zu ertragen.

In der Schule traf sie Céline wieder. Sie hätte die Freundin gern einmal zu sich nach Hause eingeladen, um sie der Mutter vorzustellen. Aber Céline war eine *Rumija*, und die *Rumis* waren schuld am Tod zahlreicher Araber. Das hatte sie im Radio gehört, und Ami Ambarak und ihr Großvater sagten das auch. Sie hatten ihr auch erklärt, wer die *fellaghas* waren: Männer und Frauen, die für die Freiheit und die Würde aller Algerier kämpften. In der Schule durften sie Freundinnen sein, Marjam und Céline, aber außerhalb trennten sich ihre Wege.

Die ersten Monate an der Slane-Schule waren nicht leicht. Es galt nicht nur, das Alphabet zu erlernen, sondern auch die schwierige Kunst, Konsonanten und Vokale so aneinanderzureihen, daß ein Wort entstand. Nun war es aber oft so, daß ein Wort nicht so ausgesprochen wie es geschrieben wurde. Marjam wunderte sich zwar darüber, sagte aber nichts, aus Angst vor einem Tadel. So war sie manches Mal der Verzweiflung nahe, während die kleinen Französinnen dem Unterricht fröhlich lächelnd folgten. Keine Probleme gab es, wenn sich der Begriff mit Hilfe von Geräuschen erklären ließ. Als die Lehrerin das Wort »chat« an die Tafel schrieb und die Mädchen daraufhin zu miauen begannen, schloß Marjam, daß es sich um *al qat*, eine Katze, handeln müsse. Und als sie quäkten und schrien wie Säuglinge, folgerte sie, daß ein »bebe« das gleiche wie ein *momo* sein müsse. Doch diese Fälle waren die Ausnahmen. Meistens konnte sie Augen und Ohren, ja sogar die Nase so weit aufsperren, wie sie wollte – sie verstand kein Wort. Und sie haßte sie alle dafür.

Eines Tages kam sie weinend nach Hause, schleuderte ihre Schultasche von sich und schrie voller Verzweiflung:

»Ich geh' nie mehr zur Schule! Ich versteh' kein Wort von dieser elenden Sprache, und jedesmal, wenn ich den Mund aufmache, fangen die anderen an zu lachen.«

»Du wirst morgen trotzdem wieder hingehen«, sagte Zuhra streng.

»Nein, niemals! Keine zehn Pferde kriegen mich noch einmal dorthin!«

»Wie du willst. Dann wird Zulaika dich morgen zu Bensakan bringen, und dort wirst du lernen, wie man Teppiche webt.«

Das Mädchen fuhr zusammen. »Dann geh' ich lieber weiter zur Schule.«

»Warum heulst du?« fragte Zuhra mit harter Stimme. »Ich will jetzt nichts mehr hören, hast du mich verstanden? Du gehst in die Schule, um zu lernen, genauso wie vor dir dein Vater, deine Onkel, deine Schwestern und ich auch. Laß die andern doch lachen! Beachte sie einfach nicht. Zeig ihnen, was in dir steckt. Arbeite und sei fleißig. Und wenn du merkst, daß dir die Tränen kommen, beiß dir in die Hand und warte, bis du zu Hause bist, da kannst du weinen, soviel du willst. Hätte deine Familie jedesmal, wenn sie auf irgendwelche Schwierigkeiten stieß, den Kopf hängenlassen und zu heulen angefangen, würde sie sich wohl kaum über Jahrhunderte hinweg behauptet haben. Vergiß das nie, hörst du?«

»Ja, *Mwa.* Ich habe verstanden«, antwortete Marjam tonlos. »Ich geh' jetzt und mach' meine Schularbeiten.«

Bei dem Gedanken an die Teppichweberei packte sie das Entsetzen. Frühmorgens, wenn sie Milch holen ging, sah sic oft Mädchen mit vor Müdigkeit verquollenen Augen in die Fabrik eilen. Sie waren nicht älter als sie selbst, höchstens sieben, und erlernten bereits ein Handwerk, wie man es verschämt nannte. Während dieser drei oder vier Jahre dauernden Lehrzeit erhielten die Mädchen keinen oder nur einen Hungerlohn. Im Hamam hatte Marjam viele Male die mageren Körper, die alten Gesichter und die von der Handhabung der schweren Weberschiffchen und der Scheren verkrüppelten Hände betrachtet und war erschrocken. Und wenn sie aufgeschaut und ihre Blicke sich getroffen hatten, hatte sie schnell aus Scham die Augen niedergeschlagen, weil sich alles Elend, alle Ungerechtigkeit der Welt im Blick dieser Mädchen widerspiegelte.

Da Zuhra der Ansicht war, daß »jemand, der wirklich etwas lernen will, keine fremde Hilfe braucht«, war Marjam auf sich selbst angewiesen. Sie machte es sich bald zur Gewohnheit, sich mitsamt ihren Büchern zu Ami Ambarak in den Laden zu setzen. Bei ihm weinte sie sich über schlechte Noten aus, und er freute sich mit ihr über ihre Erfolge.

»Einen glücklichen Morgen, Ami Ambarak! Darf ich hier bei dir bleiben?«

»Einen glücklichen und erfolgreichen Morgen allen netten Kindern«, antwortete der Alte. »Natürlich kannst du bleiben. Hier, setz dich auf den Schemel da. Der ist ganz neu, ich habe ihn eben erst gekauft. Ich glaube, das war ein gutes Geschäft.«

Marjam setzte sich auf den Plastikschemel, der aber unbequemer als die Grießsäcke war, auf die sie sich normalerweise hockte.

»Ich kann jetzt lesen, Ami Ambarak!«

»Das ist aber schön, mein Kind. Komm, lies mir vor, was auf dieser Seite mit der hübschen Zeichnung steht.«

Stotternd und mit vielen »ähs« bewältigte Marjam den Satz in französischer Sprache.

»Bravo, mein Kind! Das hast du gut gemacht. Mir scheint, im Französischen wird viel gestottert, hm?« meinte er und sah sie schelmisch von der Seite an.

Marjam senkte den Kopf und verschwieg ihrem großen Freund wohlweislich, daß das nicht an der Sprache lag. Von da an las sie ihm jeden Tag ein paar Zeilen von einer Seite »mit einer hübschen Zeichnung« vor.

Die Lehrerin in der Schule brachte ihr zwar die Grundlagen in Form des ABCs bei, aber ihre sensationellen Fortschritte hatte Marjam den pädagogischen Fähigkeiten Ami Ambaraks zu verdanken, der ihr ein aufmerksamer, kritischer Freund war.

Ein paar Monate später erwartete die Mädchen eine Überraschung, als sie von der Schule nach Hause kamen.

»Ich habe euch in der Koranschule angemeldet«, sagte Zuhra. »Du, Marjam, bist jetzt sieben, das ist ein Alter, wo man anfängt zu beten und etwas über seine Religion wissen sollte. Und ihr beide«, wandte sie sich ihren ältesten Töchtern zu, »ihr versucht euch wie *Rumijats* zu geben, und das gefällt mir nicht. Nach dem Unterricht werdet ihr die Schule am Bab al Ahdid' besuchen und die Sprache eurer Vorfahren lernen.«

»Aber . . .«, begann Fusija.

»Was ›aber‹?« fiel Zuhra ihr ins Wort. »Wenn ihr Lateinisch, Griechisch und Englisch lernen könnt, kann ich doch wohl von euch erwarten, daß ihr die Sprache eures Vaterlandes beherrscht.«

»Aber wir haben doch jetzt schon soviel Arbeit!« jammerte Fatima.

»In die Schule gehen nennst du arbeiten? Mein liebes Kind, das ist die Arbeit der Wohlhabenden! Es gibt Kinder in deinem Alter, die sich morgens um vier auf den Weg zur Feldarbeit oder in die Teppichfabriken machen. Ihr seid keine Französinnen, sondern Algerierinnen, ihr seid Araberinnen und Moslimen.« Zuhra sah sie nacheinander streng an und fuhr nach einer Pause fort: »In meinem Haus gelten die Worte von Ben Badis und nicht die von Soustelle. Du tust doch immer so, als wüßtest du alles, Fusija. Was hat Ben Badis gesagt?«

»Er hat gesagt . . . er hat gesagt . . .«

»Möge Gott dir einen Klaps geben! Was hat Ben Badis gesagt? Schnell! Ich will eine Antwort, und zwar sofort«, schrie die Pasionaria von Derb Messoufa.

Ihre türkisgrünen Augen hatten sich gefährlich dunkel gefärbt, und ihre Haltung wurde drohender. Zitternd vor Angst, sprudelte Fusija hervor:

»Er hat gesagt, ›Algerien ist mein Vaterland, Arabisch meine Sprache und der Islam meine Religion‹.«

»*Al hamdu li'allah*! Gelobt sei Gott! Hast du es also

doch noch geschafft! Schreibt euch diesen Satz hinter die Ohren, verstanden?« wetterte Zuhra. Obgleich ihre Vorfahren aus der fernen Türkei kamen, zweifelte sie keine Sekunde daran, daß Algerien ihr Vaterland und das Arabische ihre heilige Sprache war.

Die Nachbarinnen setzten sich für die Mädchen ein.

»Findest du nicht, daß du ihnen ein bißchen zuviel zumutest?« meinte Nana Scharifa begütigend. »Es ist ein langer, gefährlicher Weg von der Schule bis zum Bab al Ahdid'. Warte mit der Koranschule doch bis zu den Schulferien.«

Aber Zuhra ließ sich nicht umstimmen. Sie hatte beschlossen, daß es Zeit wurde, die Köpfe ihrer Töchter mit der Religion und der Sprache der Araber vollzustopfen, und dabei blieb es.

»Sie sind jung, sie lernen schnell. Und die Schule am Bab al Ahdid' habe ich absichtlich ausgesucht, weil das Haus meiner Eltern nur zwanzig Meter weit weg ist und sie sich bei einem Bombenalarm dorthin flüchten können«, erwiderte Zuhra, die offensichtlich an alles gedacht hatte.

Gleich am nächsten Tag machten sich die Geschwister zum erstenmal auf den Weg zur Koranschule. Der Scheich, der von allen nur »Balot« genannt wurde, hatte ein aufbrausendes Temperament, was sich in seiner Art des Unterrichtens niederschlug, und war außerdem ein bißchen wirr im Kopf. Seine Grimassen sind sämtliche Koranverse wert, dachte Marjam und bat Gott sogleich um Vergebung für diesen Gedanken.

Umgeben von seinen Lieblingsschülern, thronte der Meister wie ein Kalif auf einem dicken Kissenpolster, während die Kinder mit geflochtenen Alfagrasmatten vorliebnehmen mußten. Statt eines goldenen Zepters schwang er eine Olivenholzgerte, mit deren Hilfe er diejenigen, deren Aufmerksamkeit erlahmt war, auf den rechten Pfad der Frömmigkeit und der Konzentration zurückführte.

»Kommt, meine Töchter, setzt euch zu mir!«

Sie machten einen Schritt auf ihn zu. Als er den Kopf neigte und die Hand ausstreckte, starrten sie ihn verständnislos an. Daraufhin erklärte ihnen ein Schüler, daß sie das »weise Haupt« und die »gesegnete Hand« des Meisters küssen müßten. Außerdem hätten sie ihn mit Sidi anzureden. Und es sei ratsam, sich zu beeilen, wenn sie sich nicht Sidis Zorn zuziehen wollten.

Intelligenz, Neugier und eine eigene Meinung waren in Balots Schule nicht gefragt; man ließ sie zusammen mit den Schuhen draußen vor der Tür des »Heiligtums der Weisheit« zurück. Sidi verteilte Tafeln, auf die er die Sure geschrieben hatte, die die Schüler mit einer Feder aus Schilfrohr und einer dicken, schwarzen, von ihm selbst hergestellten Tinte abschreiben und auswendig lernen sollten. Daß sie den Text verstanden und sich ihre Gedanken darüber machten, hielt er für überflüssig.

Marjam sah zwar nicht ein, weshalb man zum Auswendiglernen der Silben, Wörter und Sätze den Oberkörper vor- und zurückbewegen sollte, aber sie tat es, weil die anderen es ebenso machten.

Manchmal schrie einer der Lieblingsschüler energisch in den Raum:

»Die Gerte wird gleich auf deine Ohren herabsausen, damit du nicht einschläfst.«

Dann zuckten alle zusammen, und die träge leiernden Stimmen schallten wieder kräftiger durch den Saal. Am meisten fürchteten sich die Kinder vor dem Augenblick, da sie vor den Meister treten und das Gelernte aufsagen mußten. Wehe dem Unglücklichen, dessen Gedächtnis versagte! Dann prasselten die Stockschläge nur so auf ihn herab. Unterlief ihm gar ein unverzeihlicher Fehler, mußte er sich auf den Boden legen, wo er von zwei Günstlingen des Scheichs festgehalten wurde, und die Beine anwinkeln, so daß Balot an ihm die *falaqa* genannte Strafe vollstrecken konnte; das waren Stockhiebe auf die Fußsohle. Die Eltern billigten diese Erziehungsmethoden. Einmal kam ein Vater, dessen Sohn am Tag zuvor gezüchtigt worden war, in die Schule, um, wie der Junge glaubte, dem Scheich gehörig die Meinung zu sagen. Wie groß war sein Erstaunen, als er hörte, daß der Vater dem Meister recht gab und ernst hinzufügte:

»Töte, und ich will das Grab schaufeln.«

In der Vorstellung der Eltern öffnete sich für die Kinder mit jedem Stockhieb die Tür zum Paradies ein Stückchen weiter. Paradies hin oder her: Balots Schule war die Hölle. Er nahm das geringste Vergehen zum Anlaß, auf seine Schüler einzuprügeln. Nicht einmal seine Lieblinge waren vor dem Stock sicher. Hätte er mit seinen nervösen Zuckungen und seinen Grimassen nicht unfreiwillig für Heiterkeit gesorgt, wären sie vermutlich früher oder später über ihn hergefallen und hätten ihn in Stücke gerissen.

Marjam mochte den Scheich nicht. Sie hatte den Eindruck, daß er seinen Zorn vor allem an den Mädchen ausließ, die übrigens fleißiger waren als die Knaben, weil er sich vor diesen fürchtete.

Eines Tages scharte ein junger Bursche, der brutal mißhandelt worden war, seine Freunde um sich und lauerte dem Meister nach der Schule auf. Sie überwältigten ihn und versetzten ihm ein paar kräftige Schläge auf die Fußsohlen. Von da an zog Balot es vor, sich an den Mädchen abzureagieren, wenn es ihn wieder einmal in den Fingern juckte.

Die Mädchen beklagten sich bei Zuhra über die Schule und den verhaßten Lehrer. Aber Zuhra wollte davon nichts hören.

»Wenn ihr einmal groß seid, werdet ihr sagen: ›Gesegnet sei der Mann, der mich gezüchtigt hat, damit ich die Wahrheit erkenne‹«, erwiderte sie auf ihre Proteste.

»Segnen? Verfluchen werden wir ihn. Verflucht seien alle Balots.«

Als in Derb Messoufa eine Koranschule eingerichtet wurde, war die Erleichterung der Mädchen groß. Aber es stellte sich bald heraus, daß sie vom Regen in die Traufe gekommen waren. Der Scheich mit dem Beinamen »der einäugige Tiger« schlug mit seiner Olivenholzgerte um sich, sowie eins der Kinder auch nur zu lächeln wagte.

Eines Morgens machte auch Marjam Bekanntschaft mit dem Stock. Nadschia, ihre jüngere Schwester, hatte in einem unbeobachteten Augenblick die theatralischen Gesten des »Meisters der Bildung und der Religionswissenschaften« nachgeäfft. Als die Kinder in schallendes Gelächter ausbrachen, fuhr der Scheich herum und musterte die rot angelaufenen Gesichter der Jungen und Mädchen. Sein scharfer Blick heftete sich auf Marjam, die nicht aufhören konnte zu lachen. Er stürzte sich auf sie, riß sie hoch und befahl ihr, die Hände auszustrecken. Dann ließ er den Stock so lange auf sie niedersausen, bis das Mädchen das Bewußtsein verlor. Nach diesem Vorfall sagte sich Zuhra, daß es noch andere Wege ins Paradies geben müsse, als sich einem Verrückten auszuliefern. Das Kapitel Koranschule war damit beendet.

In der französischen Schule wendete man andere, aber genauso effektive »Lehrmethoden« an: Verachtung, Lächerlichkeit, Strafarbeiten. Eines Morgens, nachdem sie ausführlich die Bedeutung des Wortes *hasard*, »Zufall«, erklärt hatte, bat die Französischlehrerin ihre Schüler, einen kleinen Aufsatz zu schreiben, in dem dieses Wort vorkam.

Die Lehrerin staunte nicht schlecht, als sie Marjams Arbeit las, denn das Mädchen hatte aus dem *hasard* einen »Basar« gemacht und einen Einkaufsbummel mit der Mutter geschildert. Viel schlimmer als die glatte Sechs, die Marjam dafür bekam, war aber, daß die Lehrerin ihr das Heft auf dem Rücken befestigte und sie zwang, so durch alle Klassenzimmer zu marschieren. Und das an derselben Schule, an der ihr Vater unterrichtet hatte.

Marjam wäre vor Scham am liebsten im Boden versunken. Aber da stieg plötzlich das Bild ihres Vaters vor ihr auf. Wie viele französische und algerische Kinder waren unter seiner von Liebe, Verständnis und Achtung geprägten Führung herangewachsen und gehörten heute zur geistigen Elite des Landes. Er hatte nie nach Religion oder gesellschaftlicher Stellung gefragt, nie die Augen verschlossen vor Elend und Not. Er hatte sich während des Berufsverbots für jüdische Lehrer unter der Regierung Pétain auf die Seite seiner Kollegen gestellt, und er hatte vielleicht sogar die Lehrerin, die seine Tochter so demütigte, unterrichtet.

Die Worte der Mutter fielen dem Mädchen wieder ein: »Hätte deine Familie jedesmal, wenn sie auf Schwierigkeiten stieß, resigniert den Kopf hängenlassen und zu heulen angefangen, wären wir nicht, wo wir heute sind. Ich will nicht, daß du vor den *Rumis* weinst, hast du verstanden? Beiß die Zähne zusammen, trag den Kopf hoch, und schau ihnen ins Gesicht.«

Genau das tat Marjam. Stolz blickte sie jedem, der ihr begegnete, in die Augen, während eine Stimme in ihrem Innern ihr zuflüsterte: »Du mußt fort aus dieser Schule, und zwar so schnell wie möglich.« Eine andere riet ihr hingegen: »Bleib, und du wirst siegen.« Auf ihrem Spießrutenlauf durch die Klassenzimmer wurde ihr zum erstenmal bewußt, daß es anscheinend ein Verbrechen war, Araber zu sein.

Als sie nach Hause kam, wartete Zuhra mit sorgenvoller Miene.

»Was war heute los in der Schule?«

Marjam gab keine Antwort, aber aus ihrem Blick sprach der ganze Kummer des gedemütigten, zu Unrecht bestraften Kindes. Ihr Gesicht glühte vor Fieber, und sie schlotterte am ganzen Leib, so daß Zuhra sie ins Bett steckte. Sie versuchte sie behutsam auszufragen, aber es war nichts aus ihr herauszubekommen. Marjam hatte nur einen Wunsch: schlafen, schlafen und nicht mehr aufwachen.

Die Familie wachte bis zum nächsten Morgen an ihrem Bett. Mehr konnten sie nicht für sie tun, denn es war Krieg, die Militärs hatten eine Ausgangssperre verhängt, und die Soldaten schossen auf alles, was sich bewegte. Als es hell geworden war, ließ Zuhra den Arzt holen. Seine Diagnose lautete auf Typhus. Marjam schwebte mehrere Tage in Lebensgefahr. Ihre Schwestern erzählten ihr später, daß sie in ihren Fieberträumen geschrien habe, man solle endlich aufhören, sie zu quälen.

Zuhra suchte noch am gleichen Tag die Direktorin auf. Nachdem sie ihr gehörig die Meinung gesagt hatte, verlangte sie, daß Marjam in eine andere Klasse kam. Doch das änderte freilich nichts am Grundproblem: Die arabischen Kinder sollten ohne Rücksicht auf ihre Herkunft, ihre Geschichte, ihre Vergangenheit an eine Kultur, einen Lebensstil angepaßt werden, der ihnen fremd war. Die Zeichnungen in den Schulbüchern waren stets die gleichen: ein kleines Mädchen und ein kleiner Junge, beide blond und von rosiger Gesichtsfarbe, besuchten zwei andere Kinder, dunkle Wuschelköpfchen mit braungebrannten Gesichtern, deren Mutter nie etwas anderes tat, als Grießkügelchen für das Couscous zu formen.

Als ob helle Augen und blonde Haare den *Rumis* vorbehalten wären! In Derb Messoufa und Ain el Houts wohnten genausoviele blonde, helläugige Kinder wie in anderen Vierteln. Und Céline beispielsweise hatte schwarzes Haar, obwohl sie eine *Rumija* war. Und dann die Namen! Die arabischen Kinder in den Schulbüchern hießen immer Omar und Zaina. Marjam kannte nicht ein einziges Mädchen dieses Namens. Und die Mütter hatten noch mehr zu tun, als ständig Couscous zuzubereiten. Außerdem war es ausgeschlossen, daß ein *Rumi* Marjam besuchen kam: sie wohnte im arabischen Teil der Stadt, und dorthin verirrte sich kein *Rumi.*

So begann Marjam, Dinge zu denken und zu schreiben, an die sie nicht glaubte.

Über der Schule und der Arbeit verging die Zeit wie im Flug. Marjam ging schon in die dritte Klasse, als sie im Dezember einen Aufsatz über den Weihnachtsmann schreiben sollte. Sie war bitter enttäuscht, denn mit dem Weihnachtsmann konnte sie nichts anfangen. In ihrer Familie wurde Jesus als einer der Propheten verehrt. Im Koran stand geschrieben:

»Sprich: Wir glauben an Gott, an das, was uns und Abraham, Ismael, Isaak, Jakob und den zwölf Stämmen vom Himmel herabgesandt wurde, an das, was Moses und Jesus und den Propheten vom Herrn gegeben wurde. Wir wollen keinen unter ihnen mehr verehren als den anderen und uns unserem Herrn unterwerfen.«

Al Baqara (Die Kuh), Verse 130-136.

»Berichte im Heiligen Buch auch von Maria, von der Zeit, da sie sich von ihren Angehörigen an einen Ort im Osten zurückzog und sich vor ihnen verschleierte. Wir sandten ihr unseren Geist, und er näherte sich ihr in Gestalt eines richtigen Mannes.

›Bei meinem Erbarmer will ich Zuflucht vor dir suchen‹, sagte Maria, ›so du ihn fürchtest.‹

Da erwiderte er: ›Der Herr hat mich geschickt, dir einen reinen Knaben zu schenken.‹

›Wie soll ich, eine keusche Magd, einen Knaben empfangen‹, fragte sie, ›da mich noch kein Mann berührt hat?‹

Der Engel aber sagte: ›Der Herr sprach: Es ist dies ein leichtes für mich, und das Kind soll ein Zeichen sein für die Menschen und ein Werk unserer Barmherzigkeit. So soll es geschehen.‹

Und sie empfing ein Kind und zog sich an einen entlegenen Ort zurück.

Sie saß am Stamm einer Palme, als die Wehen einsetzten. ›Gebe der Himmel, daß ich tot umfalle, bevor es geschieht, und die Menschen mich vergessen‹, rief sie.

Aber da lag das Kind zu ihren Füßen und sprach zu ihr: ›Sei nicht traurig. Der Herr hat für Speise und Trank gesorgt. Der Bach gibt dir frisches Wasser und die Palme reife Datteln. Stärke dich und trockne deine Tränen. Und wenn du einen Sterblichen siehst, so sage zu ihm: Ich faste zum Lobe des Herrn und werde heute mit keinem Menschen sprechen.‹

Als sie mit dem Kind in den Armen zu den Ihren kam, sagten sie: ›O Maria, was hast du Furchtbares getan! O Schwester Aarons, dein Vater war kein unwürdiger Vater und deine Mutter keine Hure!‹

Maria aber zeigte nur auf das Kind.

›Wie sollen wir zu einem Säugling sprechen?‹ fragten sie.

Da sagte das Kind: ›Ich bin der Diener Allahs. Er gab mir die heilige Schrift und machte mich zu seinem Propheten. Sein Segen ruht auf allen meinen Wegen auf mir. Und er hat mir Gebet und Almosen zur Pflicht gemacht, solange ich lebe, und ehrfürchtige Liebe zu meiner Mutter. Er hat mich weder zu einem Hochmütigen noch zu einem Unseligen gemacht. Und Friede sei über dem Tag meiner Geburt und über dem Tag meines Todes und über dem Tag, da ich wieder zum Leben erweckt werde.‹«

Marjam (Maria), Verse 16-34.

Der Prophet Isa und Maria wurden von den Moslems sehr verehrt. Marjam kannte diese Verse auswendig. Sie hatte sie viele Male aufgesagt, mit vor Ergriffenheit brüchiger Stimme und zugleich angstvollem Blick auf den Olivenholzstock des Scheichs. Hätte die Lehrerin sie gebeten, etwas über die Geburt von Isa zu schreiben, so wie sie im Islam dargestellt wurde, hätte sie leicht ein paar Seiten füllen können. Aber ein Aufsatz über den Weihnachtsmann . . .

Sie wußte nicht einmal, wie er aussah, und einen Kamin kannte sie nur aus Büchern. Zu Hause heizte man mit großen, *buschuwals* genannten Kohlenbecken, in die Zuhra des wunderbaren Dufts wegen ein wenig Moschus oder Ambra gab. Und Marjam konnte sich nicht vorstellen, daß *baba Nawwal* einem Kohlenbecken entströmte. Er war doch kein Dschinn! Sie begriff nicht, was für ein Zusammenhang bestehen mochte zwischen der Geburt von Isa und *baba Nawwal*, der mit einem Sack voller Geschenke durch den Kamin rutschte. Sie hätte nur schreiben können, daß am Tag vor Heiligabend die arabischen Kinder durch die Straßen liefen und aus voller Kehle sangen: »*Baba Nawwal* hat mir eine Hose gekauft, und als ich ihn fragte, was hat sie gekostet, hat er gesagt: Einen Rial.«

Auch die Araber hatten ihre Festtage, *al mawlad* zum Beispiel, der Geburtstag des Propheten Mohammed, oder 'Id al-Fitr und 'Id al-Adha, über die Marjam einen mehrseitigen Aufsatz hätte schreiben können. Und sie wollte die *Rumija* sehen, die etwas über die arabischen Feiertage wußte! 'Id al-Adha etwa, das bedeutendste Fest der Moslems, hieß bei den Christen, in Unkenntnis seiner ursprünglichen, vom Opfer Abrahams sich herleitenden Bedeutung, das »Hammelfest«.

Zwar sprach die Lehrerin im Gemeinschaftskundeunterricht viel vom Dialog und der Verständigung zwischen Arabern und *Rumis*, aber Marjam hatte das unangenehme Gefühl, daß es sich bei diesem Dialog in Wirklichkeit um einen Monolog handelte: die *Rumis* redeten, und die Araber hörten zu.

Dessenungeachtet dachte sie sich eine Geschichte zu *baba Nawwal* aus, der ihr sympathisch war, auch wenn er nur die französischen, nie aber die arabischen Kinder besuchte. Sie will einen Aufsatz über den Weihnachtsmann? Den kann sie haben, dachte Marjam. An Phantasie fehlt es mir nicht, und mein Gedächtnis ist in der Koranschule bestens trainiert worden. Erfinden wir also etwas, lügen wir ihr etwas vor, wenn sie es so will.

Als sie den Aufsatz zurückbekam, stand in roter Tinte eine Eins darunter. Marjam hätte fast laut gelacht. Sprach sie die Wahrheit aus, wurde sie bestraft oder bekam schlechte Noten, und für die Unwahrheit wurde sie belohnt.

Es war wirklich ein Kinderspiel, einen Erwachsenen zu hintergehen, und noch leichter war es, wenn es sich um einen *Rumi* handelte. Man brauchte nur so zu tun, als wäre man seiner Meinung, und schon war die Sache gelaufen. Wie sagte Zuhra immer? »Es kommt nur darauf an, wie gut man sich verstellen kann.«

Als die langersehnten Winterferien begannen und das Wetter so schlecht war, daß man nicht draußen spielen konnte, luden die Mädchen ihre Freundinnen zu sich nach Hause ein. Wie überall im Viertel standen auch in Zuhras Haus Schmalzgebäck, Crêpes und honigumhüllte Grießschnitten, dazu Pfefferminztee und ausnahmsweise sogar Kaffee für die Kinder bereit.

Die strenge Kälte zwang die alten Frauen, auf die Gänge zum Friedhof oder die Besuche beim *mrabet* zu verzichten und in ihren Wohnungen zu bleiben, wo sie die Nähe des Kohlenbeckens suchten, sich zusätzlich eine Wärmflasche auf die Füße und einen Wollschal um die mageren Schultern legten und die Gebetsschnur unablässig durch die Hände gleiten ließen. Nur wenn sie die drückende Stille des leeren Hauses nicht mehr aushielten, griffen sie zum Schleier und wagten sich auf die glatten Straßen hinaus, um ihrer Einsamkeit zu entfliehen.

So geschah es oft, daß eine alte Nachbarin oder eine Tante, die so trübsinnig wie das Wetter war, zu Besuch kam.

»Zuhra? Zuhra, bist du da?« rief Nana Chedudscha.

»Ja-ah«, antwortete Zuhra fröhlich. »Lauf schnell, Fatma, und laß *lalla* Chedudscha herein.«

»Allah sei mit euch, meine Tochter. Ich habe gehört, du machst Nudeln für den Winter, und da habe ich mir gesagt: Schande über dich, Chedudscha, du bist alt und hast nichts zu tun; statt untätig herumzusitzen, könntest du Zuhra helfen. Und da bin ich!«

»Einen glücklichen Nachmittag, liebe Nachbarin. Gesegnet seien deine Worte, und gesegnet sei, wer dich bei Tagesanbruch erblickt, sein Tag wird glücklich verlaufen.« Zuhra umarmte die alte Frau und wandte sich dann an ihre älteste Tochter: »Nuria, nimm *lalla* Chedudscha den Schleier ab und leg ihn zusammen, aber sorgfältig.«

Die Mädchen eilten herbei und stritten um das Vorrecht, der Nachbarin behilflich sein zu dürfen. Der Besuch einer *nana* oder einer *Ama* war eine willkommene Abwechslung, denn die alten Damen verfügten über einen schier unerschöpflichen Vorrat an Geschichten, Märchen und Legenden.

Nana Chedudscha setzte sich zu Zuhra, und diese fragte:

»Wie geht es dir, liebe *lalla*? Es ist eine Ewigkeit her, seit du mich das letzte Mal besucht hast.«

»Es geht, meine Tochter. Es vergeht kein Tag, an dem ich nicht an dich denke, Gott und der Prophet Mohammed sind meine Zeugen. Und jeden Tag, den Gott werden läßt, sage ich mir: Heute mußt du unbedingt Zuhra und ihre Gazellen besuchen. Aber in meinem Alter wird man träge, Kind, möge der Herr sie verfluchen, diese Faulheit!«

»Alt und träge? Du? Was redest du denn da! Wie das blühende Leben siehst du aus«, schmeichelte Zuhra ihr und schob ihr die Schüssel mit dem Nudelteig zu.

Geschickt rollte Nana Chedudscha den Teig zu länglichen, fingerdicken Wülsten. Als Fatma und die Mädchen einige Zeit später heiße Getränke und Gebäck brachten, legten die beiden Frauen eine Pause ein.

»Hast du schon von dem Unglück gehört, das die Familie Flene[1] getroffen hat?« fragte Nana Chedudscha.

»Ja, aber ich weiß nichts Näheres«, antwortete Zuhra.

[1] (Herr/Familie) Sowieso; die weibl. Form lautet Flena.

»Sie haben eine Tochter, die das Gymnasium besucht hat und dieses Jahr das *bacalorija* machen sollte. Aber die *Rumijats* haben anscheinend einen schlechten Einfluß auf sie ausgeübt. Sie verlor allen Respekt vor ihren Eltern, und das wollte ihr Vater nicht hinnehmen. Er nahm sie aus der Schule und verlobte sie gegen ihren Willen mit ihrem Vetter. Die Kleine tobte und schrie, daß sie unbedingt ihren Schulabschluß machen wolle. Ob sie denn nicht begreife, was für ein Glück sie habe, sagte die Mutter. Ihr Zukünftiger sei doch Student der Medizin, drüben in Frankreich, in Montpellier. Aber das Mädchen wollte nicht hören. Tag und Nacht beschwor sie die Eltern: ›Seid doch vernünftig! Ich könnte auch Medizin studieren und Ärztin werden, wenn ich die Schule zu Ende besuchen darf. Ihr verurteilt mich zum Tode, begreift ihr das nicht?‹ Aber die Eltern ließen nicht mit sich reden. Sie sperrten sie ein bis zur Hochzeit.«

»Hat der Vater denn den Verstand verloren? Er ist doch so ein gläubiger, weiser Mann. Eine Tochter zur Ehe zu zwingen, verstößt gegen die Vorschriften des Islam«, empörte sich Zuhra, die ganz vergessen zu haben schien, wie ihre Ehe mit Mohammed zustande gekommen war.

»Ja, so denken viele«, pflichtete die alte Frau ihr bei. »Am Hochzeitstag legte die Braut den Kaftan aus *mansudsch*[1] an, die goldbestickte Kopfbedeckung, den Schleier, den Familienschmuck und den Gürtel aus zweiundzwanzigkarätigem Gold, den ihr die Eltern des Bräutigams geschenkt hatten. Als sie geschminkt und mit duftenden Essenzen besprengt worden war, setzte

[1] Kunstvoll gewirkter Stoff mit eingewebten Seiden-, Gold- oder Silberfäden, für den Tlemcen berühmt ist.

sie sich zu den Frauen. Nach ein paar Minuten stand sie unter dem Vorwand, zur Toilette zu müssen, auf und ging hinaus. Sie eilte zur Dachterrasse hinauf, wo sie ein Kleid, ein Paar Schuhe und einen Schleier unter einem Kübel Geranien versteckt hatte, und zog sich schnell um. Auf der Terrasse des Nachbarhauses wartete ein *mudschahid*, der ihr zur Flucht verhalf. Einige Wochen später bekamen ihre Eltern eine Nachricht von ihr. Darin schrieb sie, sie habe geglaubt, der Besuch der Schule werde ihr zur Unabhängigkeit verhelfen, aber sie habe sich schwer getäuscht. Deshalb habe sie Kontakt zu den *mudschahidin* aufgenommen und werde an ihrer Seite für ihre persönliche Freiheit und die Freiheit ihres Landes kämpfen. Ach, Zuhra, möge der Herr uns und deine Gazellen vor einem ähnlichen Schicksal bewahren!«

»Wenn eine meiner Töchter mir jemals so etwas antun würde, würde ich ihr in den Untergrund folgen und sie mit meinen eigenen Händen erwürgen!« ereiferte sich Zuhra.

»Reg dich nicht auf«, beschwichtigte Nana Chedudscha sie. »Weißt du, was meine Mutter – der Herr möge sie aufnehmen in sein Reich – zu sagen pflegte? ›Du kannst eine Tochter im höchsten Turm einsperren und noch so streng bewachen, sie wird immer einen Fluchtweg finden.‹«

Aus Angst, ihre Töchter auf dumme Gedanken zu bringen, wechselte Zuhra vorsichtshalber das Thema.

»Wie geht es deiner Schwiegertochter Hayat? Ist sie immer noch so zänkisch und vorlaut?«

»Ach, es wird von Tag zu Tag schlimmer«, seufzte Nana Chedudscha. Sie wischte sich die Hände mit dem in Orangenblütenwasser getränkten Tuch ab, das Fatma ihr reichte, und fuhr fort: »Weißt du, was sie neulich zu mir gesagt hat?«

»Nein, sag es mir. Du kannst offen sprechen, hier haben die Wände keine Ohren.« An ihre Kinder gewandt, fügte Zuhra auf französisch hinzu, sie sollten nach nebenan gehen und dort weiterspielen.

»Laß sie doch bleiben, ich habe keine Geheimnisse vor ihnen, sollen ihre unschuldigen Ohren hören, was ich zu sagen habe.«

»Also gut, ihr könnt hierbleiben«, sagte Zuhra streng. »Aber ich will nichts hören als euren Atem, verstanden?«

»Weißt du, wie mich meine Schwiegertochter genannt hat?«

»Was hat sie zu dir gesagt, diese Tochter der Sünde?«

»Daß ich ein morsches Stück Holz wäre, das bestenfalls noch als Brennstoff für die Hölle taugte.«

Zuhra rang empört nach Luft. »Sie hat gewagt, so mit dir zu reden?«

»Ganz recht, meine Tochter. Mit mir, die ich beinah in Mekka mein Leben gelassen hätte, die ich noch nie irgend jemandem etwas Böses getan habe, die ich sogar Achtung vor einer Ameise habe. Ein morsches Stück Holz hat sie mich genannt.«

Nana Chedudscha brach in Tränen aus.

»Weine doch nicht wegen dieser Unwürdigen. Am Tag des Jüngsten Gerichts wird sie es sein, die im Höllenfeuer schmoren wird«, sagte Zuhra mit Bestimmtheit. »Die Menschen haben heutzutage keinen Respekt mehr vor den Alten, nicht einmal vor ihren eigenen Eltern oder Schwiegereltern. Die anständigen Mädchen sind rar geworden. Glaub mir, *lalla*, dieser Krieg wird alle unsere Werte zerstören.«

»Ja, du hast recht, meine Tochter. Bald wird es soweit sein, daß derjenige, der etwas Gutes tut, ohne einen Lohn dafür zu verlangen, für einen Dummkopf gehalten werden wird. Gebe der Herr, daß ich diesen Tag nicht mehr erlebe!« seufzte Nana Chedudscha. Als sie aufstand, um zu gehen, umringten die Mädchen sie und versuchten, sie zu trösten.

»Weine nicht, Nana, bitte weine nicht! Wir sind doch da, und wir lieben dich. Bleib bei uns, du kannst doch unsere Großmutter sein!«

Um sie am Gehen zu hindern, hatte Nuria ihren Schleier versteckt, klammerte sich Fusija an ihr Kleid, hielten Nadschia und Marjam sie am Gürtel fest, während Fatima ihre Schuhe aus dem Zimmer trug.

»Bleib bei uns«, bettelten die Kinder. »Du kannst doch hier schlafen.«

»Ach, meine Augensterne, das geht nicht. Ich bin eine alte Frau und habe meine Eigenheiten, ich will in meinem eigenen Bett schlafcn.«

»Mach doch einmal eine Ausnahme«, bat Fatima. »Möge der Herr deine Eltern, deinen Ehemann und die Gebeine deiner Vorfahren segnen, Nana, aber bleib heute nacht bei uns.«

»Das ist lieb von dir, meine Gazelle, aber es ist schon spät, und ich muß nach Hause. Meine armen Tauben sind noch nicht gefüttert worden. Sie werden verhungern und verdursten, wenn ich ihnen nichts gebe. Diese Hexe von Schwiegertochter wird sich ihrer bestimmt nicht erbarmen.«

»Aber dein Sohn wird sich um sie kümmern, er war es doch, der sie dir geschenkt hat«, erwiderte Nadschia.

»Bitte Nana, bleib heute nacht hier. Mögen der Herr und sein Prophet Mohammed dir ein langes Leben schenken, möge der Allmächtige dich einmal in sein Reich aufnehmen, möge er dir alle deine Wünsche erfüllen!«

Überwältigt von soviel Zuneigung und Segenswünschen, gab Nana Chedudscha dem Drängen der Mädchen zu guter Letzt nach und verbrachte die Nacht in Zuhras Haus.

Es gab nicht viele Möglichkeiten für Marjam und ihre Schwestern, sich zu zerstreuen. Da die Sender Radio Rabat, Radio Tunis und Sawt el Arab (»die Stimme der Araber«) meist nur schlecht zu empfangen waren, konnten sie lediglich zwischen Spielen und Lesen wählen, und Zuhra wollte nicht, daß sie abends noch die Nase in Bücher steckten. Sie bestand darauf, daß das Licht früh gelöscht wurde, damit nicht die Soldaten mit ihren Maschinengewehren angelockt wurden. Daher freuten sie sich über jede *nana* oder *Ama*, die sie besuchen kam, denn jede ersetzte ihnen Bibliothek, Radio und Fernsehen zugleich.

Amti Zainab zum Beispiel fesselte ihre Zuhörer stundenlang mit der Familiengeschichte. Sie berichtete ihnen von Sidi Abdallah Ben Mansur, dem Nachkommen des Mannes, der »Mohammed, die reine Seele« genannt wurde, und wie er sich in Ain el Houts niedergelassen hatte. Oder sie erzählte die Legende von Sidi Mohammed Ben Ali, dessen Weisheit im ganzen Maghreb gerühmt wurde. Sie sang ihnen das Lied vor, das bis zum heutigen Tag in Tlemcen und Oran und den umliegenden Gegenden gesungen wird, und die Kinder sangen ihr nach:

»Sidi Mohammed Ben Ali, der in der Einsamkeit lebte, ist mir in einem Traum erschienen, den der Herr mir gesandt hat. O ihr, die ihr mir zuhört, hört, was ich euch zu sagen habe: Ich habe ihn wahrhaftig gesehen, und der Herr belohnte mich mit einer Pilgerfahrt nach Ain el Houts, nach Ain el Houts. Und als du dorthin kamst, o Ben Ali, hast du die Quelle mit Rubinen gefüllt.«

Amti Zainab erklärte ihnen auch, weshalb das Grabmal von Sidi Mansur, dem Unbezwingbaren, kein Dach hatte: Seine Freiheitsliebe war so groß, daß er es selbst im Tod nicht ertrug, eingesperrt zu sein. Jeder Versuch, das Mausoleum mit einem Dach zu versehen, scheiterte: es stürzte jedesmal ein. Zu guter Letzt gab man auf, und seither wölbt sich nur der Himmel über dem weißen Grabmal von Sidi Mansur.

Amti Mania hingegen war die Intellektuelle, die Belesene. Statt überlieferter Sagen und Legenden erzählte sie Episoden aus der Geschichte der Araber und ließ die Kinder die Namen der bedeutendsten Gelehrten, Schriftsteller und Philosophen des Islam auswendig lernen. »Der Fliegenwedel des Dei diente den Franzosen lediglich als Vorwand, dieses Land, das sie schon seit Jahrhunderten begehrten, zu erobern und zu kolonisieren«, sagte sie. Sie erzählte vom Kampf Abd el-Kaders, von seiner Niederlage und seiner Verbannung. Viele Familien aus Tlemcen waren ihm ins Exil gefolgt, weil sie nicht unter der Knute der Kolonialherren leben wollten. Sie erzählte ihnen auch, daß der moslemische Emir Tausenden von Christen im Libanon das Leben rettete und sie unter seinen Schutz stellte. Von ihr erfuhren sie die Wahrheit über den Rebellen Busijan el Qal'i, der alles andere als ein gemeiner Strauchdieb war.

Zainab und Mania vermittelten ihnen ein völlig neues Bild von der Geschichte ihres Landes, während die Märchen der sanften, romantischen Nana Chedudscha zum Träumen anregten.

Marjam mußte oft an die Worte ihres Vaters denken, wenn sie sich von den Stimmen der Frauen einlullen ließ. »Glücklich die Völker, die ihre Vorfahren achten und verehren«, pflegte er zu sagen. »Glücklich die Kinder, die mit alten Menschen aufwachsen.«

Blieb der Besuch über Nacht, machten die Kinder in

aller Eile ihre Schularbeiten und kamen den kleinen Pflichten im Haushalt nach, um dann ihre Matten für die Nacht auszubreiten. Bald war der schönste Streit im Gange, denn jedes Mädchen beanspruchte für sich das Recht, neben der Nana schlafen zu dürfen.

»Du brauchst dein Bettzeug gar nicht erst herzubringen«, schrie Fusija. »Ich werde bei Nana Chedudscha schlafen!«

»Nein, ich!« brüllte Fatima. »Du hast letztes Mal bei Amti Zainab geschlafen und sie ganz für dich allein gehabt. Heute bin ich an der Reihe. Wenn jemand bei Nana Chedudscha schläft, dann ich!«

Schließlich mußte Zuhra den Streit schlichten. Da sie der Meinung war, eine Gunst müsse man sich verdienen, entschied sie, daß diejenige, die in der Schule besonders fleißig gewesen war oder im Haushalt am meisten geholfen hatte, bei der Nana schlafen dürfe. Überglücklich legte sich die Auserwählte zu der alten Frau, schlang selig die Arme um sie und wartete auf die magischen Worte:

»Es war einmal vor langer, langer Zeit, als Lilien und Basilikum ihren Duft im Schoß Mohammeds, des Gesegneten, verströmten . . .«

War die Wahl auf Marjam gefallen, schmiegte sie sich eng an die Nana und hörte ihr aufmerksam zu. Sie wußte, in dieser Nacht würde kein Alptraum sie quälen. Wovor sollte sie sich fürchten, wenn ein Winzling wie Ahdidwan einem ganzen Stamm von Menschenfressern gegenübertrat und die Ungeheuer besiegte? Sie lachte Tränen über die Streiche von Danuna und den listigen Dscheha, sie stellte sich die schöne Lundscha mit dem prächtigen Haar vor, dessen Anblick jeden Mann in Liebe zu ihr entbrennen ließ, und schlief danach mit einem glücklichen Lächeln auf den Lippen ein.

Anders als bei den Erzählern vom Platz Bab Sidi Boumedienne drehten sich die Geschichten der *nanas* und *Amas* um böse Geister und Menschenfresser, um schöne Prinzessinnen mit blaugrünen Mandelaugen und tapfere Prinzen, die für die Dame ihres Herzens allen Gefahren trotzten.

Die alten Frauen vergaßen indes nie, am Ende auf die Moral von der Geschichte hinzuweisen:

»Siehst du, Kind, die Ehre ist mehr wert als das Leben.« Oder: »Mit List und Klugheit kann man sogar *shaitan*, den Satan, besiegen.« Oder: »Zeig dich deinem Gegner hungrig, aber nie schlecht gekleidet.« Oder: »Wenn ein *Rumi* unhöflich zu euch ist oder euch gekränkt hat, dann macht es wie Dur und Sur und sagt zu ihm: ›Dies ist das Haus meines Vaters, und jetzt kommen die Hunde und jagen uns davon.‹«

Marjam und ihre Schwestern enthielten sich wohlweislich jedes Kommentars.

Gelegentlich kam es vor, daß die arme, erschöpfte Erzählerin mitten in ihrer Geschichte einschlief. Dann versuchten die Kinder alles mögliche, um sie aufzuwecken.

»Los, wir kitzeln sie an den Füßen«, schlug Fusija vor.

»Nein, ziehen wir ihr lieber die Decke weg, dann wacht sie auf, weil ihr kalt wird«, meinte Nadschia.

»Wir könnten dicht an ihrem Ohr in die Hände klatschen«, flüsterte Marjam.

Aber alle Versuche schlugen fehl: Das Gemurmel der Lilien und des Basilikums war verstummt. Enttäuscht und mit dem festen Vorsatz, die Nana am anderen Morgen zur Rede zu stellen, legten sich die Mädchen schlafen.

Doch am nächsten Tag war alles vergessen. Und selbst wenn nicht: die Nana durfte auf keinen Fall verärgert werden, sonst versiegte die unerschöpfliche Quelle wunderbarer Geschichten. Nie waren die Mädchen fleißiger, gehorsamer und liebenswürdiger als in den Stunden oder Tagen, da Besuch da war. Und aus dem einen Nachmittag, den Nana Chedudscha in Zuhras Haus hatte verbringen wollen, wurde schließlich eine ganze Woche.

Eines Morgens, als sie aufwachte, hörte Marjam fremde Stimmen. Sie stand auf und schlich geduckt bis an ein Fenster, von wo sie die Unterhaltung belauschen konnte, ohne gesehen zu werden. Zuhra, ihre Cousine Raschida, Nana Chedudscha und eine Nachbarin erörterten die ernste Frage, ob man tatenlos mit ansehen wolle, wie Nana Mansuria, Raschidas Schwiegermutter, einen langsamen Tod starb. Mit vor Schreck weit aufgerissenen Augen vernahm Marjam, was geschehen war. Nana Mansuria hatte sich eines Tages wie gewohnt zum Gebet niedergekniet, und als sie sich wieder erhob, um Allah, den Allmächtigen, zu preisen, sah sie draußen vor dem Fenster einen Soldaten, der sein Gewehr auf sie gerichtet hatte. Nana Mansuria brach vor Angst ohnmächtig zusammen. Ihr Sohn fand sie leblos auf dem Gebetsteppich liegend. Kein Arzt hatte ihr bisher helfen können, sie befand sich nach wie vor in einer Art Koma. Die Frauen waren sich einig, daß man alles versuchen müsse, um ihr zu helfen.

»Die einzige Lösung ist, sich an die Dardaba zu wenden, so wie es Ainis Kinder gemacht haben«, sagte die Nachbarin. »Aini geht es seitdem wieder blendend. Sie plant sogar eine Pilgerfahrt nach Mekka.«

»Mein Mann wird seine Mutter niemals dieser Bruderschaft anvertrauen«, erwiderte Raschida. »Er hält das alles für Aberglauben und heidnische Bräuche. Und wenn ihr etwas passiert, wird er mich dafür verantwortlich machen.«

»Was soll ihr denn passieren? Sie ist so gut wie tot, ihr

Zustand kann sich nur bessern«, meinte Zuhra. »Und wenn die Ärzte nichts für sie tun können, mußt du etwas anderes probieren.«

Zahia, die Nachbarin, stand auf und erklärte mit gewichtiger Miene:

»Ich kenne Al Arifa[1]. Ich werde zu ihr gehen und mit ihr sprechen.«

Die Frauen dankten ihr überschwenglich und baten sie, sich für Nana Mansuria einzusetzen und sich auch nach den Kosten für diese heikle Prozedur zu erkundigen.

Als Marjam den Namen Dardaba hörte, schlug ihr Herz schneller. Die Kinder von Tlemcen liebten diesen Geheimbund, dessen Riten schwarzafrikanischen Ursprungs waren; Al Arif und Al Arifa waren oft Schwarze. Jedes Jahr feierte die Sekte ein Fest zu Ehren ihres geistigen Führers. Dann zogen die Mitglieder, begleitet von Musikanten, von Haus zu Haus, um zu sammeln. Sie führten einen Stier mit sich, der am Abend geschlachtet wurde. Meistens folgte eine Schar Kinder, die von den Klängen aus dem tiefen Süden Afrikas angelockt wurden, dem Zug durch die Straßen.

Nach langem Hin und Her einigte man sich auf ein Datum für die Sitzung. Als es soweit war, wollte Zuhra allein hingehen, aber die Mädchen bettelten so lange, bis sie ihnen erlaubte mitzukommen. Marjams »Gäste« warteten schon vor der Tür. Den Eintritt in Form eines Rings oder einer Haarspange für die Mädchen und in Form von klingender Münze für die Jungen hatten sie bereits bezahlt. Als der Meister und die Meisterin kamen, schlüpften die Kinder mit ihnen ins Haus.

[1] Al Arif/Al Arifa: wörtl. der/die Eingeweihte, Wissende; Bezeichnung für den/die Meister/in des Geheimbundes.

Der Hausherr musterte Al Arif und Al Arifa mit unverhohlenem Mißtrauen, führte sie dann aber in das Zimmer, wo die leblose Nana Mansuria lag. Al Arif und seine Begleiterin trugen sie hinaus in den Hof, setzten sie auf einen Stuhl und banden sie fest. Die Zeremonie begann mit inbrünstigen Gebeten und Beschwörungen. Die Sektenmitglieder flehten ihren Meister an, er möge sich beim Herrn für die Todkranke verwenden, damit sie geheilt werde. Danach griffen sie zu ihren Musikinstrumenten, sangen und tanzten, während sie sich gleichzeitig peitschten, bis sie bluteten. Wie Derwische wirbelten sie im Kreis um Nana Mansuria herum und konzentrierten alle ihre Sinne und die ganze Kraft ihrer Gedanken auf sie.

Marjam starrte die Tänzer wie gebannt an. Zuhra schien zu ahnen, daß sie am liebsten mitgetanzt hätte, denn sie warf ihrer Tochter einen warnenden Blick zu. Der wilde Rhythmus der Musik, die von den gellenden *jujus* der Frauen untermalt wurde, steigerte sich ins Unerträgliche. Viele Frauen, die ursprünglich nur widerwillig zu der Zeremonie gekommen waren, waren in Trance gefallen.

Marjam spähte zu ihrer Mutter hinüber. Als sie sah, daß Zuhra und Fatma abgelenkt waren, lief sie mit ihren Freundinnen und Freunden auf die Terrasse, wo sie ausgelassen zu tanzen begannen. Ganz wie ihre Vorbilder im Hof peitschten sie sich sogar: die Mädchen mit ihren Stoffgürteln, was überhaupt nicht weh tat, die Jungen mit ihren Lederriemen, was schon schmerzhafter war, so daß sie bei jedem Hieb zusammenzuckten. Sie tanzten, bis sie völlig außer Atem waren. Aber wenn Nuria nicht gekommen wäre und ihrem Treiben mit ein paar Ohrfeigen ein Ende gesetzt hätte, hätten sie sich vermutlich weiter im Kreis gedreht. Sie scheuchte die Kinder in den

Hof hinunter, wo sie sich, notfalls auch mit den Ellenbogen, einen Weg in die erste Reihe bahnten. Marjam erkannte an den verzerrten Gesichtern und den heiseren, müden Stimmen, daß der Augenblick der Wahrheit nahte.

Und dann ging alles ganz schnell. Die Musik verstummte. Al Arifa hielt Nana Mansuria an den Schultern fest, während Al Arif sie losband und beschwörend rief:

»Mansuria, Tochter des Flene und der Flena! Ich befehle dir im Namen des Allmächtigen, steh auf! Ich befehle dir im Namen des Propheten Mohammed und seiner Gefährten, steh auf!«

Al Arifa ließ sie los ... und Nana Mansuria fiel nicht vom Stuhl. Die Anwesenden hielten den Atem an. Plötzlich wurde die gespannte Stille von aufpeitschender Musik durchbrochen. Al Arif hatte sich einen Hahn geben lassen, dem er über dem wackelnden Kopf der »lebenden Toten« die Kehle durchschnitt. Mit dem Blut besprengte er Gesicht, Haare und Arme der Frau. Ein Ruck ging durch Nana Mansuria, und im nächsten Augenblick sprang die Gelähmte, die von den Ärzten Aufgegebene von ihrem Stuhl auf, riß Al Arif die Peitsche aus der Hand und begann wie eine Wilde zu tanzen und sich zu geißeln, bis das Blut an ihr hinablief.

Niemand konnte sich erklären, wie es möglich war, daß diese Frau, die seit Wochen keine Nahrung mehr zu sich genommen hatte und nur noch ein Schatten ihrer selbst war, herumsprang, als wäre nichts gewesen. Niemand wußte, woher sie die Kraft nahm. Sprachlos starrten die Umstehenden sie an. Und ihr Sohn, für den nur existierte, was rational erklärbar war, fiel in Ohnmacht.

Als sich der Schock gelegt hatte, erscholl zaghaft erst ein *juju*, dann ein zweiter, ein dritter, und schließlich erfüllten die gellenden Freudenschreie den ganzen Hof. Ein Wunder war geschehen! Sie waren Zeuge eines richtigen Wunders geworden!

Plötzlich brach Nana Mansuria zusammen. Die lange Zeremonie und der wilde Tanz waren zuviel für sie gewesen. Zwei Männer trugen sie zurück in ihr Zimmer, wo Al Arifa ein spezielles Öl auf ihrer Haut verteilte und einmassierte. Kurze Zeit später schlug Nana Mansuria die Augen auf und bat darum, daß man ihr etwas zu essen bringe.

Marjam wünschte, ein Arzt wäre zugegen gewesen. Und falls es ihm vor Staunen die Sprache verschlagen hätte, hätte Al Arif vielleicht etwas für ihn tun können. Sie bedauerte, daß sie der Lehrerin oder ihren Klassenkameradinnen nicht berichten konnte, was sie erlebt hatte. Sie würden sie nur ungläubig anschauen oder sogar lachen, wie damals, als Radia erzählt hatte, daß die Anfälle, unter denen ihre Mutter litt, aufgehört hatten, nachdem sie bei Sidi Kanun, einem heiligen Mann, der außerhalb von Tlemcen lebte, gewesen war. »Ach, ihr Araber mit eurem Glauben an Schicksal und übernatürliche Kräfte!« hatte die Lehrerin ausgerufen und die Hände zusammengeschlagen. Radia hatte ihren Ärger hinuntergeschluckt, aber nicht verhindern können, daß ihr Tränen der Wut übers Gesicht liefen. Marjam hätte ihre Freundin Céline gern einmal zu einer Sitzung der Dardaba oder der Ayssawa[1] mitgenommen.

Ein Mitglied der Ayssawa aus Derb Messoufa hatte vor kurzem erst zur Beschneidung seines Sohnes eingeladen. Natürlich waren die Kinder die ersten, die davon erfuhren.

[1] Vom Sufismus beeinflußte moslemische Sekte.

»Hast du schon gehört?« flüsterte Salima Marjam zu. »Die Ayssawa sind am Sonntag bei den Flene.«

»Wir müssen unbedingt sofort zu Ami Ambarak und Ringe, Nadeln und Spangen kaufen, bevor die andern alles weg schnappen«, sagte Marjam.

»Ja, du hast recht. Ich will sehen, daß ich ein paar Duros[1] auftreiben kann.«

»Ich glaube nicht, daß ich kommen werde«, sagte Malika mit weinerlicher Stimme. »Die Kinder dort verlangen immer soviel. Den Mädchen müssen wir mindestens zwei Spangen und ein paar Ringe geben, und die Jungen werden uns sämtliche Murmeln und zehn Duros obendrein abnehmen.«

»Ja, sie werden uns schröpfen, bevor sie uns reinlassen«, klagte Samira. »Außerdem müssen wir eine Ausredc erfinden, damit unsere Eltern uns gehen lassen. Nein, ich werde auch nicht kommen.«

»Das Gesetz der Kinder ist nun mal so«, entgegnete Latifa. »Du würdest es auch nicht anders machen, wenn bei dir daheim ein Fest stattfände, also hör auf zu jammern. Ich jedenfalls werde hingehen, egal, was sie verlangen. Sollen mich meine Eltern hinterher ruhig bestrafen.«

Marjam stimmte ihrer Freundin zu. Sie lief auf dem schnellsten Weg zu Ami Ambarak, um sich mit genügend Ringen, Spangen und Haarnadeln einzudecken. Schelmisch lächelnd räumte der Händler ihr Kredit ein.

Als der große Tag gekommen war, nahm sie ihre kleine Schwester Nadschia bei der Hand und verließ heimlich das Haus. Sie wußte, daß sie am Abend eine

[1] Ein Duro ist ein Fünf-Francs-Stück (Anm. d. Übers.).

Tracht Prügel beziehen würde, aber das schien ihr ein geringer Preis zu sein für das Abenteuer, das sie erwartete.

Die Kinder standen vor dem Haus. Marjam und Nadschia bezahlten den Eintritt in Form von zwei Ringen, vier Spangen, vierzehn Murmeln und zehn Duros. Drinnen duftete es nach den brennenden Weihrauch- und Benzoeharzstäbchen und nach der Essenz aus Moschus und Jasmin, mit der die Anwesenden besprengt wurden. Zu den Klängen von *karkabus*, Trommeln, *bandajirs*, Becken und Sackpfeifen stießen die Frauen schrille *jujus* aus. Männer, Frauen und Kinder, Junge und Alte tanzten, drehten sich im Kreis, stampften mit den Füßen, bis sie in Trance fielen.

Dann begannen die Mitglieder der Ayssawasekte mit Vorführungen, die die Zuschauer in sprachloses Erstaunen versetzten. Einige geißelten sich mit Ochsenziemern, bis sie zu bluten anfingen, andere liefen barfuß über glühende Kohlen, wieder andere durchbohrten sich mit einem Schwert. Marjam schaute ihnen fasziniert zu. Wenn das nicht besser war als die Filme, die sich die *Rumijats* anzusehen pflegten und von denen sie immer so schwärmten, Filme, in denen Männer und Frauen sich schamlos küßten und ständig »o mein Liebling« hauchten.

Den *Rumis*, so hatten ihr die Nachbarn schon oft erklärt, gehörte das Leben auf Erden, den Moslems aber war das ewige Leben sicher. Marjam hätte gern beides gehabt.

Ali, der Schwiegersohn und Vetter des Propheten, von dem dieser sagte: »Ich bin die Stadt der Weisheit, und Ali ist die Pforte. Wer die Stadt betreten will, muß durch die Pforte gehen«, dieser Ali also hatte einmal gesagt: »Handle stets, als ob du ewig lebtest, aber sei auf die Ewigkeit vorbereitet, als ob du morgen stürbest.« Was für eine paradoxe Äußerung.

Die Araber, hatten die Nachbarn hinzugefügt, kämen ins Paradies, weil ihr irdisches Leben die Hölle war. Und die

Rumis kämen in die Hölle, weil sie ihr Leben genossen, ohne allzuviele Gedanken an ihr Seelenheil zu verschwenden.

Aber Marjam wollte nicht, daß ihre Freundin Céline in der Hölle schmorte. Sie hatte sie sehr gern, und weil sie ihr keine Angst einjagen wollte, sprach sie nie mit ihr über das, was die Nachbarn ihr gesagt hatten. Eine alte Tante hatte sie ermahnt, sich stets anständig zu betragen, niemals zu lügen und zu stehlen, regelmäßig zu beten, den Koran zu studieren und den Armen zu helfen, denn nur dann könne sie nach ihrem Tod beim Allmächtigen Fürbitte einlegen für die Menschen, die sie liebte. Und auf der langen Liste, die Marjam dem Herrn der Welten vorlegen wollte, stand auch Célines Name.

Céline mochte die »moslemischen Franzosen«, das hatte sie oft genug beteuert; aber sie sprach kein einziges Wort Arabisch. In Marjams Augen war sie wie eine Behinderte, der eine Zungenhälfte fehlte. Al Ghauzi pflegte zu sagen: »Jede Sprache entspricht einer Person. Wenn du mehrere Sprachen sprichst, bist du mehrere Personen, und du bist reicher als derjenige, der nur eine spricht.« Marjam war froh, daß sie mehrere Sprachen sprechen konnte.

Sie hatte das unangenehme Gefühl, daß es für eine *Rumija* etwas Unehrenhaftes war, arabisch zu sprechen.

7

»Es wird so furchtbar schnell dunkel«, meinte Zulaika und räkelte sich ausgiebig. »Wie im tiefsten Winter. Man könnte glauben, das Ende der Welt sei gekommen.«

»Ja, sogar die Natur rebelliert«, erwiderte Jamna in schulmeisterlichem Ton.

»Was haben die Menschen getan, daß Gott sie so straft?« seufzte Zuhra.

»Ihr sündiges Treiben wird ihn anwidern. Kennt ihr die neueste Anekdote, die die jungen Leute sich erzählen?« fragte Zulaika. »Nein? Also paßt auf: Eines Tages starb ein Araber, ein frommer Mann, der in seinem Leben nur Gutes getan hatte. Er ging geradewegs ins Paradies, wo er den Erzengel Gabriel traf und ihn fragte, ob er ihn nicht dem Herrn der Welten vorstellen könne. Der Engel bejahte und forderte ihn auf mitzukommen. Als der Araber den traurigen, ausgemergelten, zerlumpten alten Mann erblickte, wäre er vor Schreck beinah ein zweites Mal tot umgefallen. Er sank auf die Knie und rief entsetzt: ›O Herr, was ist mit Euch geschehen? Wer hat Euch das angetan?‹ Und Gott antwortete ernst: ›Ihr wart das, die Araber, mein auserwähltes Volk. Ihr laßt mich nicht eine Sekunde zur Ruhe kommen. Beim kleinsten Problem hebt ihr die Arme empor und fleht: O mein Gott! O mein Gott! Da seht ihr nun, was ihr aus mir gemacht habt!‹«

Die drei Frauen brachen in schallendes Gelächter aus. Auch Marjam begann zu lachen, aber das Lachen verwandelte sich sogleich in rasende Schmerzen. Zuhra sprang auf, eilte ans Bett ihrer Tochter und läutete nach der Krankenschwester.

»O Gott, sie stirbt! Meine Tochter stirbt! Nimm mein Leben, Herr, und verschone ihres!« murmelte sie wie eine Besessene vor sich hin.

Die Krankenschwester kam herbeigeeilt, fühlte Marjams Puls und injizierte ihr dann ein Beruhigungsmittel in den Arm. Zuhra flehte Gott unablässig um Hilfe an, und Marjam dachte: Nicht mehr lange, dann wird ihm sein Gewand in Fetzen vom Leib hängen.

Das Medikament begann rasch zu wirken. Und in der Stille, die neuerlich im Zimmer einkehrte, ließ Marjam die Gedanken zurück in die Vergangenheit schweifen, nach Derb Messoufa.

Das Wort Krieg war in aller Munde, beherrschte alle Unterhaltungen. Seine Auswirkungen auf den Alltag waren unübersehbar: Rings um den arabischen Teil der Stadt waren Stacheldrahtverhaue errichtet worden; Soldaten in khakifarbener Uniform oder in Tarnanzügen hielten die moslemische Bevölkerung mit Maschinengewehren in Schach.

Marjam sah die wutverzerrten Gesichter ihrer Landsleute, aber was »Krieg« bedeutete, wußte sie nicht. Nur soviel war ihr klargeworden: es gab Menschen, die für diesen abstrakten Begriff ihr Leben ließen. Ihre Vettern, etliche Nachbarn und die Brüder ihrer Mutter waren in den Untergrund gegangen. Al Ghauzi, ihr Großvater, wurde jeden Tag von der Militärpolizei verhört; man drohte ihm Gefängnis an, um ihn zu zwingen, den Aufenthaltsort seiner Söhne zu verraten. Der zweitälteste Sohn war sechzehn, als er beschloß, den Kampf und die Freiheit zu suchen.

Die D.S.T.[1] und das Deuxième Bureau[2] versetzten die Menschen in Angst und Schrecken.

Einmal, als Zuhra mit den Kindern bei Al Ghauzi übernachtete, wurden sie mitten in der Nacht durch lautes Klopfen geweckt.

»Aufmachen!« schrie eine Männerstimme. »Macht sofort auf, oder wir treten die Tür ein!«

[1] Direction de la Surveillance du Territoire (Geheimdienst).
[2] Geheimpolizei (Anm. d. Übers.).

Der Großvater stand auf, um zu öffnen, aber Zuhra war vor ihm an der Tür.

»Wo ist er? Wo ist der *fellagha*?« schrie der Polizeibeamte und stieß sie grob zur Seite.

»Was für ein *fellagha*? Hier gibt es keinen *fellagha*. Hier gibt es nur friedlich schlafende Frauen und Kinder und einen Greis.«

»Das werden wir ja sehen. Los, durchsucht das Haus, und zwar gründlich«, befahl der Einsatzleiter seinen Männern, die deutsche Schäferhunde mit sich führten.

»Schnell, betet die Thronverse«, flüsterte die Tante den Kindern zu. Wer diese Verse betet, dem kann kein Leid geschehen, und so leierten die Mädchen hastig herunter:

»Es gibt keinen Gott außer Allah, den Lebendigen,
Den Ewigen, den allezeit Wachenden, den Wachsamen,
Der zugleich im Himmel und auf Erden ist.
Nur dem Auserwählten ist es erlaubt,
Sich Seinem Thron zu nähern,
Um Fürbitte einzulegen.
Er schaut die Geheimnisse der Menschen,
Ihnen aber wird von Seiner Weisheit nur zuteil,
Was Er gewillt ist, ihnen zu offenbaren.
Sein Reich ist im Himmel und auf Erden,
Und Seine Herrschaft zu wahren,
Bereitet Ihm keine Mühen.
Er ist der Erhabene, der Gewaltige.«

Al Baqara (Die Kuh), Verse 255/256.

Als die Polizisten mit ihren Hunden das Zimmer der Mädchen betraten, schrien die Kinder vor Angst. Ihr Kreischen reizte die Tiere erst recht, so daß sie wütend an ihren Leinen zerrten. Die Polizisten befahlen Marjam und ihren Schwestern aufzustehen. Sie warfen Matratzen, Kopfkissen, Decken auf den Steinboden und ließen die Hunde daran schnüffeln, dann öffneten sie die Schränke, rissen die Kleider heraus und verstreuten sie ebenfalls auf dem Fußboden. In den übrigen Zimmern verfuhren sie genauso. Zuletzt kam die Küche an die Reihe, wo sie sämtliche Vorräte von den Regalen fegten, ohne sich darum zu scheren, daß Krüge und Gefäße zerbrachen und die Arbeit und die Ersparnisse von Monaten zunichte gemacht wurden. Eine Woche lang kamen sie Nacht für Nacht.

Aber die ganze Grausamkeit des Krieges wurde Marjam erst bewußt, als ihre junge Tante Radia eines Morgens in Tränen aufgelöst ins Haus stürzte.

»Um Gottes willen, was ist denn passicrt?« fragtc Zuhra erschrocken. »So red schon!«

»Komm schnell, ›Torturas‹ und seine Leute wollen Vater verhaften«, schrie Radia, sich mit beiden Händen auf die Schenkel schlagend.

»Verhaften? Aber warum denn? Was hat er denn getan?«

»Sie sagen, es sei seine Schuld, daß sich Mahmud den Partisanen angeschlossen hat.«

»Meinen Schleier, Fatma, schnell!« rief Zuhra und fügte hinzu: »Kümmere dich um die Kinder, ich weiß noch nicht, wann ich zurücksein werde.«

Für Marjam brach eine Welt zusammen, als sie die furchtbare Nachricht vernahm.

Zuhra kam erst spätabends wieder zurück. Sie war abgekämpft und weinte.

»Was ist mit Großvater, *Mwa*? Sag doch was, *Mwa*, bitte!« Die Mädchen, bleich vor Angst, sahen sie verstört an.

»Großvater ist dort, wo ein Moslem nichts mehr gilt, meine Kinder: im Gefängnis.«

»Hast du ihn gesehen?« fragte Zulaika, die schon gehört hatte, was geschehen war, und gekommen war, um sich nach dem Stand der Dinge zu erkundigen.

»Ja, ich habe ihn gesehen. O Elend! O grausames Schicksal!« schluchzte Zuhra. »Sie haben ihn zusammen mit anderen Häftlingen in den Gefängnishof gesperrt. Wie Vieh hat man sie zusammengepfercht und ihnen weder zu essen noch zu trinken gegeben. Als er mich sah, hat er mir zugelächelt. O Gott, wie soll es jetzt nur weitergehen?«

»Beruhige dich, Zuhra. Der Herr ist groß und barmherzig. Er läßt nicht zu, daß seine Kinder leiden«, sagte Zulaika tröstend.

»Der Herr ist groß, ich weiß, aber ich werde trotzdem morgen zu ›Torturas‹ gehen und ihm sagen, was ich von ihm halte«, schrie Zuhra außer sich.

»Willst du, daß er dich auch noch einsperrt?« rief Nana Scharifa. »Denk doch an deine Kinder! Was soll aus ihnen werden, wenn sie nach dem Vater auch noch die Mutter verlieren? Du weißt doch, daß diese Leute ein Herz aus Stein haben.«

Aber Zuhra ließ sich nicht umstimmen. Am nächsten Tag suchte sie gleich nach dem Ende der Ausgangssperre den Kommissar auf. Sie mußte lange warten. Als sie endlich vorgelassen wurde, bat sie um Erlaubnis, ihren Vater besuchen zu dürfen.

»Sie können ihn sehen, wenn Sie mir verraten, wo sich Ihr Bruder versteckt hält.«

»Ich schwöre auf den Koran, daß niemand von uns den Aufenthaltsort meines Bruders kennt«, antwortete Zuhra mit vor Wut zitternder Stimme.

»Ihr Araberinnen seid schlimmer als Schlangen!

Nichts spielt sich ohne euch *mukères*[1] ab, aber ihr tut so, als wüßtet ihr von nichts! Ich kenne euch, ihr seid doch alle gleich.« Der Kommissar mit dem Spitznamen »Torturas« grinste höhnisch. »Wo ist Mahmud? Sagen Sie mir, wo Ihr Bruder ist, und ich lasse Ihren Vater sofort frei.«

Zuhra sah ein, daß es sinnlos war, die Unterhaltung fortzusetzen. Sie stand auf und ging. Erst als sie daheim war, ließ sie ihren Tränen freien Lauf und schrie sich ihren Kummer von der Seele. Nach einer Weile beruhigte sie sich wieder. Sie nahm die rituellen Waschungen vor, kniete zum Gebet nieder und trug danach den Kindern auf, Lammleber zu besorgen. Sie briet sie und versteckte sie in einem Brotlaib. Dann füllte sie einen Krug mit Wasser, suchte ein paar besonders schöne Früchte aus und packte alles in eine Tasche. Als sie zum Gefängnis kam, entdeckte sie ihren Vater draußen im Hof. Es gelang ihr, ihm die Tasche unbemerkt über den Zaun zuzuwerfen. Fröhlich eilte sie wieder nach Hause.

»Ich hab' ihn gesehen und konnte sogar kurz mit ihm sprechen. Er braucht Zigaretten und Streichhölzer. Lauf schnell zu Ami Ambarak, Marjam, und hol ein Päckchen Bastos und Streichhölzer.«

Es dauerte nicht lange, bis Marjam zurückkam und atemlos keuchte:

»*Mwa, Mwa,* schau nur! Ami Ambarak hat mir Schokolade für Großvater mitgegeben, und er wollte nicht einmal Geld dafür!«

»Gott segne ihn! Sein gutes Herz wird ihn eines schönen Tages noch ruinieren.« Zuhra griff nach ihrem Schleier und machte sich ein zweites Mal auf den Weg zum Gefängnis.

[1] Vom spanischen *mujer* abgeleitete abwertende Bezeichnung für die Araberin.

Eine Zeitlang besuchte sie ihren Vater täglich und versorgte ihn mit dem Nötigsten. Eines Morgens aber kam sie weinend mit dem Päckchen in der Hand zurück.

»Er war nicht mehr da! Sie haben ihn in ein anderes Gefängnis verlegt, und niemand konnte mir sagen, wohin! O Gott, was soll nur aus uns werden! Die Wölfe werden uns fressen!« Sie schlug sich auf die Schenkel und zerkratzte sich das Gesicht vor Verzweiflung.

Ihr Geschrei alarmierte die Nachbarn. Sie kamen herbeigelaufen und versuchten, sie zu trösten: Gott sei groß, und der Prophet werde die strafen, die ihr ein solches Unrecht zugefügt hätten. Aber Zuhra konnte sich nicht beruhigen, sie weinte nur um so heftiger.

Die Wochen vergingen. Eines Tages stand ein Mann vor der Tür und fragte nach Zuhra. Die junge Frau, die einem Fremden niemals unverschleiert gegenübertrat, eilte ohne Schleier hinaus und forderte den Besucher auf einzutreten.

Sie servierte ihm Kaffee und sagte:

»Seien Sie willkommen, Monsieur, und Gott segne Sie. Sie bringen mir Nachricht von meinem Vater?«

»Ich wäre auch gekommen, wenn er mich nicht darum gebeten hätte«, erwiderte der Fremde.

»Man hat Sie aus dem Gefängnis entlassen?«

»Ja, weil man mir nichts nachweisen konnte. Ich bin vor einem Monat bei einer Razzia festgenommen worden. Sie haben mich geschlagen, gefoltert, gedemütigt, um ein Geständnis von mir zu erpressen. Ich sollte zugeben, daß ich der FLN angehöre. Die Männer, die diese Arbeit erledigen, sind keine Menschen, Madame. Dabei sind die Schläge und die Elektroschocks noch nicht einmal das Schlimmste. Man gewöhnt sich daran, glauben Sie mir. Viel grausamer sind die Demütigungen und Beleidigungen, die Schimpfworte, mit denen sie unsere Mütter, unsere Töchter, unsere Schwestern, unsere Frauen belegen. Das sind Fachleute, wissen Sie, die wissen genau, womit sie uns treffen können. Es gibt sogar Araber, die mit ihnen zusammenarbeiten«, fügte der Besucher mit erstickter Stimme hinzu.

Zuhra, die die ganze Zeit den Kopf gesenkt hatte, blickte auf. Die nachtblauen Augen in dem leichenblassen Gesicht waren riesengroß.

»Darf ich Ihnen nachschenken?« fragte sie, und ihre Stimme zitterte. »Greifen Sie zu. Ich habe das alles für den Tag gebacken, an dem mein Vater entlassen wird. Er wird sich freuen, wenn er hört, daß Sie davon gekostet haben. Aber erzählen Sie doch bitte weiter.«

»Ich sah, wie ein Gefolterter seinem Peiniger an den Hals sprang und den Hundesohn so fest umklammerte, daß mehrere Männer nötig waren, ihn zu befreien. Der Mißhandelte hätte ihn erwürgt, wenn die anderen nicht mit ihren Gewehrkolben auf ihn eingeschlagen hätten, so daß er seinen Griff lockerte.«

»Woher kommt dieser abgründige Haß, diese Verbissenheit?« fragte Zuhra bestürzt.

»Die Folterknechte hatten die Frau des Mannes als – verzeihen Sie den Ausdruck – Hure beschimpft. Nun hatte er aber erst wenige Tage vorher erfahren, daß sie bei einem Bombenangriff ums Leben gekommen war. Daß ihre Schmähungen nicht einmal vor den Toten haltmachten, war zuviel für ihn. Hunger und Durst, Kälte, Prügel, Elektroschocks, abgebrochene Flaschenhälse im After, die Angst zu ertrinken, wenn sie einem den Kopf unter Wasser drücken«, zählte der Fremde vor den entsetzten Kindern auf, »das alles ist harmlos im Vergleich zu den psychischen Folterungen. Nichts ist schlimmer als die Zweifel, die sie säen, Zweifel an sich selbst, an der

Sache, an die man glaubt, am eigenen Volk, an seinen Wurzeln. Glauben Sie mir, Madame, das ist die grausamste Folter«, schloß er, und die Mischung von Haß und unterdrücktem Zorn in seinen Augen war unerträglich.

»Und mein Vater? Wie geht es ihm? Hat man ihn auch . . . gefoltert?« fragte Zuhra kaum hörbar.

Von Rührung überwältigt, senkte der Fremde den Kopf. »Es geht ihm gut. Das war nicht immer so. Er hat eine schlimme Zeit hinter sich, wie jeder von uns. Aber die Barmherzigkeit Gottes ist groß, *al hamdu li'Allah*, und Ihr Vater hat alles gut überstanden. Er hat übrigens mit dem Rauchen aufgehört.« Er lachte gequält. »Wir haben so lange auf ihn eingeredet, bis er keine Zigaretten mehr von den Wärtern annahm. Ein Zellengenosse hat ihm einen Vortrag über Wirtschaftspolitik gehalten und ihm erklärt, daß das Geld, das die Algerier für Zigaretten ausgeben, direkt in die Waffenfabriken fließt. Ihr Vater hat seine Zigarette auf der Stelle ausgedrückt.«

»Ich kann es gar nicht glauben! Er hat tatsächlich aufgehört, dieses Teufelskraut, das ihn langsam vergiftete, zu rauchen?«

Der Besucher nickte. Er lächelte, aber es war ein kaltes Lächeln.

»Er macht sich große Sorgen um Sie und die Kinder. Er läßt Ihnen sagen, Sie sollen den Mut und die Geduld nicht verlieren. Sie werden sehen, er wird bestimmt bald entlassen. Ihr Vater gehört einer sehr seltenen Spezies an. Stirbt sie aus, ist der Verlust durch nichts zu ersetzen.«

»Ich weiß«, flüsterte Zuhra und wischte sich die Tränen ab.

»Ich muß jetzt gehen. Falls Sie Hilfe brauchen, wenden Sie sich an Monsieur Flene, er weiß, wo ich zu finden bin. Ich werde mich wieder den *fellaghas*, diesen Galgenstricken, wie sie sie nennen, anschließen und will keine Zeit verlieren. Ich schwöre Ihnen auf den Koran, auf das Grab meiner Eltern und die Gräber der unschuldigen Opfer, ich werde mich rächen für das, was sie mir angetan haben. Der Tag wird kommen, an dem die *gwaris*[1] und ihre Folterknechte ihre gerechte Strafe erhalten werden«, stieß der Fremde hervor. In seinen Augen funkelte wilde Entschlossenheit, die Entschlossenheit zu kämpfen bis ans bittere Ende und notfalls sogar sein Leben zu opfern.

Marjam sah ihn an und dachte: Wehe dem, der sich ihm in den Weg zu stellen versucht.

»Die Geschichte ist lang und das Schicksal verräterisch. Leben Sie wohl, Madame. Der Herr und die Revolution beschütze Sie und Ihre Kinder.« Damit verabschiedete sich der Besucher.

Marjam saß da wie vom Donner gerührt. Was hatte der Unbekannte gesagt? Die gleichen Menschen, die als Träger von Kultur und Wissen galten, hatten ihren Großvater gefoltert, gedemütigt, wie ein Tier behandelt? Sie dachte an die wunderbaren Texte, die sie in der Schule lasen und die von Güte, Liebe und Herzlichkeit handelten, und fragte sich, wie es möglich war, daß ein Volk, das so große Dichter, Schriftsteller und Denker hervorgebracht hatte, einem anderen Volk so furchtbares Leid zufügen konnte.

Erst vor ein paar Tagen hatten sie ein Gedicht aus Victor Hugos »La légende des siècles« gelernt:

[1] Abwertende Bezeichnung für den europäischen Christen.

»Boas war ein gerechter Herr und treuer Gemahl,
Er geizte nicht, war aber auch nicht verschwenderisch.
Er zog, mehr als jeder junge Mann, die Blicke der Frauen auf sich,
Denn der Jugend steht die Schönheit, dem Alter aber die Größe an.
Der Greis kehrt zur Quelle des Ursprungs zurück;
Die Zeit des Wandels hinter sich lassend, tritt er ein in die beständigen Tage,
Und lodert in den Augen der jungen Leute die Flamme,
So leuchtet in den Augen des Greises das Licht.«

Marjam war gleich nach dem Unterricht zu Ami Ambarak gelaufen und hatte ihm das Gedicht vorgetragen. Er hatte ihr aufmerksam zugehört und ihr dann eine Tafel Schokolade in die Schultasche gesteckt. Überglücklich hatte sie den alten Mann, in dessen Augen »das Licht leuchtete«, umarmt und war nach Hause gelaufen.

Und jetzt mußte sie feststellen, daß die Menschheit kein einheitliches Ganzes, sondern in Klassen unterteilt war. Da gab es die Ausbeuter und die Ausgebeuteten, die Räuber und die Beraubten, die Henker und die Opfer. Und wenn alles vorüber war, würden erstere behaupten, sie hätten schon immer zu letzteren gehört. Wie viele predigten Freiheit, Gleichheit, Brüderlichkeit und handelten ihren eigenen Worten entgegen? Die Begriffe »gut« und »böse« waren anscheinend relativ: was für den einen gut war, mußte es nicht notwendigerweise auch für den anderen sein. Marjam war schlagartig bewußt geworden, in was für einer Welt sie lebte.

Die Greuel des Krieges machten weder vor ihrer Familie noch vor den Bewohnern von Derb Messoufa halt.

Marjam wurde von einem Strudel von Angst, blindem Haß und Gewalt erfaßt und mitgerissen.

Sie würde nie mehr den Anblick der Männer und Frauen ihres Blutes vergessen, an denen die Fallschirmjäger ein Exempel statuiert hatten: Sie waren auf den Ladepritschen von Lastwagen angekettet und brutal geschlagen worden. Sie würde nie mehr das Geräusch der Stiefel von Fallschirmjägern, Legionären oder senegalesischen Soldaten vergessen, das Klappern, wenn sie über die Terrasse gelaufen waren.

Sie würde nie mehr das Grauen der Bombendetonationen, der Maschinengewehrsalven, der Razzien und der Vergeltungsschläge, die nach dem Prinzip »zehn Araber für einen Franzosen« erfolgten, aus ihrem Gedächtnis löschen und aus ihren Träumen verbannen können. Sie würde ihr Leben lang daran denken, auf welch bestialische Weise Frauen ihres Volkes vergewaltigt worden waren.

Eines Abends beobachtete sie, wie Männer mit Kapuzen das Haus von Nana Scharifa betraten. In ihrer Begleitung befanden sich Soldaten mit Wolfshunden. Nach einer Weile verließ Allal, der Liebling des Viertels und das ganze Glück seiner Mutter, das Haus, barfuß und im Schlafanzug. Er hatte die Hände hinter dem Kopf verschränkt, und in seinen Rücken bohrte sich die Mündung eines Maschinengewehrs.

Sie war auch dabei, als Al Alia, »die Überlegene«, verhaftet wurde. Die gescheite junge Frau war der Stolz des ganzen Viertels: als einzige Araberin hatte sie Ende der vierziger Jahre ihren Volksschulabschluß gemacht. Eines Tages waren sie gekommen, hatten sie von ihren Büchern weggeholt und unter Schlägen aus dem Haus getrieben wie eine tollwütige Hündin. Sie hatten ihr nicht einmal erlaubt, sich zu verschleiern, eine bei den

Araberinnen beliebte Methode, den Siedlern und den Militärs ihre Verachtung zu demonstrieren. Kaum ein junges Mädchen bat beim Eintritt in die Pubertät nicht von sich aus darum, den Schleier tragen zu dürfen. Und wer dies nicht tat, galt als Freund der *Rumis.*

Der Großvater war im Gefängnis, Allal und Al Alia waren verhaftet worden, Onkel und Vettern kämpften in der Widerstandsbewegung . . . Derb Messoufa glich immer mehr einer Geisterstadt. Die Kinder schlossen sich den Alten an, die wenigen Familienväter, die dageblieben waren, schlichen Gespenstern gleich mit blassen, angespannten Gesichtern durch die Straßen. Die Menschen lachten kaum noch, und ihr Lächeln blieb scheu.

Auf dem Heimweg von der Schule sah Marjam eines Tages einen Menschenauflauf in der Straße al-Madrassa. Sie trat näher und mischte sich unter die Leute, von denen einige weinten. Der Anblick, der sich ihr bot, war so schrecklich, daß ihr ein kalter Schauer den Rücken hinunterlief. Im Staub lagen die Leichen acht junger Männer; sie konnten noch nicht lange tot sein, ihr Blut war noch nicht getrocknet. Acht Pflanzen, in denen der Saft der Liebe strömte, herausgerissen und achtlos weggeworfen; acht Väter und Mütter, durch die Tat in unsägliche Verzweiflung gestürzt; acht Leben, geopfert auf dem Altar der Freiheit und der Würde.

Das Bild ihres Vaters, wie er mumiengleich eingehüllt in ein weißes Laken auf seinem Totenbett lag, hatte sie nicht so erschüttert wie dieser gräßliche Anblick. Übelkeit stieg in ihr auf. Sie wandte sich ab, als sie spürte, daß sie sich übergeben mußte.

In jener Nacht fand sie lange keinen Schlaf. Und als ihr dann endlich die Augen zufielen, sah sie wieder die blutüberströmten Männer vor sich, und das Bild vermischte sich mit anderen grauenerregenden Szenen. Lebende Tote wandelten durch die Straßen, schwankten auf sie zu. Sie riß die Augen auf und erkannte Nuria und Fatma.

»Das war nur ein böser Traum«, flüsterte Fatma beruhigend. »Herr im Himmel, warum mußt du auch so neugierig sein! Willst du im Irrenhaus enden?«

»Es wird nicht wieder vorkommen, ich verspreche es. Laß bitte das Licht an, ja? Ich fürchte mich im Dunkeln.«

»Ich werde bei dir schlafen und deine Hand halten. Bete, das wird dir helfen.«

Und Marjam betete voller Inbrunst die Verse aus dem Heiligen Buch:

»Wir haben Schranken errichtet, vor ihnen und hinter ihnen,
Wir haben sie umstellt und ihnen die Sicht genommen.«

Ya'Sin, Verse 8/9.

»Im Namen Allahs, des barmherzigen Wohltäters,
Sprich: Ich suche Zuflucht beim Herrn der Morgendämmerung
Vor dem Übel, das Er erschuf,
Vor dem Übel der sich ausbreitenden Finsternis,
Vor dem Übel jener, die Sturm säen,
Vor dem Übel des Neids und der Eifersucht.«

Al Falaq (Die Morgendämmerung).

Als Marjam am nächsten Morgen zur Schule ging, bedeckten scharlachrote Blumen die Stelle, an der der Boden mit dem Blut der Toten getränkt war. Sie fragte die Lehrerin, ob sie am Nachmittag freibekommen könne, weil sie ihre Tante, die ein Mädchen zur Welt gebracht hatte, besuchen wollte. Die Lehrerin erlaubte es ihr.

Nach dem Unterricht eilte sie nach Hause, wo sie dem Augenblick entgegenfieberte, da Fatma endlich nach ihrem Schleier greifen würde. Sie war so aufgeregt, daß sie darüber fast die Toten vergaß, die sie am Tag zuvor gesehen hatte.

Endlich war es soweit. An Fatmas Hand durchquerte Marjam den arabischen Teil der Stadt, dessen Grenze Al Qajsarija bildete. Dahinter begann das französische Territorium. Auf der Place de la Mairie und in der Rue de France herrschte großes Gedränge. Fallschirmjäger stolzierten vor dem Musikpavillon auf und ab oder standen in Grüppchen beieinander und lachten schallend. Marjam warf einen verstohlenen Blick auf die Auslagen der Modegeschäfte.

»Schau mal, Fatma, die Kleider da! Die sehen aus wie Säcke!«

»Ich hab' dir doch gesagt, du sollst den Kopf gesenkt halten und weder nach rechts noch nach links schauen. Dir wäre nicht mehr zum Lachen zumute, wenn plötzlich eine Bombe zwischen unseren Füßen explodierte. Sehen wir zu, daß wir von hier fortkommen.«

Marjam senkte gehorsam den Kopf und folgte Fatma über den Museumsplatz, durch die Rue Eugène-Etienne und die Kiefernallee. Hinter dem Stadion führte der Weg in einer leichten Steigung nach Beau Séjour hinauf. O meine Vorfahren, was für ein Name, dachte Marjam.

Jamnas Schwiegermutter und die Schwägerinnen hießen den Besuch willkommen. Marjam war glücklich, als sie das kleine Mädchen, das Huria, Freiheit, genannt worden war, auf den Arm nehmen durfte. Der Nachmittag verging wie im Flug. Die noch etwas geschwächte Jamna drängte die beiden, sich vor Einbruch der Dunkelheit auf den Heimweg zu machen.

Im gleichen Augenblick, als sie aus dem Haus traten, fielen Schüsse. Maschinengewehre ratterten, Handgranaten explodierten. Die ganze Stadt war plötzlich in hellem Aufruhr. Überall wurde geschossen. Bombendetonationen ließen Fensterscheiben und Türen erzittern. Fatma riß Marjam zurück ins Haus. Sie beschlossen, die Entwicklung der Dinge bei Jamna abzuwarten, auch wenn Zuhra vor Sorge wahrscheinlich kein Auge zutun würde.

Die Nachbarn waren auf die Straße gerannt. Plötzlich schrie jemand: »Es sind unsere! Es sind unsere! Unsere tapferen Männer sind das! Jetzt werden sie kurzen Prozeß mit ihnen machen!«

»Mit wem?« fragte eine Stimme.

»Na, mit den Militärs, den Legionären, den Fallschirmjägern! Zerfetzen werden sie die Hurensöhne! Zertreten!«

Die Frauen stießen wilde Freudenschreie aus.

»*Juju*! *Juju*! Es sind unsere! Es sind unsere!« kreischten sie und ließen Algerien, ihre moslemischen Retter und die *schuhadas*, die Märtyrer, hochleben.

Die Männer standen in kleinen Grüppchen beisammen und übertrafen sich gegenseitig an gescheiten Bemerkungen.

»Siehst du, Si[1] Abdarrachman, man darf die Hoffnung nie aufgeben! Jetzt bekommen die Halunken endlich, was sie verdient haben.«

»Das sage ich doch schon lange, daß sie eines Tages kommen und Hackfleisch aus ihnen machen werden. Wurde aber auch Zeit, Si Omar. Da, hörst du? Das ist eine Maschinenpistole. Und das da ein Revolver. Und

[1] Abkürzung von Sidi.

da ist eine Handgranate explodiert. Und das sind Gewehrschüsse.«

»Du hast ja keine Ahnung, Si Abdarrachman!« Si Omar strich sich über den Schnurrbart, das Zeichen seiner Männlichkeit, und fuhr fort: »Laß dir von einem Fachmann sagen, daß das eine Maschinenpistole war.«

Dabei mußte man nun wirklich kein Nobel, Einstein oder Molotow sein, um die verschiedenen Gesänge des Todes auseinanderhalten zu können.

»Du mußt genauer hinhören«, erwiderte Si Abdarrachman. »Die Explosion eben, bei der der Boden gebebt und die Fensterscheiben gezittert haben, das kann nur eine Bombe gewesen sein. Und dieses ununterbrochene trak-trak-trak – hörst du's? –, das ist mit Sicherheit eine Maschinenpistole. Und das da, der kurze, trokkene Knall, das ist ein Revolver.«

Die Fachsimpelei der Männer wurde untermalt vom Jubel der Frauen. »*Tahija Flene! Tahija Feltane!*[1]« erscholl es von allen Seiten. Die Straßen von Tlemcen hallten wider von Schüssen, Detonationen und den *jujus* der Frauen, die sich heiser schrien. Ohne sich der Gefahr, der sie sich aussetzten, bewußt zu sein, stiegen sie auf die flachen Dächer ihrer Häuser und jubelten den »Befreiern« zu.

Marjam lief eine Gänsehaut über den Rücken beim Klang der gellenden Schreie. Diese Frauen bewiesen jeden Tag aufs neue ihren Mut und ihre Unerschrockenheit, und dennoch war das Vorurteil, Frauen seien weniger wert als Männer, nicht auszurotten.

[1] »Es lebe Soundso!«

Wie viele Frauen standen plötzlich allein da, weil der Ehemann starb, verhaftet wurde oder sich der Widerstandsbewegung anschloß. Aber statt in Selbstmitleid zu verfallen, arbeiteten sie hart, um ihre Familie durchzubringen, und ließen zudem keine Gelegenheit aus, auf die Straße zu gehen und die Soldaten zu provozieren.

Marjam erlebte ihn Tag für Tag, den Mut der Frauen. Ihr fiel ein altes Sprichwort ein, das Al Ghauzi gern zu zitieren pflegte: »Unterrichte einen Mann, und du hast eine Person unterrichtet; unterrichte eine Frau, und du hast ein ganzes Volk unterrichtet.«

Einmal, sie war gerade aus der Schule gekommen, herrschte zu Hause große Aufregung, und wie sie ins Wohnzimmer wollte, um ein Buch zu holen, versperrte Fatma ihr den Weg und brüllte hysterisch: »Geh auf keinen Fall da rein!«

Marjam fuhr erschrocken zurück. Sie wartete, bis Fatma und die Dienstboten beschäftigt waren. Dann stahl sie sich ins Wohnzimmer. Die Möbel waren umgestellt worden: Die große Regalwand mit den Büchern ihres Vaters stand nicht mehr an der Wand, sondern war in den Raum gerückt worden, so daß sie das Zimmer in zwei Hälften teilte. Marjam schlüpfte durch den schmalen Spalt an der Seite und entdeckte zu ihrer Überraschung einen fremden Mann hinter der Bücherwand, der ihr freundlich zulächelte. Sie zog sich schleunigst zurück. Als sie aus dem Zimmer rannte, stieß sie mit Fatma zusammen.

»Mußt du überall deine Nase hineinstecken?« schrie sie in höchster Erregung. »Ich hab' dir doch gesagt, du sollst nicht da reingehen!«

»Wer ist das, Fatma? Was will er hier?«

»Das weiß ich nicht, und ich will es auch nicht wissen. Und dich geht es auch nichts an. Je weniger du weißt, desto besser. Aber wenn du mich fragst, man muß schon völlig übergeschnappt sein, um so was zu machen.«

»Ist das ein *mudschahid*, der sich hier bei uns versteckt?«

»Halt den Mund!« brüllte Fatma mit wutverzerrtem Gesicht. »Hüte deine Zunge, sonst könnte uns etwas Schreckliches zustoßen. Ich habe so ein ungutes Gefühl.«

Der *mudschahid* blieb mehrere Tage in seinem Versteck hinter der Bücherwand. Eines Morgens erhielt Zuhra eine Nachricht: Der Fremde solle in ein anderes Viertel gebracht werden, wo ihn Kontaktleute der Widerstandsbewegung erwarteten. Von panischer Angst erfaßt, redete Fatma auf Zuhra ein:

»Er kann das Haus nicht verlassen, jedenfalls nicht jetzt. Wenn ihr unbedingt gehen müßt, dann nur über meine Leiche!«

»Wer sagt denn, daß ich jetzt gehen will? Für wie dumm hältst du mich«, erwiderte Zuhra gereizt.

Als es Abend wurde, verkleidete sich der Mann mit Zuhras Hilfe.

Fatma holte Marjam und Nadschia. »Kommt, eure Mutter hat etwas Dringendes zu erledigen, und ihr müßt sie begleiten.«

Wie die beiden Mädchen das Wohnzimmer betraten, fuhren sie unwillkürlich zurück, und Nadschia brach beim Anblick des Widerstandskämpfers, der in Algerien, Frankreich und Spanien von der Polizei gesucht wurde, in schallendes Gelächter aus: Er hatte sich nämlich als Frau verkleidet und trug über Hemd und Hose eins von Zuhras Kleidern, das ihm bis an die Waden reichte. Der *haik*, der Schleier, der ihn von Kopf bis Fuß einhüllte und von einem Gürtel zusammengehalten wurde, gehörte Amti Zainab, die nicht das geringste von diesem Verwendungszweck ahnte.

Bevor sie das Haus verließen, ermahnte Zuhra ihre Töchter, die »Thronverse« aufzusagen, die sie vor allem Übel beschützen würden. Die Straßen der umzingelten Stadt lagen verlassen da. Die meisten Geschäfte waren geschlossen, nur in den Kaffeehäusern drängten sich Männer, um die neuesten Nachrichten zu erfahren, ehe sie vor Anbruch der Sperrstunde eilig nach Hause streben würden. Nadschia hielt Zuhras Hand umklammert, und Marjam hielt sich am Schleier des großen Mannes fest, der vor Angst zitterte – nicht um sein Leben, sondern um das von Zuhra und den Kindern. Zügig, wie zwei harmlose Mütter, die sich verspätet hatten, durchquerten sie das Viertel.

Marjam war sich des Ernstes der Lage bewußt. Sie betete die »Thronverse« mit solcher Inbrunst, daß sie sie zu guter Letzt mit anderen Versen durcheinanderwarf und ganz aus dem Konzept kam. Sie endete mit dem Text von *Min dschibalina*, »Aus unseren Bergen«. Der liebe Gott mußte sich ausschütten vor Lachen.

Der kleine Trupp gelangte ohne Zwischenfälle zum Treffpunkt, und der Mann konnte sich ein paar Tage später der Widerstandsbewegung anschließen.

Das war nur ein Beispiel für den Mut der arabischen Frauen.

Marjam hatte sich neben Fatma hingelegt, tat aber kein Auge zu, so laut war das Rattern der Maschinengewehre und die Bombenexplosionen. Sogar die kleine Huria begann zu schreien.

Ein andermal war Zuhra zu ihren Eltern gerufen worden, wo Al Ghauzi ihr mitteilte, einer seiner französischen Freunde habe ihn vor einer Haussuchung gewarnt, die die Polizei irgendwann in den nächsten Stunden vornehmen werde. Sie hatten alles über Mahmuds politische Aktivitäten herausgefunden. Mahmud hatte zwar fliehen können, aber keine Zeit mehr gehabt, die Handgranaten, die er in seinem Zimmer versteckt hatte, zu holen. Es mußte rasch gehandelt werden, die Polizei konnte jeden Augenblick eintreffen. Zuhra fakkelte nicht lange: Sie wickelte die Handgranaten in ein paar Tücher ein und trug das explosive Bündel wie einen Säugling in ihren Armen bis zum Bauernhof eines Onkels, wo sie es vergrub. Eine Stunde später kam die Polizei und durchsuchte das Haus gründlich. Sie fanden nichts. Als Mahmud nach Wochen immer noch nicht wieder aufgetaucht war, nahmen die Fallschirmjäger seinen Vater fest.

Ein ganzes Buch könnte man schreiben über den Mut der Frauen. Bei Demonstrationen waren sie in vorderster Reihe zu finden. Sie provozierten die Soldaten der Besatzungsmacht mit ihren schneeweißen Gesichtsschleiern, mit ihren *tahija*-Rufen und ihren *jujus*, obgleich sie wußten, sie würden nicht zögern, auf sie und ihre Kinder zu schießen.

Die plötzlich eintretende Stille riß Marjam aus ihren Gedanken, so unheimlich und beklemmend war sie. Sie dauerte nur wenige Sekunden, dann wurde sie zerrissen von Geschrei, Hundegebell und dem schaurigen Sirenengeheul von Polizeiwagen und Ambulanzen.

»*Allah 'ajisid fikum*«, flüsterte Fatma. »Möge Gott euch stark machen.«

»Möge er unseren tapferen Männern die Kraft von David, vom Propheten Mohammed, von Hamza und von Ali verleihen«, betete Jamna.

»Möge er ihnen beistehen und ihre Hände und die ihrer Eltern segnen«, bekräftigte Fatma.

O ja, an jenem Dienstag hatte Gott sie wahrhaftig gesegnet!

Am nächsten Tag bot sich den Einwohnern ein Anblick, mit dem niemand gerechnet hatte. Tlemcen badete im Blut seiner Kinder. Der arabische Teil der Stadt war völlig verwüstet worden. Fallschirmjäger, Legionäre und die einheimischen Hilfssoldaten der französischen Armee hatten ganze Arbeit geleistet. Einschläge von Granaten hatten tiefe Trichter in den Hauswänden hinterlassen, die Rollgitter vor den Geschäften waren herausgerissen, die Waren auf dem Boden verstreut und vom Blut des Ladenbesitzers befleckt worden. Wer sich nicht rechtzeitig in Sicherheit gebracht hatte, war auf der Stelle erschossen worden.

Hosin Menuar, Al Alias Cousin, wurde kaltblütig in seinem Laden hingerichtet. Desgleichen Ami Ambarak, der alte Mann mit den Kinderaugen; er starb beim Gebet.

So viele, die Marjam gut gekannt hatte, und so viele andere waren feige ermordet, grausam hingeschlachtet worden: Frauen, Kinder, Greise, Familienväter, wehrlose Unschuldige, die nichts anderes gefordert hatten als ein Leben in Freiheit.

Mehrere hundert Moslems fanden an jenem schwarzen Dienstag den Tod. Und für die Überlebenden war die Erkenntnis, den Falschen zugejubelt zu haben, ein furchtbarer Schock. Nicht die eigenen Leute, die tapferen Befreier, hatten den Kampflärm verursacht, sondern Männer, die weder Recht noch Gesetz kannten und auf alles schossen, was sich bewegte.

Schrille *jujus* ausstoßend, trugen die Frauen hocherhobenen Hauptes ihre Toten zu Grabe. Sie weinten keine einzige Träne. Unter den verstörten Blicken der Soldaten schritten sie stolz durch die Straßen und beteten laut die Totensure. Und später stimmten alle, Männer wie Frauen, das Lied der Widerstandsbewegung an: *Min dschibalina* – Aus unseren Bergen.

Am Tag danach kam es zu Protestkundgebungen, Streiks wurden ausgerufen, Attentate verübt. Nach den Ereignissen dieses Dienstags nahmen selbst die bislang Gemäßigten oder Unentschlossenen eine radikale Haltung ein. Statt ins marokkanische Exil zu gehen, strömten junge und alte Menschen, Frauen und Männer in Scharen der Widerstandsbewegung zu.

Marjam sah ihre französischen Schulkameradinnen plötzlich mit anderen Augen. Erst vor wenigen Wochen hatte die Lehrerin von der Achtung vor dem Alter gesprochen. Und jetzt war das Licht in den Augen des alten Mannes, des einzigen Menschen, der ihren grauen Alltag ein wenig erhellt hatte, für immer erloschen. Der Greis mit den Kinderaugen war brutal ermordet worden.

Von nun an trennte ein Graben aus Feuer und Blut sie von den *Rumis.* Sie war eine Araberin und würde nie etwas anderes sein. Die Würde eines Menschen, das wußte sie jetzt, war ein kostbares Gut, das man notfalls auch mit seinem Leben verteidigen mußte. Sie war entschlossen, jeder Form von Ungerechtigkeit den Kampf anzusagen.

Sie war erst zehn, ein honigsüßes, unschuldiges Alter, in dem man lachte, schmuste und viel Liebe brauchte. Sie hatte noch nicht einmal alle Milchzähne verloren, da war sie schon sämtlicher Illusionen beraubt. Ihr Vertrauen in die Erwachsenen, die sie um ihre Kindheit betrogen und zu einem seelischen Krüppel gemacht hatten, war zerstört. Sie öffnete den Mund nur noch, um zu schreien, damit sie nicht erstickte an ihrem Kummer und ihrem grenzenlosen Schmerz.

Dies sollte nicht die letzte Wunde sein, die der Krieg

ihr zufügte. Nachdem der Schock abgeklungen, wenn auch nicht überwunden war, nahm das Leben wieder seinen gewohnten Gang, das Leben mit seinen kleinen Freuden, mit den Lügen, dem Terror, den Schüssen, den Explosionen, den angstvollen Stimmen der Frauen, die nach ihren Kindern, ihrem Mann, ihrem Bruder riefen oder Gott anflehten. Ein Leben, in dem Marjam und ihresgleichen wie Hunde behandelt wurden.

Sie sah Soldaten auf wehrlos am Boden liegende Männer ihres Blutes einprügeln, sah sie ihre Gewehre in Anschlag bringen und abdrücken. Manchmal hielten sie einen Araber an und befahlen ihm, sich mit erhobenen Händen und gespreizten Beinen an eine Hauswand zu stellen. Während der eine ihn mit sadistischer Gründlichkeit durchsuchte und ihm gelegentlich einen Tritt versetzte, preßte sein Kamerad ihm dic Mündung seines Gewehrlaufs ins Genick.

Sie wußte, sie würde den Anblick der mißhandelten Frauen und Kinder nie wieder vergessen. Und sie begann an Gott, den sie liebte und verehrte wie ihren Großvater, zu zweifeln. Warum schaute er tatenlos zu, wie ihr Volk gedemütigt und gequält wurde? Sie verfluchte ihn dafür, daß sie als Araberin und nicht als *Rumija* auf die Welt gekommen war; dann wäre ihr dieser Alptraum erspart geblieben. Sie wollte nicht länger mit ansehen müssen, wie das Blut Unschuldiger vergossen wurde, sie war es leid, ständig in Angst zu leben, Abschied zu nehmen von Freunden und Bekannten in dem Bewußtsein, es war ein Abschied für immer. Sie ertrug die Dunkelheit und den Haß nicht mehr.

Wäre Ami Ambarak noch dagewesen, hätte sie bei ihm Trost gesucht. Er hätte die richtigen Worte gefunden, ihr das Warten auf die *istiqlal* zu erleichtern, so wie er ihr geholfen hatte, die Zeit bis zur Geburt ihres Brüderchens zu überbrücken. Aber Ami Ambarak konnte ihr nicht mehr helfen. Da begann sie sich zu wünschen, sie wäre tot und käme in den Himmel zu diesem Gott, der sie so entsetzlich quälte. Doch ihr Wunsch ging nicht in Erfüllung, und so flüchtete sie sich in ihre Tagträume und ihre Bücher. Sie verschlang alles, was sie in die Hände bekam. Sie erschuf sich ihre eigene Welt, eine bessere als die, in der sie lebte.

Die Nachrichten aus den anderen Landesteilen Algeriens waren deprimierend. Die Bauern, die von ihren Höfen im Flachland oder im Gebirge vertrieben worden waren und Zuflucht in den Städten suchten, wo sie von mitfühlenden Menschen aufgenommen wurden, berichteten von unglaublichen Greueltaten. Es schien, als sei das, was Marjam und ihre Familie durchmachten, harmlos im Vergleich zum Leid jener Menschen.

Sie erzählten von Kindern, die vor den Augen ihrer Eltern zu Tode gequält wurden, weil man diese zwingen wollte, den Aufenthaltsort von Widerstandskämpfern zu verraten. Sie erzählten vom Lieblingssport der Legionäre, der darin bestand, beim Anblick einer Schwangeren eine Münze zu werfen: bei Kopf schlitzten sie ihr den Bauch auf, bei Zahl ließen sie sie gehen. Sie erzählten, in den Bergen und in der Ebene würden Häuser mitsamt ihren Bewohnern in die Luft gesprengt. Und ein *mudschahid*, der den Fallschirmjägern in die Hände fiel, nehme sich aus Angst vor der Folter lieber das Leben. Die Napalmbomben vernichteten alles, und wer überlebte, war bis zur Unkenntlichkeit entstellt.

Das fruchtbare Algerien hatte sich in eine einzige eiternde Wunde verwandelt. Das Aurès-Gebirge stand in Flammen, die Sahara verdorrte, das Gebiet um Algier glich einem Pulverfaß, Oran lag im Sterben, und die Kabylei wand sich im Todeskampf.

Was blieb Zuhra und den Kindern nach diesen erschütternden Berichten anderes übrig, als ihr Schicksal in Gottes Hand zu legen und darauf zu vertrauen, daß er das algerische Volk vor der Ausrottung bewahren würde.

Manchmal konnten sie trotz vieler Störgeräusche den Sender *Sawt el Arab* empfangen. Mit Tränen in den Augen lauschten sie der aufpeitschenden Stimme des Nachrichtensprechers, der unermüdlich wiederholte, die tapferen algerischen Männer kämpften wie die Löwen und die Befreiung sei nah. Voller Ungeduld fieberten die Menschen diesem Tag entgegen, in Derb Messoufa, wo die Niedergeschlagenheit wuchs, wie überall im Land.

Eines Tages nach der Schule fanden Marjam und ihre Schwestern das Haus in hellem Aufruhr vor. Alle Nachbarinnen hatten sich um Zuhra versammelt, und alle weinten, klagten und baten einander um Entschuldigung für dieses und jenes.

»Verzeih, liebste Zuhra, wenn wir dich irgendwann gekränkt haben sollten«, sagte Aini mit weinerlicher Stimme.

»Aber nein, ich bin es, die euch um Verzeihung bitten muß«, erwiderte Zuhra und wischte sich über die Augen. »Entschuldigt, falls ich einmal etwas Unbedachtes gesagt habe, aber manchmal koche ich über wie Wasser in einer Schüssel.«

»Nein, nein, Zuhra, der Herr ist unser Zeuge: Du bist uns das Liebste«, riefen die in Tränen aufgelösten Nachbarinnen wie aus einem Munde.

Sprachlos vor Staunen verfolgten die Kinder die herzergreifende Szene. Fusija faßte sich als erste wieder, und während Zuhra und die Nachbarinnen einander, noch immer weinend, in den Armen lagen, fragte sie Fatma, was für eine Tragödie sich denn ereignet habe.

»Morgen geht die Welt unter«, antwortete Fatma schluchzend.

Fusija lachte laut. »Wer hat euch denn diesen Blödsinn erzählt?«

»Das ist kein Blödsinn«, empörte sich Fatma. Wenn sogar der Scheich von Derb Messoufa die Menschen zur Teilnahme an einer besonderen Gebetsstunde aufgerufen hatte, bestand wohl kein Zweifel mehr daran, daß das Ende der Welt gekommen war.

»Und deshalb umarmen und küssen sie sich?« meinte Nadschia, mit dem Kinn auf ihre Mutter und die Nachbarinnen deutend. »Dieser Weltuntergang erinnert mich stark an einen Tag des 'Id«, spottete sie.

Zuhra, die stets einen Vorrat an Gebäck im Hause hatte, hatte den Nachbarinnen mehrere Tabletts mit Naschwerk hingestellt. Weinend und jammernd kosteten sie diese letzten Freuden ihres Daseins. Marjam und ihre Schwestern nutzten die Gelegenheit und langten unter den halb vorwurfsvollen, halb nachsichtigen Blicken der Mutter kräftig zu. Normalerweise hätte Zuhra sie für ihre Gier getadelt, aber angesichts des bevorstehenden Weltuntergangs drückte sie ein Auge zu.

Als die Nachbarinnen gegangen waren, begann Zuhra ihre Sachen zu ordnen. Sie legte ihre schönsten Kleider heraus und trug Marjam, Fatima und Nadschia auf, sie an die ärmsten Frauen des Viertels zu verteilen.

»Ja, spinnt sie denn?« flüsterte Fatima. »Was hat es jetzt noch für einen Sinn, diese Sachen herzugeben?«

»Du hast recht«, kicherte Nadschia. »Wenn die Welt untergeht, dann für alle, egal ob *Rumi* oder Araber.«

»Ja, warum hat sie ihre Kleider nicht schon längst verschenkt?« wunderte sich Marjam.

»Pst«, machte Nuria, »oder wollt ihr, daß das Ende der Welt schon früher über uns hereinbricht?«

Also nahmen sie die Kleider und verteilten sie an die Armen ihres Viertels. Unterwegs begegneten ihnen andere Kinder, die ebenfalls mit Kleidung oder Lebensmitteln für die Notleidenden oder für den Mufti der Moschee, der die Sachen weiterleiten würde, bepackt waren.

Nach dem Abendessen nahm Zuhra den kleinen Mohammed in die Arme und bat die Mädchen, Koranverse für den Seelenfrieden ihres verstorbenen Mannes, ihrer Mutter und ihrer Schwiegereltern zu beten.

Als Fusija an die Reihe kam, zitterte sie vor Angst, so sehr fürchtete sie sich vor dem Weltuntergang. Sie würde kein Latein und kein Englisch mehr lernen, würde nie mehr singen und tanzen. Der Gedanke war grauenvoll, und sie stotterte bei jeder Silbe. Plötzlich wußte sie nicht mehr weiter und verstummte abrupt. Zuhra gab ihr trotz der Feierlichkeit des Augenblicks eine schallende Ohrfeige.

»Wo hast du so aus dem Koran zitieren gelernt? Was soll dein Vater, der uns vom Himmel aus zuschaut, denken? Was wird er morgen, wenn wir im Jenseits vereint sein werden, wohl sagen?«

Zulaika, die ihre letzte Nacht mit ihnen zusammen verbrachte, versuchte sie zu beschwichtigen. »Nun beruhige dich doch, Zuhra.«

»Ich soll mich beruhigen? Wenn ich morgen den Vater meiner Kinder wiedersehen und er mich keines Blikkes würdigen wird? Auf das Heilige Buch mußte ich ihm schwören, seine Kinder zur Schule zu schicken. Er wird mir vorwerfen, ich hätte als Mutter versagt, wenn seine Tochter seit einer halben Stunde herumstottert und alles durcheinanderbringt.«

»Reg dich nicht auf. Weißt du was? Schick nach Madschid, Kansas Sohn«, riet Zulaika. »Er hat eine schöne

Stimme und kennt den Koran in- und auswendig. Wenn man ihm zuhört, muß man unwillkürlich weinen, so gefühlvoll trägt er die Verse vor.«

Aber Madschid war bereits zu anderen Nachbarn, die sich ebenfalls auf den Weltuntergang vorbereiteten, gerufen worden. Müde vom langen Warten, legten sich Marjam und ihre Schwestern zu guter Letzt schlafen. Zuhra blieb auf. Schließlich wollte sie es sich nicht mit ihrem Ehemann, der im Jenseits auf sie wartete, verderben. Mitten in der Nacht weckte sie die Kinder und verlangte, sie sollten bekennen: »Es gibt keinen Gott außer Allah, und Mohammed ist sein Gesandter.« Marjam konzentrierte sich, damit sie sich auch ja nicht versprach, und schlief danach wieder ein.

Als sie am anderen Morgen aufwachte, lag sie noch immer in ihrem Bett. Sie hörte Zuhra lachen und mit den Nachbarinnen schwatzen und begriff, daß der Weltuntergang ausgefallen war.

Aber die Freude darüber wurde sehr schnell gedämpft, denn der Krieg dauerte an. Nach den Schularbeiten gingen die Mädchen oft zum Spielen auf die Straße. Es kam häufig vor, daß ihr Spiel von einer Bombenexplosion unterbrochen wurde, gefolgt von Schußwechseln, schrillen Pfiffen und dem Trappeln vieler Füße. Wer sich auf der Straße aufhielt, suchte Zuflucht im nächstbesten Haus, während alle Mütter sofort nach draußen stürzten und sich auf die Suche nach ihren Sprößlingen machten. Die Straßen hallten wider von ihren hysterischen Rufen: »Mohammed! Hami! Reduan! Benauda! Latifa! Leila! Tema! ... Kommt sofort ins Haus, oder ich mach' euch Beine! Ich zieh' euch das Fell über die Ohren, wenn ihr nicht gleich kommt! Ich werd' euch windelweich prügeln! Ich werd' euch in Stücke reißen, als wäre eine Bombe auf euch gefallen!« brüllten sie, halb wahnsinnig vor Angst.

»Ich würde lieber den Fallschirmjägern und den Senegalesen in die Hände fallen als diesen blutrünstigen Monstren«, spottete eine von Marjams Freundinnen, die erst nach Hause ging, als ein Nachbar kam und sie holte.

Eines Abends erschütterte eine Detonation, die so heftig war, daß alle an ein Erdbeben glaubten, das Viertel. Zuhra, die sich zum Gebet niedergekniet hatte, schnellte hoch, riß ihren Sohn an sich und begann ihre Küken zu zählen: »Eins, zwei, drei, vier, fünf . . . Euer Bruder fehlt. Wo ist euer Bruder? Bringt ihn sofort her. Eins, zwei, drei, vier, fünf. Wo ist er? Schafft ihn mir herbei, und zwar auf der Stelle, habt ihr gehört?« brüllte sic.

Die Mädchen dachten, sie hätte den Verstand verloren, und starrten sie sprachlos an. Selbst Mohammed brachte keinen Ton hervor. Fatma und die Dienstboten versuchten sie behutsam darauf aufmerksam zu machen, daß sie den kleinen Engel in den Armen hielt, doch vergeblich. Die völlig verstörte Zuhra zählte ihre Sprößlinge ein ums andere Mal und kam stets zum gleichen Ergebnis. Erst als ein Verwandter klopfte und um Unterkunft bat, klärte sich das Mißverständnis auf.

8

»Wie geht's der Patientin? Hat das Beruhigungsmittel gewirkt?« fragte die Krankenschwester, während sie einen Blick auf die Patientenkarte warf.

»Ich glaube, es geht ihr schon viel besser«, sagte Zuhra. »Sie hat ein-, zweimal laut gestöhnt, aber dann ist sie eingeschlafen.«

»Sie hat noch immer kein Wasser gelassen.« Die Schwester runzelte die Stirn. »Wir werden die Blase katheterisieren und die Nieren röntgen müssen.«

»Hat sie eine Nierenverletzung?« fragte Zuhra.

»Das kann man erst durch eine Röntgenaufnahme feststellen. Aber machen Sie sich keine Sorgen, es wird alles gut werden. Inschallah.«

»Inschallah«, wiederholten die drei Frauen. »Mögen deine Worte das Ohr des Herrn erreichen.«

Den Kopf zwischen den Händen, wimmerte Zuhra: »Ich habe das Gefühl, ich werde nie mehr aus diesem Tunnel herauskommen.«

Die Krankenschwester sah sie lange an. Dann ging sie und kam nach einem Augenblick mit einem Stapel Dekken zurück.

»Hier, damit Sie nicht frieren, es ist schrecklich kalt. Ich wünsche Ihnen eine gute Nacht.«

»Bis morgen, mein Kind. Hoffentlich wird es eine geruhsame Nacht für dich und du wirst nicht alle halbe Stunde gestört.«

Die Krankenschwester schloß sachte die Tür hinter sich. Jamna und Zulaika legten sich auf die Matratzen am Boden und versuchten, ein wenig zu schlafen, während Zuhra sich, in eine Decke eingemummt, in den Sessel am Bett ihrer Tochter setzte, ihre Gebetsschnur zur Hand nahm und die Perlen durch die Finger gleiten ließ, bis eine der anderen Frauen sie bei der Nachtwache ablösen würde.

Das Licht der Straßenlaterne vor dem ebenerdigen Zimmer zeichnete überdimensionale Schatten an die bleichen Wände. Die Bäume bildeten eine vom Wind bewegte Arabeske. Ihre Äste bogen sich unter dem Schnee, und sie glichen hundertjährigen, von der Last ihrer Jahre, ihrer Sorgen und ihrer verlorenen Illusionen gebeugten Greisen. Das bedrückende Bild verstärkte noch den Eindruck von Trostlosigkeit.

Marjam beobachtete das Schattenspiel mit seinen Figuren, die keinen geometrischen Gesetzen gehorchten. Das Zimmer kam ihr wie eine Bühne vor, über die Trugbilder schwebten. Vielleicht war auch ihr Unfall nur ein Traum gewesen.

Zuhra kämpfte verzweifelt gegen den Schlaf an. Ihr Kinn sank immer tiefer herab, aber dann fuhr sie wieder hoch, rieb sich über die Augen, unterdrückte ein Gähnen und murmelte von neuem vor sich hin: »Im Namen Allahs, des Barmherzigen ... Gelobt sei Allah, der Gnädige ... Vergib uns, Herr der Welten ... Im Namen Allahs ...« Marjam dachte an das zerschlissene Gewand des lieben Gottes und mußte lächeln. Zuhras Finger hatten aufgehört, sich zu bewegen, ihr Kinn sank auf die Brust herab. Von Müdigkeit überwältigt, schlief sie ein.

Marjam wünschte, sie könnte aufstehen und ihre Mutter zudecken. Aber wenn schon ihr Körper ans Bett gefesselt war, dann wollte sie wenigstens ihre Gedanken schweifen lassen. Und so kehrte sie an die Orte ihrer Kindheit zurück, an denen ihr Geist sich labte, um das Bild zu vervollständigen. Ami Ambaraks Tod hatte Marjam tief getroffen. Jeden Tag, auf dem Heimweg von der Schule, kam sie an seinem Laden vorbei. Der Zugang zu »Ali Babas Höhle« war endgültig versperrt, kein Zauberwort öffnete ihn mehr. Manchmal glaubte sie seine Stimme zu hören: »Marjam! Komm her, mein Täubchen. Komm schnell, meine Gazelle, ich muß dir etwas sagen.« Ihr Kopf fuhr herum, doch da war niemand. Sie brach in Tränen aus. »Ami Ambarak, wo bist du?« schluchzte sie.

Sie dachte an die Unterhaltungen, die sie mit ihm geführt, den Trost, den er ihr so oft gespendet hatte.

»Was bedeutet *istiqlal*, Ami Ambarak?« »Das bedeutet, frei leben zu können, mein Kind, so wie alle Menschen, die Gott erschaffen hat. Es bedeutet, Rechte, aber auch Pflichten zu haben.«

»Ich kann jetzt lesen, Ami Ambarak! Und rechnen kann ich auch.« »Bravo, mein Kind! Da wird sich dein Vater im Himmel droben aber freuen.«

»Ami Ambarak, könnte ich wohl vier Haarspangen, drei Ringe, ein paar Haarnadeln und einige Murmeln bekommen?«

»Ich hasse die *Rumis*, Ami Ambarak. Ich wünschte, sie wären alle tot!«

»O Kind, bitte den lieben Gott schnell um Vergebung für deine Worte! Entferne diesen Stachel aus deinem Herzen, solche Gefühle sind deiner nicht würdig. Komm, setz dich her zu mir, und hör mir genau zu. Kein Mensch ist im Besitz der absoluten Wahrheit. Niemand ist ausgesprochen gut oder ausgesprochen schlecht, das gibt es nur im Märchen. Das Leben sieht anders aus, mein Kind. Weißt du, daß viele *Rumis* das Vorgehen ihrer Landsleute und ihrer Armee verurteilen? Daß in Frankreich Tausende für unsere Sache demonstrieren und unsere Forderung nach Freiheit unterstützen? Daß in Algerien zahllose *Rumis* auf unserer Seite stehen? Sie kämpfen Seite an Seite mit uns gegen ihre eigenen Brüder! Es gibt sogar einen Soldaten, Maillot heißt er, glaube ich, der sich mitsamt seiner Ausrüstung und seinen Waffen abgesetzt und der Widerstandsbewegung angeschlossen hat. Viele *Rumis* würden es nicht zulassen, daß dir, deinen Geschwistern oder deiner Mutter auch nur ein Haar gekrümmt würde. Nicht alle sind Mörder, mein Mädchen«, sagte Ambarak und strich ihr übers Haar. »Du bist noch jung, meine Gazelle, deine Empfindungen sind roh wie ein Diamant vor dem Schliff. Und du besitzt seine Reinheit. Bewahre sie dir. Aber denk immer daran: nichts auf dieser Welt ist nur schwarz oder nur weiß. Du mußt wissen, viele Araber haben sich mit den *Rumis* verbrüdert, du darfst nicht glauben, alle Araber seien edel und gut.«

Vieles von dem, was Ami Ambarak ihr gesagt hatte, ging ihr durch den Sinn, wenn sie sich allein auf die Dachterrasse zurückzog, was immer öfter vorkam, und grübelte. Und irgendwann begann sie zu weinen und zu schluchzen: »Wo bist du Ami Ambarak? Wo ist mein Vater? Und mein Großvater? Wo sind meine Onkel und Cousins? Wo sind all die Menschen geblieben, die mich durch meine Kindheit begleitet haben?«

Ein Lied fiel ihr ein, das Zuhra ihr beigebracht hatte, und sie sang es leise vor sich hin:

»Erzähl mir von der Sonne, Tante.
Da gibt es nichts zu erzählen, Kind, die Sonne muß man bewundern.
Erzähl mir vom Mond, Tante.
Da gibt es nichts zu erzählen, Kind, den Mond muß man aufgehen sehen.
Erzähl mir von den Sternen, Tante.
Da gibt es nichts zu erzählen, Kind, die Sterne muß man zählen.
Und das Meer, Tante?
Dem Meer muß man zuhören, Kind.
Und die Wüste, Tante?
In der Wüste muß man sich verlaufen, Kind.
Und die Berge, Tante?

Die Berge muß man erklimmen, Kind, wenn man sehen will, was sich dahinter verbirgt.

Erzähl mir von den Menschen, Tante.

Die Menschen sind in den Bergen auf der Suche nach der Sonne, die an dem Tag, an dem der Mond voll sein wird, unser Leben erhellen wird, mein Kind.«

Ami Ambarak war nicht in die Berge gegangen, er war jetzt dort, wo Sonne, Mond und Sterne wohnen.

Zuhra, die wußte, wie sehr Marjam an dem alten Mann gehangen hatte, versuchte nicht, sie zu trösten. Worte konnten den Schmerz nicht lindern. Sie respektierte die Trauer ihrer Tochter und ermahnte die anderen Kinder, sie in Ruhe zu lassen.

Jeden Freitag, dem Tag, an dem nach islamischem Glauben die Seele der Verstorbenen auf die Erde zurückkehrt und die Pforten zum Paradies sich öffnen, ging Marjam zusammen mit einer Nachbarin auf den Friedhof und besuchte die Gräber des Vaters und des Großvaters väterlicherseits. Sie säuberte sie sorgfältig und legte auf jedes Grab einen Feldblumenstrauß als Zeichen ihrer Liebe und grenzenlosen Traurigkeit.

Dann setzte sie sich neben die Marmorplatte, unter der ihr Vater ruhte. Sie betete die Koranverse, die sie am besten kannte, und erzählte, was sie Betrübliches oder Heiteres erlebt, was für Fortschritte sie in der Schule gemacht oder was für Mißerfolge sie gehabt hatte. Am Grab ihrer Großmutter und Ami Ambaraks wiederholte sich dieses Zeremoniell. Kam sie von den freitäglichen Friedhofsbesuchen nach Hause, wirkte sie gelöst, beinah heiter.

Es gab noch etwas, das ihre Wunden heilen und die Schrecken des Krieges, den Wahnsinn der Menschen vergessen half: lesen. Marjam verschlang alles, was sie in die Hände bekam. Sie las wie eine Besessene, um keine

Zeit zum Nachdenken zu haben. Sie las bis zur völligen körperlichen und geistigen Erschöpfung, bis ihre Augen rot und geschwollen waren. Begann nicht der Sendungsauftrag an den Propheten Mohammed mit dem Wort »lesen«?

»Lies im Namen deines Herrn, der erschuf, erschuf den Menschen aus einem Blutklumpen. Lies! Dein Herr ist der Gütigste, durch Sein Wort hat er den Menschen gelehrt, was er nicht wußte.«

Al calaq.

Die Lesewut ihrer Tochter erfüllte Zuhra mit Sorge. »Mußt du deine Nase ständig in ein Buch stecken? Das ist doch nicht gesund! Du wirst noch blind werden, wenn du so weitermachst!«

Eincs Tages lieh sich Marjam zwei Bücher in der Schulbibliothek, die sie tief beeindruckten: *Le grand Meaulnes* und *Les malheurs de Sophie.* Vom ersten Roman ließ sie sich zum Schreiben von Gedichten anregen, die von ihren Schwestern entdeckt und der Mutter vorgelesen wurden. Zuhras Stimme verhieß nichts Gutes, als sie ihre Tochter zu sich rief, und die Predigt, die sie ihr hielt, stand der des Muftis freitags in der Moschee in nichts nach. Der einzige Unterschied war der, daß der Mufti keine Verwünschungen ausstieß und den Gläubigen nicht mit der Hölle und dem göttlichen Strafgericht drohte.

»Der Herr« – schon wieder er – »möge dir die Finger abschneiden, du schamloses Ding! Möge er dich auf dem Seil stolpern lassen, wenn du am Tag der Wahrheit über den Abgrund gehst, damit du ins Höllenfeuer fällst! Möge er eine Bombe auf dich werfen!« (Eine Verwünschung, die zu dem Zeitpunkt sehr in Mode war.) »Hast du nichts Besseres zu tun? Anstatt stricken, nähen oder sticken zu lernen, schreibst du Liebesgedichte! Ich werde schon Arbeit für dich finden, wenn es dir so langweilig ist! Und jetzt geh mir aus den Augen! Setz dich hin und lern etwas, aber etwas Gescheites!« schrie sie ins zorngerötete Gesicht ihrer Tochter.

Ein paar Wochen später war der Roman *Les malheurs de Sophie* Anlaß zu einem Drama größeren Ausmaßes. Marjam bewunderte die Heldin Sophie sehr und beschloß, ihr nachzueifern. Ohne auch nur eine Sekunde nachzudenken, griff sie zur Schere und schnitt sich die Wimpern ab. Sophie hatte sich zwar die Brauen entfernt, aber das erschien ihr dann doch zu mühselig.

Der jungen Radia, ihrer Tante, fiel es zuerst auf. Als sie es Zuhra erzählte, packte diese die Tochter an den Schultern und starrte sie an, als hätte sie ein Ungeheuer vor sich.

»Was ist mit deinen Wimpern passiert?« brüllte sie.

»Nichts«, antwortete Marjam.

»Was soll das heißen? Du hast keine einzige Wimper mehr und willst mir einreden, es sei nichts mit ihnen passiert? Willst du dich über mich lustig machen? Hältst du mich für blöd?«

»N-nein, bestimmt nicht«, stotterte das Mädchen. »Ich hab' wirklich nichts an den Wimpern.«

Marjam war vor Angst wie gelähmt. Sie hatte den Ernst der Lage völlig verkannt. Während Zuhras Stimme sich zu schrillem Keifen steigerte, versuchte sie sich verzweifelt daran zu erinnern, wie die Situation im Roman geschildert wurde.

»O Herr, was habe ich dir getan«, jammerte Zuhra, »daß du mich mit einer Tochter strafst, die sich sämtliche Wimpern ausreißt! Sag mir, Herr, was habe ich verbrochen!«

Marjam stand da wie versteinert und sah die Mutter aus großen, wimpernlosen Augen an.

»Worauf wartest du?« flüsterte Mohammed ihr zu. »Lauf zu Zulaika oder zu Amti Mania und bleib dort, bis sie sich beruhigt hat. Sie wird dir das Fell über die Ohren ziehen, wenn du dich nicht beeilst! Mach schon, schnell!«

Aber Marjam rührte sich nicht vom Fleck. Und ihr wollte einfach nicht einfallen, wie Sophie sich aus der Affäre gezogen hatte. Sie bekam die schlimmste Tracht Prügel ihres Lebens. Später nahm Radia sie in die Arme und tröstete sie.

»Mein armer Schatz, das hat weh getan, nicht wahr? Sag, warum hast du dir die Wimpern abgeschnitten?«

»Das war wegen Sophie«, lautete die ehrliche Antwort. Schluchzend fuhr das Mädchen, das eine mitfühlende Seele gefunden zu haben glaubte, fort: »Ich wollte es ihr nachmachen, und da hab' ich mir, statt die Brauen auszurupfen, die Wimpern abgeschnitten.«

»Wer ist diese Sophie, meine Gazelle? Eine von deinen Schulkameradinnen?«

»Nein, sie kommt in dem Buch von der Comtesse de Ségur vor, das ich mir in der Schulbibliothek ausgeliehen habe.«

»Ach, so ist das! Du hast dir eine Romanheldin zum Vorbild genommen.« Radia gab ihr einen Kuß und ging dann zu Zuhra, um ihr des Rätsels Lösung mitzuteilen.

»Marjam, komm sofort her«, rief die Mutter.

Mit verquollenen Augen trat das Mädchen zornig vor sie hin.

»Genügt es nicht, daß ich dich die Bücher dieser *Rumis* lesen lasse? Mußt du unbedingt alles, was drin steht, wörtlich nehmen?« schimpfte sie. »Wenn Sophie nun ihre Mutter, ihre Schwestern und ihren armen kleinen

Bruder umgebracht hätte, hättest du ihr das auch nachgemacht? Oder wenn sie ihre Religion verraten hätte? Von morgen an gehst du wieder zum einäugigen Tiger in die Koranschule.«

Marjam stand da mit gesenktem Kopf und ließ die Gardinenpredigt über sich ergehen. Sie sagte nichts, aber sie dachte bei sich: Sophie ist meine Freundin, auch wenn sie nur in einem Buch lebt. Und so arm ist mein kleiner Bruder nun auch wieder nicht, er bekommt immer das Schönste und das Beste. Vorige Woche hat sie seinetwegen sogar einen Fotografen kommen lassen, den besten und teuersten in der ganzen Stadt. Alle Kinder kamen angelaufen, um den Apparat auf seinen Stelzbeinen zu bestaunen.

Derb Messoufa glich einem Pulverfaß. Jeder Anschlag zog Repressalien, willkürliche Festnahmen und Razzien nach sich, woraufhin ein neuerlicher Anschlag verübt wurde. Ein Teufelskreis. Kein Haus war vor den Fallschirmjägern, den Legionären und senegalesischen Soldaten sicher. Die besorgten Nachbarn versuchten Zuhra zum Verlassen des Viertels zu bewegen. Aber die junge Frau weigerte sich hartnäckig. Zu guter Letzt fanden Nana Scharifa und Zulaika dann doch noch die Argumente, die »Pasionaria« von Derb Messoufa zu überzeugen.

»Die Soldaten kommen zu jeder Tages- und Nachtzeit, mein Kind. Du bist jung und hübsch, und wer alte Menschen und Kinder tötet, fürchtet sich nicht vor Gott. Sie werden nicht danach fragen, wer du bist, wer dein Vater oder dein Ehemann ist. Für sie bist du nichts weiter als eine Araberin, und sie werden kein Mitleid mit dir haben. Geh zu deinen Eltern und komm zurück, wenn sich die Lage entspannt hat, so sich der Herr unserer erbarmen wird.«

Obgleich Zuhra ihr Äußeres nach dem Tod ihres Mannes vernachlässigt hatte, war sie noch immer atemberaubend schön. Eines Tages wurde sie mit den Kindern an einer Straßensperre angehalten und mußte ihre Papiere vorzeigen. Erstaunt betrachteten die Soldaten erst das Foto in ihrem Ausweis und forderten sie dann auf, den Schleier abzunehmen. Als sie ihr Gesicht enthüllte, stießen die Männer bewundernde Pfiffe aus. Zuhra nahm ihre Papiere an sich, musterte den sprachlosen Soldaten, der sie kontrolliert hatte, kühl und sagte spöttisch lächelnd auf arabisch:

»Da staunst du, Bruder, was? Du hast gedacht, wir wären alle Wilde, häßlich, ungebildet und ungehobelt. Nimm dich in acht, mein Junge. Wenn dich nicht vorher eine Kugel niederstreckt, wird die Schönheit unserer Mädchen dein Verderben werden. Du bist ihnen nicht gewachsen, darauf gebe ich dir mein Wort als Frau.«

Der etwa zwanzigjährige Soldat, der kein Wort verstanden hatte, lächelte freundlich und trat höflich zur Seite. Hocherhobenen Hauptes, ihren Schleier raffend, damit sie nicht hängenblieb, schritt Zuhra majestätisch durch den schmalen Gang zwischen den Stacheldrahtverhauen.

Nachdem sie eingesehen hatte, wie gefährlich die Zeiten für eine alleinstehende, hübsche junge Frau waren, flüchtete sich Zuhra mit ihrer Familie zu ihren Eltern. Marjam wünschte, sie hätte sich nicht mit Radia verkracht, denn sie haßte es, mit ihrer Mutter in den Hamam gehen zu müssen. Zuhra war eine Sauberkeitsfanatikerin, die das Haar ihrer Tochter so gründlich wusch, bis ihr die Kopfhaut weh tat, und sie schrubbte, bis ihre Glieder völlig gefühllos waren. Sie nutzte die erstbeste Gelegenheit, um ihrer Mutter zu entwischen und sich von Fatma oder notfalls auch von Radia baden zu lassen.

Dann konnte sie in aller Ruhe die feuchte Wärme genießen und die Frauen beobachten, deren Körper von den vielen Schwangerschaften unförmig geworden waren. Der von Dampfschwaden durchzogene Saal hallte wider vom Stimmengewirr, von Auseinandersetzungen um einen Platz oder einen Wassereimer, von Gelächter, vom Geschrei der Kinder, die von ihren Müttern gebadet wurden. Man konnte im Hamam alles finden, nur keine Ruhe. Niemand ging dorthin, um sich zu entspannen.

»Sieh nur, Frau Flene hat ein neues Armband. Ihr Mann macht Geschäfte auf dem Schwarzmarkt, nicht wahr?«

»Da drüben ist Frau Ben Flene. Blaß sieht sie aus, die Ärmste. Die Familie ihres Mannes soll ihr das Leben zur Hölle machen, erzählt man sich.«

»Da kommt die kleine Feltane. Die hat uns gerade noch gefehlt. Die Universität besuchen und mit jungen Männern verkehren! Ein schönes Vorbild für unsere Mädchen. Eine Schande ist das! Sie ist nur noch Haut und Knochen. Ja, ja, ich hab's ja immer gesagt, die Lernerei macht einen entweder verrückt, oder sie nimmt einem die Freude am Leben und den Appetit!«

Manchmal bekam Marjam diese niederträchtigen Bemerkungen aus allernächster Nähe mit – dann nämlich, wenn sie so einer Schlange mit einem rauhen Handschuh den Rücken rieb. Wer einen Angehörigen zu verheiraten hatte, wandte gern diese Methode an. Man rief das Mädchen oder die junge Frau, die einem würdig erschien, das traute Heim des Sohnes, Bruders oder Neffen zu schmücken, zu sich und bat in weinerlichem Ton:

»Ach, Mütterchen, sei doch so gut und wasch mir

den Rücken. Ich bin so schwach, ich kann kaum den Arm heben!«

Der Auserwählten blieb nichts anderes übrig, als sich zu fügen. Innerlich schimpfend, walkte sie den Rücken der Unbekannten, die sie derweil ausfragte: »Wie alt bist du? Wo wohnst du? Wie heißt du mit Nachnamen? Hast du noch Geschwister? Gehst du aufs Gymnasium? Kannst du ein bißchen kochen?«

Die Unglückliche konnte die Antwort nicht verweigern, sonst galt sie als unhöflich, und der schlechte Ruf bliebe ihr Leben lang an ihr haften.

Marjam hörte sehnsüchtig zu, wenn sich die älteren Schwestern, die das Gymnasium besuchten, mit ihren Freundinnen über die Schule unterhielten. Während einer dieser Plaudereien verrutschte einmal der Träger von Zakias Kleid, die eine Freundin ihrer ältesten Schwester war, und entblößte ihren schönen Busen. Zakia spürte, daß jemand sie ansah. Sie schaute auf und bemerkte einen Jungen, dem fast die Augen aus den Höhlen traten, so gierig starrte er auf ihre Brust. Empört sprang sie auf und verabreichte dem Bengel zwei schallende Ohrfeigen. Im gleichen Augenblick kam die Mutter des Jungen hinzu.

»Achtung, jetzt geht's gleich rund hier!« murmelte Nuria. Marjams Schwester ahnte nicht, wie recht sie hatte.

»Möge Gott dir die Hände abreißen!« schrie die Mutter des Jungen. »Was hat er getan, daß du ihn schlägst?«

»Was er getan hat? Die Augen wären ihm fast aus dem Kopf gefallen, so hat er meine Brust angestarrt, dieser kleine Lustmolch.«

»Aber er ist doch erst sechs!« brüllte die Frau in höchster Erregung.

»Willst du mich auf den Arm nehmen? Er ist fast genauso groß wie ich, und ich bin vierzehn. Wie kannst du ihn überhaupt noch mit hierherbringen? Er gehört zu den Männern.«

»Du unverschämtes Ding! Sieh ihn doch an, meine Milch klebt ihm ja noch an den Zähnen.«

Zakia lachte auf. »Red doch keinen Unsinn! Hast du mal einen Blick auf das Vögelchen deines kleinen Engels geworfen? Es fliegt gleich davon. Hast du keine Angst, du könntest dich lächerlich machen?«

Nun mischte sich auch der Junge ein, der sich in Gegenwart seiner Mutter stark fühlte. »Halt die Klappe, du Kuh! So schön ist dein Busen nun auch wieder nicht, er ist viel zu groß!«

»Ach nein! Und woher weißt du das, du kleines Scheusal?« schrie Zakia wütend.

»Scheusal sagst du?« brüllte die Mutter zurück. »Wie kannst du es wagen, du verdorbenes Weibsbild?«

»Ich ein verdorbenes Weibsbild? Du hast es nötig, du alte Artischocke. Wenn du nicht schon so alt wie meine Urgroßmutter wärst, würde ich dir zeigen, mit wem du's zu tun hast.«

»Alte Artischocke! Sie hat alte Artischocke zu mir gesagt! Sieh dich doch bloß an, du Gurke. Du bist so schrumplig und vertrocknet wie eine Zitrone im August. Für dich würde niemand auch nur einen Rial ausgeben.«

Die Temperatur im Badehaus stieg. Die keifenden Stimmen überschlugen sich, und aus dem Gezeter hörte man die eine oder andere Verwünschung heraus: »Gebe Gott, daß du nie einen Mann bekommst« oder »was willst du denn, du alte Hexe, du stehst doch schon mit einem Bein im Grab« oder »verflucht seien die Mädchen, die auf die Schule oder ins Gymnasium gehen, wo sie statt Höflichkeit, Respekt und Anstand nur ungezogenes, respektloses Benehmen lernen« oder »mögen Sidi Flene, Sidi Feltane und Lalla Flena dich in diesem Hamam verbrühen, bevor sie dir im Jenseits die Haut abziehen!«

Der Streit hatte Zuhra aus dem Warmwasserbad gelockt. Empört über die Antworten, die das junge Mädchen der älteren Frau gab, rief sie ihre Töchter zu sich und sagte:

»Ihr habt euch da hoffentlich nicht eingemischt, oder? Seid niemals frech zu einem Erwachsenen oder erzürnt ihn. Selbst wenn euch jemand ›Töchter eines Eselstreibers‹ nennt, senkt ihr den Kopf und antwortet: ›Ja, das sind wir.‹«

»Wir haben uns nicht eingemischt, *Mwa*«, beteuerten die Mädchen einstimmig.

Die ehrenvolle Aufgabe, den Streit zu schlichten, kam der Betreiberin des Badehauses zu, wobei die gesellschaftliche Stellung der Betroffenen großen Einfluß auf den Schiedsspruch hatte. In diesem Fall hieß das, der Kleine durfte entweder wiederkommen, oder er wurde für immer aus der Welt der Frauen verbannt und ins »Exil« zu den Männern geschickt. Einen Ausschluß würde er den Frauen nie verzeihen, und wenn er einmal groß wäre, würden sie teuer dafür bezahlen müssen!

Es gab aber auch angenehme Überraschungen, freudige Ereignisse im Hamam. Als Zuhra wieder einmal ihrem Sauberkeitswahn erlag und ihre Tochter wusch und badete, bis ihr alles weh tat, erschollen im Kaltwasserbad laute Jubelrufe. Marjam zappelte ungeduldig und wand sich, um den scheinbar allgegenwärtigen Händen ihrer Mutter zu entkommen. Vergebens. Da hielt sie den Atem an, verdrehte die Augen und täuschte einen Ohnmachtsanfall vor. Das wirkte. In panischer Angst riß Zuhra sie aus dem Zuber und trug sie ins Kaltwasserbad hinüber, wo Marjam schnell wieder zu sich kam.

Die freudigen *jujus* hatten einer Jungvermählten gegolten, die in ihrem prachtvollen Hochzeitsgewand den Hamam betrat. Ihre Begleiterinnen führten sie zu einer Sitzbank und entfernten den Gesichtsschleier, damit alle sie betrachten konnten. Die junge Frau durfte nicht sprechen, höchstens ein, zwei Worte flüstern, und auch nicht lachen.

Während ihre älteren Schwestern und deren Freundinnen Brautkleid und Hochzeitsschmuck kritisch begutachteten, empfand Marjam eher Mitleid mit der Jungverheirateten, die in der drückenden, feuchten Hitze, in ihren schweren Kleidern und mit kiloschwerem Goldschmuck behängt, regungslos wie eine Statue ausharren mußte. Das Entkleiden war ein schier endloses Ritual. Jedes Schmuckstück von Kopf, Hals, Ohren, Armen, Fingern oder Knöcheln der jungen Frau wurde den Anwesenden gezeigt, bevor es in die Schatulle zurückgelegt wurde, jedes Kleidungsstück einzeln vor den Augen aller ausgebreitet. Einige Frauen waren so kühn, sich nach dem Hersteller bestimmter Stoffe zu erkundigen.

Waren Schmuck und Kleidung sorgfältig verpackt, wurde der Jungvermählten ein leichtes Hemd aus *mansudsch*, jenem seiden- und golddurchwirkten kostbaren Gewebe, übergestreift. Dann führte man sie ins Warmwasserbad. Sie durfte sich aber nicht selbst waschen, das erledigte ihre Mutter, ihre Tante oder ihre Schwester. Jeder Wassertropfen, jede Seifenblase, die an der jungen Frau herunterrann, wurde von lauten *jujus* begleitet, die von den schwitzenden Wänden des Badehauses widerhallten.

Anschließend durfte sie sich einen Augenblick ausruhen, ehe die Verwandten mit dem Ankleiden, dem Frisieren und dem Schminken begannen. Es konnte Stunden dauern, bis sie fertig war. Marjam tat es in der Seele weh, mit ansehen zu müssen, wie die Ärmste alles still über sich ergehen ließ, wurde sie auch noch so grob oder ungeschickt angefaßt. Geduld, Anstand, Schweigsamkeit und Unterwerfung, das war es, was die gesellschaftlichen Konventionen von einem jungen Mädchen verlangten. Marjam entging nichts. Sie war eine aufmerksame Beobachterin. Kaum wieder daheim, vergrub sie sich in ihren Büchern. Sie wußte, Freiheit fand sie nur in ihrem Kopf. Und eine gute Schulnote war ein Schritt in die richtige Richtung, wenn auch nur ein ganz kleiner. Freiheit war kein Geschenk und wurde nicht auf einem silbernen Tablett serviert, gleichgültig, ob es sich um die Freiheit der Frauen oder die Freiheit ihres Landes handelte. Freiheit wollte erkämpft sein, Freiheit kostete Blut, Schweiß und Tränen.

Sie machte sich keine Illusionen, was die Kolonialisten, und noch weniger, was die Männer betraf. Kein Mann, mochte er noch so aufgeschlossen und tolerant sein, würde um einer Frau willen auf seine Privilegien verzichten. Kein Mann würde sich Widerspruch von einer Frau gefallen lassen. Und welcher Mann hatte noch nie gesagt oder gedacht: »Das ist ja bloß eine Frau!«

Und den Französinnen erging es in der Beziehung keineswegs besser als den Araberinnen.

Ein Glück, daß es das Badehaus gab! Der Hamam war für die Frauen, was den Männern das Kaffeehaus war. Für sie war er Schönheitssalon, Teestube, *cinema bla 'aswalda* – kostenloses Kino – zugleich. Das Gedränge, die Geräuschkulisse, die Wärme war da wie dort die gleiche.

Die einen schrien: »*Qahwadschi* – Wirt –, einen Kaffee mit viel Zucker«, die anderen: »Bahia, einen Eimer kaltes Wasser, oder willst du mich verbrühen?«

»*Qahwadschi*, einen Kaffee, nicht zu stark«, bitten

die einen und die anderen: »Gott segne dich und deine Hände, Bahia. Würdest du mir bitte den Rücken massieren, ich spüre ihn kaum noch.«

»*Qahwadschi*, tu mir bitte einen Wermutzweig in meinen Tee. Ich habe eigens einen Umweg gemacht, um hier ein Glas zu trinken. Ich muß Ordnung in meine Gedanken bringen.«

»Gott erhalte dich deiner Mutter und deinen Kindern, Khadra. Sei so gut und massiere den Bauch meiner Schwiegertochter. Sie hat gerade entbunden und den weiten Weg hierher auf sich genommen, um sich in deine kundigen Hände zu begeben.«

Im Hamam erfuhr man ebenso wie im Kaffeehaus, was es Neues gab in der Stadt. Mit einem einzigen Wort konnte man den Ruf eines Mädchens ruinieren, mit einem Augenzwinkern oder einer geflüsterten Bemerkung die Ehre eines Mannes beschmutzen. Gerüchte entstanden oder wurden verbreitet, und niemand kümmerte sich um ihren Wahrheitsgehalt.

Gelegentlich ging Zuhra allein in den Hamam. Eigenartigerweise traf sie immer dann die Schönste der Schönen. Kam sie ermattet und mit geröteter Haut nach Hause, schickte sie sogleich nach Zulaika, der Nachbarin, und während sie beim Kaffee saßen oder Pfefferminztee tranken, der besser als jedes andere Getränk den Durst stillte, berichtete Zuhra von ihrer Begegnung.

»Was für ein Jammer, daß du nicht mitgekommen bist, liebste Zulaika. Ich habe ein wundervolles Geschöpf gesehen. *Zaglam ar'ad aw hatha*[1]. Eine Elsässerin. Eine dieser Schönheiten, die dich völlig in ihren Bann schlagen.«

[1] Wörtl.: Mit einem Donnerschlag fiel sie auf die Erde.

Bei dem Wort Elsässerin spitzten Marjam und ihre Schwestern die Ohren. Kein Mensch wußte, weshalb, aber die Elsässerinnen waren für Zuhra der Inbegriff von Schönheit. Vielleicht lag es an den Kriegen zwischen Deutschland und Frankreich, denn in vielen Märchen war eine Frau Anlaß für einen Krieg. Auch der Trojanische Krieg wäre nicht ausgebrochen, wenn nicht die schöne Helena gewesen wäre.

»Wer ist denn der Vater dieses Wunders, meine liebe Zuhra?« fragte Zulaika, die ihre Zunge zu schärfen begann.

Marjam beobachtete mit weit aufgerissenen Augen das unnachahmliche Gebärdenspiel der Mutter, als diese erklärte:

»Sie ist die Tochter von Flene. Du kannst dir ja denken, daß ich mich sofort neben sie gesetzt und sie gebeten habe, mir den Rücken zu waschen. Und dabei habe ich sie, natürlich unauffällig, ein bißchen ausgehorcht. Kennst du ihre Familie?«

»Aber ja. Ist sie nicht die Nichte von diesem Schwarzhändler und Waisendieb? Und die Cousine dieses Flittchens, die im *Dscham*[1] immer so albern lacht und redet, ohne nachzudenken?« entgegnete Zulaika spitz.

Marjam und ihre Schwestern brachen in Gelächter aus.

»Was gibt's da zu lachen?« fragten die beiden Frauen verwundert.

»Ach, nichts. Erzähl weiter, Mutter«, sagte Nadschia. »Wie sieht sie aus, diese Lundscha, die du im Hamam getroffen hast?«

[1] Versammlung von Frauen zur Erläuterung von Korantexten.

»Wer hat gesagt, daß sie Lundscha ähnlich sieht?« bemerkte Zuhra gereizt.

»Na, ihr Haar ist bestimmt so lang wie das von Lundscha«, erwiderte Fatima schelmisch.

»Niemand zwingt euch, hierzubleiben und uns zuzuhören, wenn es euch nicht paßt«, murrte Zuhra.

Sie hatte, wie übrigens alle Tlemcenerinnen, eine recht eigenwillige Vorstellung von Schönheit. Eine Brünette, mochte sie noch so hübsch sein, strafte sie mit Verachtung, eine Blondine aber, und war sie noch so fade, verschlang sie förmlich mit verzückten Blicken. Ihr Schönheitsideal ließ sich auf einen einfachen Nenner bringen: schön = blond = Elsässerin.

Obgleich Marjam und ihre Schwestern diese Gespräche kannten und im voraus wußten, was kommen würde, verfolgten sie die Unterhaltung gespannt.

»Mit diesem Mädchen hat Gott ein wahres Wunderwerk erschaffen«, schwärmte Zuhra. »Könnte er sie doch ihren Eltern erhalten!«

»So schön ist sie? Ich kenne ihre Eltern, und die sind nun wirklich nichts Besonderes, *khiti lalla*[1]. Die Mutter stottert und hat ein Allerweltsgesicht, und der Vater schielt zum Erbarmen«, erwiderte Zulaika zuckersüß.

»Und wenn schon. Ihre Tochter jedenfalls ist hinreißend. Ihr Anblick ist Balsam für die Seele und läßt dich deinen Tag gut gelaunt beginnen. Sie hat die richtige Größe und ist wohlproportioniert, ihre Haut ist schneeweiß und ihr Haar glatt wie Seide und weizenblond und reicht ihr bis zu den Hüften.«

Besaß die Elsässerin kein glattes Haar, galt sie als minderwertig. Zulaika hing an Zuhras Lippen. Sie war

[1] »Kleine Schwester«; bei den Tlemcenerinnen geläufige Anrede.

genau das Gegenteil einer elsässischen Schönheit: klein, mager und dunkelhaarig. Ohne Rücksicht auf das Äußere der Nachbarin oder ihrer eigenen Töchter fuhr Zuhra in ihrer Schilderung fort. »Sie ist schön wie der Mond. Ihr Gesicht ist rund, aber nicht aufgedunsen, ihre Stirn breit und glatt, aber nicht allzusehr gewölbt.«

»Kein Wunder, daß sie eine glatte Stirn hat, sie ist ja auch erst siebzehn«, murmelte Nadschia gereizt.

»Pst«, machte Fatma. »Oder willst du, daß der nächste Krieg wegen Elsaß hier in Derb Messoufa ausbricht?« Laut fügte sie hinzu: »Erzähl weiter, Zuhra.«

»Wo war ich gerade?« rief diese ärgerlich. »Die Mädchen machen mich noch wahnsinnig. Wo war ich stehengeblieben, liebe Zulaika?«

»Die Gesichtsform, die Stirn und die Haare hast du schon beschrieben, *Mwa*«, sagte Fusija. »Und ihre Nase? Wie sieht die aus?« Ihre eigene hatte sie in die Falten ihres Kleids gesteckt.

»Die Nase ist fein und schmal wie eine Spindel. Der Wind könnte darauf spazierengehen. Mein Vetter Mustafa hat mir einmal erklärt, die schönste Nase sei die griechische. Ich glaube, das Püppchen heute hatte so eine.«

»Und ihre Augenfarbe? Und die Form ihres Mundes?« fragte Zulaika mit hinterhältiger Miene.

»Die Augen sind blau und so groß wie diese Teegläser. Und der Mund gleicht einem Ring. Sie hat Zähne so weiß und gleichmäßig wie Aleppoperlen. Eine lebende Puppe. Gleich heute abend werde ich meinem Bruder Reduan schreiben, daß ich endlich das passende Schmuckstück für sein Heim gefunden habe.«

»Die Brünetten haben nach wie vor keine Chance bei unserer Mutter«, flüsterte Nuria.

»Ich fürchte, wir werden nie einen Mann bekommen,

und daran ist nur das Elsaß schuld«, stieß Nadschia, die das Lachen kaum noch unterdrücken konnte, hervor. »Verflucht sei Elsaß-Lothringen!«

In der Schule hatten sie gelernt, daß es zweimal Krieg wegen dieser Gebiete gegeben hatte. Elsaß ohne Lothringen oder Lothringen ohne Elsaß war undenkbar: entweder beide zusammen oder Krieg. Also Krieg. Und als ob das nicht genügte, waren sie nun auch noch verantwortlich dafür, daß etliche Mädchen in Derb Messoufa alte Jungfern bleiben würden!

Hatte sie die Mutter wieder einmal von ihrem Schönheitsideal schwärmen hören, stellte sich Marjam manchmal vor den Spiegel und betrachtete sich genau. Du meine Güte, dachte sie, meine Stirn ist zwar glatt, aber weder breit noch gewölbt. Mein Haar ist weder blond noch glatt wie Seide und meine Haut auch nicht weiß. Bitte, lieber Gott, mach, daß meine Augen so groß wie Wassergläser werden und meine Nase so fein und gerade wie eine Spindel. Und mein Mund soll kleiner sein als das Loch, in dem sich ein Aal verkriecht. Sonst werde ich vor den Augen der Tlemcenerinnen niemals bestehen!

Wurde sie von Zuhra dabei überrascht, setzte es eine Ohrfeige. »In deinem Alter stehst du schon vor dem Spiegel? Und was machst du, wenn du älter bist? Khol, Puder und Lippenstift auftragen? Geh mir sofort aus den Augen! Setz dich hin und lerne etwas, statt dich im Spiegel anzustarren.«

Marjam sah sie sprachlos an. Da hatte die Mutter den ganzen Nachmittag von Schönheit gesprochen und ihr und ihren Schwestern Komplexe eingeredet, und jetzt warf sie ihr Koketterie vor. Wie sie sie haßte, diese Elsässerin, den »Stern unter den Sternen«!

»Marjam? Komm runter, Marjam, deine Freundin Fatiha ist da«, rief Fatma.

Marjam stürmte die Treppe von der Dachterrasse hinunter in den Innenhof, wo sich Fatiha angeregt mit Zuhra unterhielt. Zuhra hielt große Stücke auf das Mädchen: Fatiha stammte aus einer anständigen Familie, war gut erzogen, zurückhaltend und sittsam. Sie ging zur Schule, konnte aber darüber hinaus stricken, nähen, sticken und besuchte obendrein noch die Koranschule.

»Komm schnell, Marjam, deine Freundin hat den weiten Weg von Agadir hierher gemacht, um dir etwas Wichtiges zu sagen. In Derb Ali hat eine Koranschule eröffnet. Der Scheich dort soll ein hochgelehrter Mann sein. Seine Schüler lernen die Suren des Koran so leicht, als ob sie Wasser tränken.«

Marjam sah ihre Mutter skeptisch an. In ihren Augen war der Koran eine Quelle, die Quelle des Lebens, und Kinder waren Schwämme, die man bloß ins Wasser zu werfen brauchte, damit sie die Koranverse in sich aufnähmen. Die Mädchen wollten ja Arabisch lernen, aber nur unter Anleitung eines guten Lehrers. Nuria, die auf dem Gymnasium Montaigne durchgenommen hatte, zitierte altklug: »Wissen ohne Bewußtsein schadet der Seele nur.«

»Und Wissen ohne Geduld ist wie eine Kerze ohne Flamme«, entgegnete Zuhra.

»Nun, was ist, Marjam? Willst du dir die Schule von Si el-Beschir nicht wenigstens mal ansehen? Er ist ein Gelehrter, wie du sie magst. Frag deine Freundin, vielleicht kann sie dich überzeugen. Erzähl ihr von der Schule, Fatiha«, drängte Zuhra.

Was Fatiha über den Unterricht berichtete, klang zu schön, um wahr zu sein. Dennoch beschloß Marjam, es auf einen Versuch ankommen zu lassen. »Also gut. Aber ich schwöre dir beim Seelenfrieden meines Vaters, ich bleibe nicht eine Sekunde, wenn Si el-Beschir wie alle andern ist.«

»Dann geh gleich mit Fatiha hin«, rief Zuhra schnell, weil sie fürchtete, ihre Tochter könnte ihre Meinung wieder ändern.

Marjam bereute es nicht. Der Scheich war nicht nur ein gebildeter Mann, sondern auch ein ausgezeichneter Pädagoge. Er liebte seine Arbeit, respektierte seine Schüler und verstand es, sie für den Unterrichtsstoff zu begeistern. Seine Geduld und seine Nachsicht kannten keine Grenzen. Er war ein echter Humanist.

Zuhra, die ihre Tochter schon verdorben glaubte vom Unterricht und den Büchern der *Rumis*, staunte über den Eifer, mit dem Marjam die Koranschule besuchte. Sie versäumte nicht eine einzige Stunde. Eines Tages, nach der Erläuterung eines besonders schwierigen Verses, erzählte Si el-Beschir seinen Schülern die Geschichte vom Kalifen Omar ibn al-Chattab.

»Der Herrscher der Gläubigen liebte es, sich zu verkleiden und unerkannt durch die Straßen von Medina zu spazieren. Er wollte mit eigenen Augen sehen, wie seine Untertanen lebten. Eines Abends führte sein Weg ihn in einen Vorort der ›erleuchteten Stadt‹. Da vernahm er eine traurige Frauenstimme, die in melodischem Singsang von den köstlichen Dingen erzählte, die in einem Topf über dem Feuer kochten. Als er näher trat, sah der Kalif, daß die Frau in stiller Verzweiflung ihre hungrigen Kinder in den Schlaf sang. Sie nickten ein, ohne von der Mahlzeit gekostet zu haben. Verwundert nahm er den Deckel vom Topf und schaute hinein. Statt der Fleischstücke, die die Frau beschrieben hatte, lagen Steine im kochenden Wasser.«

Ein Mädchen brach in Tränen aus, als der Scheich geendet hatte. Nach dem Grund befragt, antwortete die Schülerin: »Bei uns ist das jeden Abend so. Aber uns hat Omar ibn al-Chattab noch nie besucht.« Si el-Beschir war tief betroffen. Wenn eine Algerierin vor sechzig Mitschülern ihre Not eingestand, mußte es ihr in der Tat sehr schlechtgehen.

Eines Nachmittags stand Marjam vor verschlossenen Türen, als sie zur Koranschule kam. Auf einem Zettel stand eine Nachricht in arabisch: Der Unterricht falle für unbestimmte Zeit aus. Si el-Beschir bat seine Schüler, das Geld für die Stunden seiner Frau zu geben und zu Hause weiter fleißig die arabische Sprache zu üben.

Der Scheich war von den Fallschirmjägern festgenommen worden. Er sollte nicht mehr zurückkehren. Eine ohnmächtige, dumpfe Wut erfaßte Marjam. Seit mehr als sechs Jahren waren Tod und Angst ihre ständigen Begleiter, suchten Fallschirmjäger und Legionäre sie nachts in ihren Träumen heim. Kaum hatte sie jemanden gefunden, der sie mit den Menschen und dem Leben versöhnte und ihr neue Hoffnung gab, wurde er ihr auch schon wieder genommen. Sie hätte alles dafür gegeben, ein paar Jahre älter zu sein, damit sie sich der Widerstandsbewegung anschließen und die Herausforderung des höhnisch grinsenden Sensenmanns hätte annehmen können.

9

»Komm, ruh dich ein wenig aus, Zuhra, ich werde mich an Marjams Bett setzen«, murmelte Jamna und rieb sich verschlafen die Augen.

»Nein, laß nur, Tochter meiner Mutter. Ich bleibe lieber hier sitzen, ich habe so eine seltsame Vorahnung.«

»Was für eine Vorahnung denn? Du machst dir viel zuviel Gedanken.«

»Sieh dir doch nur ihr Gesicht an, wie blaß und angespannt es ist«, entgegnete Zuhra mit matter Stimme.

»Das kommt vom Licht der Straßenlaterne. Du siehst Gespenster, glaub mir. Sollen wir ihr die Bettpfanne noch einmal unterschieben?«

Zuhra nickte. »Ich werde sie wecken. Marjam? Wach auf, Kind. Hab keine Angst, mein Mädchen, wir werden dich jetzt hochheben, ja?«

Die beiden Frauen schoben die Schüssel unter die Patientin, warteten eine Weile und zogen sie wieder hervor. Zuhra stieß einen Schrei aus. »Das ist ja Blut! Sie hat Blut im Urin!«

»Beruhige dich, ich werde die Schwester holen.«

Zuhras Schrei hatte Zulaika geweckt. »Im Namen des barmherzigen und gütigen Gottes! Dein ist die Macht und die Herrlichkeit, o Herr!« murmelte sie schlaftrunken vor sich hin. »Was ist denn passiert?«

»Hier, wirf einen Blick in die Schüssel, dann weißt du es!« stammelte Zuhra. Sie beugte sich über ihre Tochter. »Marjam, Marjam, mein Kind, Licht meiner Augen! Wo tut es dir weh? Sag doch etwas, ich bitte dich. Gib mir ein Zeichen! Kannst du mich hören, meine Gazelle? Blinzle zweimal, wenn du Schmerzen hast, und wenn nicht, laß die Augen geöffnet.«

Marjam heftete den Blick auf die Mutter.

»Du hast wirklich keine Schmerzen? Oder willst du mich nur nicht beunruhigen?«

Marjam versuchte zu schreien, brachte aber keinen Laut hervor. Jamna kam mit der Krankenschwester zurück. Die warf einen Blick auf den bluthaltigen Urin und meinte:

»Wir hätten ihr gleich die Blase katheterisieren sollen. Der einzige diensthabende Arzt muß sich um einen Schwerverletzten kümmern. Ich werde ihm Bescheid sagen, er wird nach Ihrer Tochter sehen, sobald er den Patienten versorgt hat.«

»Es gibt nur einen diensthabenden Arzt?« fragte Zulaika ungläubig.

»Ja, Tante. Es ist noch nicht lange her, daß der Krieg zu Ende ist. Das Personal besteht zum größten Teil aus russischen und bulgarischen Entwicklungshelfern.«

»Wißt ihr, wie die Kinder sie nennen?« fragte Jamna, um die Atmosphäre zu entspannen und ein Lächeln auf das wachsbleiche Gesicht ihrer Schwester zu zaubern. »*Chercheurs de trésor* – Schatzsucher –, wegen des Kennzeichens ›CT‹ auf ihren Fahrzeugen.«

»Da ist schon was Wahres dran«, sagte Zulaika. »Wenn unsere Kinder in ihren Ländern Arbeit suchen, heißen sie Einwanderer, aber wenn sie zu uns kommen, um Geld zu verdienen, nennt man sie Entwicklungshelfer. Eine verkehrte Welt ist das.«

Die Krankenschwester ging, und die drei Frauen blieben allein zurück, nachdenklich und niedergeschlagen. Marjam fühlte die Hand der Mutter ihr Handgelenk umschließen, als müßte sie das Leben im regungslosen Körper ihrer Tochter spüren. Und Marjams Gedanken schweiften zurück nach Derb Messoufa. Im arabischen Teil der Stadt war endlich wieder Ruhe eingekehrt. Die Soldaten hatten strikten Befehl, die arabische Bevölkerung nicht länger zu schikanieren. Zuhra entschloß sich, in ihr Haus zurückzukehren.

Eines Abends wurde die Familie von entsetzlichen Schreien aus dem Schlaf gerissen. Zuhra erkannte die Stimme ihrer Nachbarin Nana Scharifa, der Mutter von Allal, wieder.

»Bleib du bei den Kindern, Fatma, ich will nachsehen, was da drüben los ist«, sagte sie.

Aber die Mädchen folgten ihr zum Nachbarhaus, aus

dem noch immer die Schreie von Nana Scharifa drangen. Schreie unsäglicher Verzweiflung und grenzenlosen Kummers. Auch die anderen Nachbarn waren herbeigelaufen, einige weinten, andere stießen Verwünschungen gegen die Polizei, die Spione, die Fallschirmjäger und gegen Frankreich aus.

In Nana Scharifas Schlafzimmer war der Leichnam ihres Sohnes Allal aufgebahrt. Bei Einbruch der Dunkelheit hatten die Soldaten ihr den Zwanzigjährigen gebracht. Er sei »bei einem Fluchtversuch« erschossen worden. Aber die Spuren der Folter auf seinem Körper waren unübersehbar.

Halb wahnsinnig vor Schmerz, taumelte Nana Scharifa von einer Nachbarin zur nächsten. Sie zerkratzte sich das Gesicht, riß sich das Haar aus, zerriß ihre Kleider, schlug den Kopf gegen die Wände. Dann warf sie sich über ihren leblosen Sohn und redete mit ihm, wie sie zu Lebzeiten mit ihrem *masusi*, ihrem Jüngsten, geredet hatte, dem letzten Menschen, der sie mit ihrer Jugend verband.

»Wach doch auf, mein Augenstern, ich flehe dich an, wach auf, Licht meiner Tage! Wach auf, damit dieser Alptraum ein Ende nimmt! Bitte, wach auf!«

Aber Allal wachte nicht auf. Nana Scharifas Söhne und die Nachbarn versuchten, sie zu trösten, aber wer vermag schon den Schmerz einer Mutter über ihr totes Kind zu lindern?

Auch Marjam weinte um Allal. Fröhlich lachend hatte er die Kinder des ganzen Viertels auf seinen Schultern oder in seinen Armen getragen. Er hatte sie das Murmelspiel und andere Spiele gelehrt, hatte ihre Tränen getrocknet und sie zum Lachen gebracht, wenn sie traurig waren. Und dieser Allal war jetzt zu Tode gefoltert worden. Verflucht sei jeder, der dich vergißt und das Blut verrät, das du vergossen hast! Es gab kein Kind, das nicht um ihn weinte, denn er hatte sein Leben für jedes einzelne von ihnen gegeben, damit sie einmal eine bessere Zukunft hätten als er selbst.

Ganz Derb Messoufa trauerte um den jungen Mann. Niemand wäre auf den Gedanken gekommen, zu einer Hochzeitsfeier zu gehen, zu lachen, Musik zu hören, sich mit Henna zu bemalen oder ein neues Kleid zu tragen. Wer hätte Freude empfinden können in dieser Zeit? Kein Haus blieb von Kummer und Leid verschont. Trauer, Angst und Schmerz gehörten zum Alltag. Beweinte Zuhra nicht den Tod oder die Festnahme eines Angehörigen, Freundes oder Nachbarn, dann trauerte sie um ihren Vater, der noch immer inhaftiert, um ihre Brüder, die in alle Winde zerstreut waren, oder sie weinte, weil die Einsamkeit so schwer zu ertragen war.

Die Wochen vergingen. Die Tage ähnelten sich, der Dienstag verlief wie der Montag, der Donnerstag glich seinem Zwilling, dem Mittwoch. Explosionen, Schüsse, *loto habibi*, Sirenengeheul von Polizei- und Krankenwagen, Schreie, schnelle Schritte, Blut auf dem Boden und an den Mauern der Häuser. Trauer und Leid. In beiden Lagern Menschen, die zu Krüppeln gemacht wurden. Kinder, vom Wahnsinn der Erwachsenen in den Wahnsinn getrieben. Ich hasse dich, Krieg, ich hasse dich aus tiefster Seele, hasse dich mit jeder Faser meines Körpers. Ich hasse euch, euch alle, die ihr aus Egoismus, Verachtung und Machthunger ein Volk zur Rebellion und zum Blutvergießen zwingt. Ich verfluche euch in jeder Sprache. Ich rufe alle Propheten, alle Kinder dieser Erde auf, euch zu verfluchen. Ihr alle, die ihr blind seid und die Kinder ihrer Kindheit beraubt und ins Elend stürzt, VERFLUCHT sollt ihr sein!

Marjam kapselte sich noch mehr ab und suchte Zuflucht in ihren Büchern und ihren Erinnerungen, von denen viele vom Tod überschattet waren. Als sie sich wieder einmal auf die Dachterrasse zurückgezogen hatte, hörte sie Besuch kommen und vernahm fröhliche Stimmen im Innenhof. Sie spähte hinunter und sah schmuckbehangene Frauen in festlicher Kleidung. Ein seltener Anblick. Zuhra bat sie ins Wohnzimmer, und Marjam konnte die Frauen lachen und reden hören.

»Wir wollen dich zur Hochzeit unseres Bruders in vierzehn Tagen einladen. Du weißt doch, wie sehr wir dich schätzen, liebste Zuhra.«

»*Mabruk*, das ist eine gute Nachricht! Möge der Herr eurem Bruder und seiner Frau ein langes, glückliches Leben schenken«, sagte Zuhra, während sie den Kaffee servierte.

»Amen, o Herr der Welten!« riefen die Besucherinnen. »Eines Tages wirst auch du die Freude haben, deine Töchter und deinen Sohn zu verheiraten.«

»Inschallah. Aber das dauert noch eine Weile. Die Mädchen gehen noch zur Schule, und in Zeiten wie diesen ist es besser, man kann warten. Ich sage euch lieber gleich, daß ich nicht kommen werde«, fuhr Zuhra fort. »Ich trauere um meinen Mann und viele andere Menschen, die mir lieb und teuer sind. Der letzte, der unter schrecklichen Umständen starb, ist Allal, der jüngste Sohn von *lalla* Scharifa.«

»Willst du etwa für den Rest deines Lebens Schwarz tragen und um die ganze Welt trauern, Zuhra? Du bist noch so jung, und deine Töchter werden allmählich erwachsen, sie müssen unter Menschen, damit man sie sieht«, sagte eine rauhe Stimme. »Außerdem wird die Hochzeit nur im engsten Familienkreis gefeiert.«

»Das Leben ist nun einmal so«, kam die andere ihr zu Hilfe. »Ein Tag grau, der nächste rosarot, und der übernächste bringt alles ins Lot. *Al hadscha*[1] wäre sehr enttäuscht, wenn du nicht zu Dschalals Hochzeit kämst.«

Ein Schweigen trat ein, jede hing ihren eigenen Gedanken nach. Schließlich erhoben sich die Schwestern. Zuhra versuchte sie zum Bleiben zu überreden, aber sie erklärten, sie hätten noch mehr Einladungen vor Anbruch der Dunkelheit zu überbringen.

»Gott beschütze euch«, sagte Zuhra und brachte die beiden zur Tür. Die Frau mit der rauhen Stimme drehte sich noch einmal um und rief ihr zu:

»Glaub mir, Zuhra, jedem von uns ist das Herz schwer vor Kummer und Traurigkeit, aber das Leben muß weitergehen. Das ist nun mal unser Schicksal. Sollen wir vielleicht die Arme verschränken und darauf warten, daß der Tod uns erlöst? Oder sollten wir nicht lieber versuchen, unser Leben weiterzuleben, auch wenn es schwer ist ohne die Menschen, die wir lieben? Auf Wiedersehen, Zuhra, Gott segne dich.«

Zuhra ging ins Haus zurück, schloß die Tür und sagte: »Es stimmt schon, das Leben muß weitergehen. Die Erde wird nicht aufhören, sich zu drehen, die Jahreszeiten wechseln, die Menschen arbeiten, die Kinder gehen zur Schule und ich koche das Essen, so ist das nun einmal. Auf Kälte und Regen folgt Sonnenschein, Blumen wachsen und verwelken, Menschen werden geboren, andere sterben. Das ist der Lauf der Dinge. Gott ist groß, und was auf deiner Stirn geschrieben steht, kann niemand auslöschen.«

Wer die Gewichtigkeit des Wortes *maktub* und alles, was es an Glauben, verinnerlichtem Leid und Hoffnung beinhaltet, nicht kennt, möge schweigen. Wirft man dem

[1] Weibliche Form zu *hadschi* (Mekkapilger).

Betreffenden eine fatalistische oder gar defätistische Haltung vor, so wird er lächelnd nicken und mit einem Funkeln in den Augen achselzuckend erwidern: »*Maktub*«. Aber gleichzeitig wird er zur Waffe greifen. Die meisten, die für das Algerien ihrer Vorfahren ihr Leben ließen, haben irgendwann einmal gesagt: »Machen gar nix, *M'siu Français*, daß du haben gestohlen mein Land und getötet meine Kinder. Allah ist groß! Und ich glauben an Gott und an *maktub*!«

Gott und *maktub* sind nicht Opium für sie, sondern ihr täglich Brot. Das haben die Kolonisten nicht rechtzeitig erkannt. Wenn sie den Boden unter ihren Füßen wanken fühlten, war es meist schon zu spät. Manche sehen in den Algeriern nur einen Verdauungsapparat oder ein Schaf, das sich mit Gras begnügt, und entdecken viel zu spät das Glitzern in ihren Augen.

Fatma trug einen Korb Wäsche auf die Dachterrasse hinauf und bat Marjam, ihr beim Aufhängen zu helfen.

»Sag mal, Fatma, glaubst du, Mutter wird zu der Hochzeit gehen?« fragte Marjam und reichte ihr Wäscheklammern.

»Im Augenblick ist ihr sicher nicht nach Feiern zumute. Dabei würde es euch so guttun, unter Leute zu gehen, zu tanzen und zu singen«, brummte Fatma, während sie vorsichtig einen *haik* aufhängte.

»Ich mag keine Hochzeiten. Mir wär's lieber, Mutter würde nicht hingehen.«

»*Wili, wili*«, versetzte Fatma gereizt. Sie fiel unwillkürlich in ihren marokkanischen Akzent zurück. »Du bist schon komisch. Alle Kinder lieben Feste.«

»Ich hab' nicht gesagt, ich mag keine Feste, ich hab' gesagt, ich mag keine Hochzeiten.«

»Gib mir die Klammern. Das halte ich nicht aus! *Wi-*

li! Wili! Du machst mich noch wahnsinnig. Mach, daß du fortkommst!«

»Ich kann bleiben, wo ich will«, erwiderte Marjam unwirsch.

»Du wirst dich nie ändern. Entweder du verkriechst dich in irgendeine Ecke und brütest vor dich hin, oder du steckst die Nase in ein Buch, aus dem du nichts Gescheites lernst.« Aufgebracht warf Fatma die Wäscheklammern in den Korb. »Das ist doch nicht gesund! Geh mit deinen Freundinnen spielen, oder setz dich zu deinen Schwestern und lern sticken.«

»Ich werde sticken lernen, wann es mir paßt. Ich bin gern allein.«

Entnervt klemmte sich Fatma den Korb unter den Arm und ging nach unten. Die Ellbogen auf das Geländer gestützt, den Blick ins Leere gerichtet, stand Marjam eine lange Zeit da, während unten Zuhra, die Mädchen und die Dienstboten ihren Beschäftigungen im Haushalt nachgingen.

Als sie fertig waren, setzten sich die älteren Mädchen an ihre Stickereien, und auch Fatma holte ihren Stickrahmen hervor, der mit einem Seidenstoff bespannt war, auf dem ein in Tlemcen sehr beliebtes Muster entstand. Es hieß *asa'jim*, was wörtlich übersetzt »Anführer« bedeutet. Geduldig nähte sie Perlen und Pailletten in allen Farben auf den Stoff, bis er sich unter ihren geschickten Fingern in einen schillernden Regenbogen oder in eine bunte Blumenwiese verwandelte.

Marjam überlegte, wie viele Frauen in Tlemcen die genaue Bedeutung des Wortes *asa'jim* kennen mochten. Unbewußt ahmten sie ihre Vorfahren nach, die eine Niederlage niemals hinnahmen. Sie zogen es vor, aus dem Leben zu scheiden, statt den Siegern in die Hände zu fallen. In seiner *Geschichte der Berber und der moslemischen Dynastien Nordafrikas* berichtet Ibn Khaldun:

»Zweimal schickten sich Sultane der marokkanischen Meriniden-Dynastie an, Tlemcen zu erobern. Abu Jaqub Jusuf belagerte die Stadt von 1299 bis 1307, Abu al-Hassan von 1335 bis 1337. Die erste Belagerung brachte unermeßliches Leid über die Bevölkerung. Die Not war so groß, daß man Katzen, Ratten und sogar Menschenfleisch verzehrte. Die Häuser wurden abgedeckt und das Holz verfeuert. Die wenigen Lebensmittel, die es noch gab, wurden unbezahlbar. Als die Lage immer kritischer wurde, beschlossen die Banu Abd el-Wad, einen Ausfall zu wagen. Abu Zijan, der Intendant Ibn al-Hadschaf und sein Bruder Abu Hamu trafen sich im Palast zu einer Besprechung. Da kam plötzlich eine Sklavin herein und sagte: ›Ich habe Euch eine Nachricht von allen Frauen Eures Hauses zu überbringen. Sie lautet folgendermaßen: Wir sehen keinen Sinn mehr darin weiterzuleben. Unsere Lage ist hoffnungslos, es wird nicht mehr lange dauern, bis der Feind uns vernichten wird. Deshalb bitten wir Euch, uns die Schande der Gefangenschaft zu ersparen und uns, zur Rettung auch Eurer Ehre, den Tod zu geben. Ein Leben in Unterwerfung wäre eine entsetzliche Qual und ein Leben ohne Euch schlimmer als der Tod.‹ Doch Gott in seiner unendlichen Gnade errettete sie aus ihrer mißlichen Lage. Abu Jaqub Jusuf wurde ermordet, und das bedeutete die Befreiung für die Familie von Jaghmurasan ibn Zijan, für die Banu Abd el-Wad und die Einwohner von Tlemcen. Es war dies ein Wunder so groß, als wären Tote aus ihren Gräbern auferstanden . . .«

Marjam ging hinunter zu den anderen, nahm ein Buch zur Hand und, Fatmas spöttischen Blick ignorierend, setzte sich in eine Ecke, um zu lesen.

Am Nachmittag hatte Zuhra Besuch von einigen Cousinen, die sich lang und breit über die Kleider ausließen, die sie auf der Hochzeit des Vetters tragen wollten. Es war Brauch, Kleidung und Schmuck mehrere Male zu wechseln.

»Ich werde als erstes mein neues Samtkleid anziehen«, sagte Badia. »Ich habe den Stoff gerade erst aus »Baris« bekommen. Dazu meine langen Halsketten, meine Perlenkette und den goldenen Gürtel mit den Smaragden. Die Brillantarmbänder aus der Türkei natürlich auch.«

Ohne sie zu beachten, fiel Zulaika ihr lachend ins Wort: »Habt ihr schon gehört, daß es einen neuen Stoff in Al Qajsarija zu kaufen gibt? Die Frauen sollen sich fast darum prügeln. Der letzte Schrei.«

»Brokat oder Lame?« wollte die schwerreiche Badia wissen.

»Weder noch. Als ich an Ben Allals Laden vorbeikam, hörte ich die Frauen nach *tir aw 'ana'ni* – komm und nimm mich in deine Arme – fragen. Sie haben gekauft, soviel sie von diesem Zauberstoff kriegen konnten.«

Die Frauen lachten schallend. Nur Badia machte ein mürrisches Gesicht, weil man ihr die Freude aufzuschneiden verdorben hatte. Als sich die Frauen wieder beruhigt hatten, wandte sich Zulaika der Jüngeren zu und sagte spöttisch:

»Entschuldige, daß ich dich unterbrochen habe. Erzähl uns doch, welche Kleider du tragen wirst.«

Badia entging der ironische Unterton. »Ich habe mir ein Kleid aus *mansudsch* bei Ben Feltane bestellt«, sagte sie betont beiläufig, »und einen *karaku* aus Seidenvelours. Der Stoff und die Goldfäden kommen aus Lyon. Und das Garn für die Stickerei wurde auch in Frankreich hergestellt.«

Zulaika und die Mädchen sahen sich an und brachen in Gelächter aus.

»Was in Algerien gefertigt wird, ist dir wohl zu primitiv?« bemerkte Baja, die Nachbarin.

»Aber meine liebe Baja!« entgegnete Badia herablassend. »Schon meine Mutter hat gesagt, Lyon stellt alle Städte in den Schatten.«

»Ist deine Mutter etwa Lyonerin?« fragte Zulaika kichernd.

»Und was ziehst du sonst noch an?« mischte sich nun auch Fatma ein.

»Lalla Fatima bat mich, ihren Sohn bei mir zu empfangen – ihr wißt ja, wie sehr sie mich schätzt. Sie hat mir selbst gesagt, ich nehme einen großen Platz in ihrem Herzen ein. Aber der Aufwand, der damit verbunden ist! Wenn du wüßtest, *khitti lalla*! Meine Mutter hat mir den Familienschmuck geliehen, aber sie findet einfach kein *khursa*[1] für mich. Lalla Hanifa versprach mir, mir ihres zu leihen, aber dann hat sie es sich in letzter Minute anders überlegt. Ohne *khursa* wirkt der Kaftan doch nicht«, jammerte Badia. »Mula Dari, der Herr meines Hauses, war so wütend über meine Enttäuschung und Niedergeschlagenheit, daß er bei allen Heiligen schwor, mir dieses Jahr das schönste und teuerste *khursa* zu schenken. Jede Frau soll vor Neid erblassen, hat er gesagt. Ich soll den Kopf hoch tragen und jedem in die Augen sehen können.«

Zulaika warf ihr einen boshaften Blick zu, sagte aber nichts.

»Ich werde nicht zur Hochzeit gehen«, erklärte Zuhra plötzlich.

»Aber warum denn nicht? Wenn du bis ans Ende dei-

[1] Schweres, bis zu den Schultern reichendes Ohrgehänge aus Gold, Perlen und Edelsteinen.

ner Tage Trauer tragen willst, häng doch gleich ein Schild an die Tür: Feiern, lachen, scherzen verboten! Das Leben hat keinen Zutritt!« spottete Baja.

»Mir ist nicht nach Lachen und Scherzen zumute«, erwiderte Zuhra traurig.

»Du hast völlig recht«, pflichtete Zulaika ihr bei. »So eine Hochzeit bringt nichts als Ärger. Man braucht Schmuck und neue Kleider und soll eine Menge Geld ausgeben, das man nicht hat.«

»Ihr könnt sagen, was ihr wollt, ich werde nicht gehen.« Zuhras Ton duldete keinen Widerspruch.

Seit dem Tod ihres Mannes hatte die junge Frau an keinen gesellschaftlichen Veranstaltungen teilgenommen. Sie ging nur zu Beerdigungen, von denen sie mit verquollenen Augen und zerkratztem Gesicht zurückkam. Sie beweinte nicht nur den Toten, sondern ihr eigenes Unglück. Und es dauerte jedesmal Wochen, bis sie sich von ihrem makabren Ausflug erholt hatte.

Am Tag vor der Hochzeit kam Dschalals Mutter höchstpersönlich vorbei, um Zuhra zum Kommen zu überreden.

»Das kannst du mir nicht antun. Du und deine Kinder, ihr seid alles, was mir von meinem Cousin geblieben ist. Wenn du mit deinen Töchtern und deinem Sohn kommst, ist es, als weilte Mohammed noch unter uns. Ich bitte dich, Zuhra! Tu mir das nicht an!«

Al hadscha redete so lange auf sie ein, bis Zuhra schließlich einwilligte. Da sie trauerte, machte ihr die Garderobe kein Kopfzerbrechen: Sie zog ein Kleid aus malvenfarbenem Musselin an, richtete die Kinder her und gab ihnen letzte Anweisungen mit auf den Weg:

»Ihr seid schön artig, habt ihr verstanden? Wehe euch, wenn ihr zu irgend jemandem ungezogen seid! Und eßt nicht soviel. Nehmt niemals zweimal vom gleichen Gericht, die Leute denken sonst, ihr bekommt zu Hause nicht genug zu essen. Und wenn ihr tanzen wollt, fragt ihr mich vorher um Erlaubnis. Sage ich ja, aber meine Augen sagen nein, bleibt ihr sitzen. Ist das klar?«

Die Mädchen nickten brav. Zuhra nahm den kleinen Mohammed bei der Hand, und sie machten sich auf den Weg. Im Haus des Bräutigams hieß man sie aufs herzlichste willkommen und behandelte sie mit großer Zuvorkommenheit. Nach dem Mittagessen begannen die Frauen aufzuräumen. Die Familie der Braut traf gegen vier Uhr ein. Die Männer luden die Aussteuer aus und trugen sie ins Brautgemach. Sie schleppten Matratzen, Dutzende von Kopfkissen, Kissen, Decken und Bettwäschegarnituren, ferner Teppiche und Haushaltswäsche aus dem Ausland, die als besonders fein galt.

Die reichhaltige Garderobe wurde in den Schränken untergebracht und die Türen offengelassen. Jeder konnte einen Blick hineinwerfen, sich ein Bild von der gesellschaftlichen Stellung der Braut machen und sich ein Urteil darüber bilden, ob sie und ihre Familie Geschmack besaß. Natürlich gab es auch jene, die alles genau abzählten und dann prahlten: »Meine Tochter wird das Doppelte bekommen!«

Eine kleine Gruppe von Frauen tuschelte so laut, daß die anderen es hören mußten.

»Schau dir nur diese Decke an! Sie ist miserabel gewebt, man sieht die Fäden. Wahrscheinlich hat Flene ihrer Mutter einen günstigen Preis dafür gemacht. Von Belhadsch ist die jedenfalls nicht.«

»Du hast recht, die Decke ist leicht wie der Wind. Sie trägt ihren Namen *burabah al 'ahwa*[1] zu Recht!«

[1] Wörtl. »Liebesdecke«; Wortspiel mit dem Wort *ahwa*, das auch »Wind« bedeutet.

»Faisa, sieh nur!« sagte Fadela. »Hier, faß einmal die Kopfkissen an. Findest du nicht, sie sind viel zu weich? Sie sind nur halb gefüllt, dafür ist die Wolle stärker gekardet, so kann man sparen. Und erst die Matratzen! Unser armer Cousin wird jede Bettfeder einzeln spüren. Schöne Geizhälse sind das, die neuen Schwiegereltern, und Geschmack haben sie auch keinen.«

»Habt ihr schon die Leintücher und die Bettwäsche gesehen? Der Stoff fühlt sich so rauh an wie mein Scheuerlappen«, spottete eine andere.

»Wenn die Braut auch so zart und so schön wie die Aussteuer ist, werden wir ja einen netten Abend verleben«, bemerkte Faisa hochnäsig.

Nach und nach trafen die Gäste ein. Schmatzende Küsse wurden verteilt, Zähne blitzten zwischen lächelnden Lippen, der schwere Schmuck an den Ohren, Armen, Hälsen und Knöcheln der Frauen klirrte. Schrille *jujus* und Kindergeschrei ließen die Luft erzittern. Das Fest begann.

Der *fqirat* genannte musizierende Frauenchor, ein Überbleibsel aus den glorreichen Zeiten von *bilad al-Andalus*, verfügte über ein großes Repertoire. Die Reihenfolge der Lieder war festgelegt. Sie begann mit Lobgesängen zu Ehren Gottes, des Propheten und der Scherifen, führte über »die Liebe meines Lebens, die seine Gazelle verlassen hat« und über einen Abstecher zum Schutzheiligen der jeweiligen Stadt zu den *mrabets* in ihren Kuppelgräbern. Währenddessen reichten die Verwandten des Bräutigams und die Dienstboten Erfrischungen und Naschwerk. Begleitet vom rhythmischen Händeklatschen der Frauen und ihren gellenden *jujus* eröffnete die Mutter den Tanz. Die Frauen standen nacheinander auf und steckten *al hadscha* Geldscheine zu, die sie aber nicht behielt, sondern auf ein Tablett in der Nähe der Nachtigallen legte. Immer mehr Frauen begannen zu tanzen und stellten ihre prachtvollen Gewänder, ihren Schmuck zur Schau. Geldscheine flatterten rings um die Tänzerinnen zu Boden, wurden eingesammelt und auf das Tablett geworfen. Wer einen klingenden Namen, einen Sohn, einen Bruder oder sonstigen Verwandten, möglichst mit einem angesehenen Beruf wie Arzt oder Fabrikant, zu verheiraten hatte, sah die meisten Banknoten auf sich herabregnen, was die gesellschaftliche Stellung der Betreffenden unterstrich.

Ein lautes Hupkonzert bei Sonnenuntergang kündigte die Ankunft der Braut an. Eingerahmt von ihren Schwestern oder Tanten, von Kopf bis Fuß in Gold und Edelsteine gekleidet, betrat sie ihr künftiges Zuhause.

Die Schwiegereltern reichten ihr Datteln zur Begrüßung, damit ihr Leben so süß wie die Früchte, und Milch, damit ihre Beziehung zu ihrem Ehemann und seiner Familie so rein und ungetrübt sei. Danach wurde sie in den Innenhof geführt. Obgleich die Hochzeitstracht mehrere Kilogramm wog, mußte sie sich kerzengerade halten. Erschöpfung, Schmerz oder Rührung zu zeigen, war verpönt. Würde und Schamhaftigkeit! Kopf hoch und die Augen niedergeschlagen! Stolz und Unterwürfigkeit! Sich keinem Joch beugen, aber auch nie die bestehende Ordnung in Frage stellen. Nie an den Grundpfeilern der tausendjährigen Stadt rütteln.

Da sie, wie ihr Ehemann auch, Nachkomme der Scherifen war, blieb es ihr erspart, auf einen Stuhl zu klettern und sich von allen anstarren zu lassen. Man führte sie direkt ins Brautgemach, wo ihre Schwestern sie schminkten und ihr Lilien auf Wangen und Stirn malten als Symbol der Reinheit und makellosen Schönheit. Anschließend nahm sie bis zur Ankunft des Bräutigams in einem Sessel Platz und war solange den neugierigen Blicken ausgesetzt.

Als draußen Autotüren zugeschlagen wurden und das Geräusch eiliger Schritte durchs Haus hallte, wußten alle, der Märchenprinz war da. Die Familie stürzte nach draußen, um ihn zu empfangen, Freunde und Verwandte sangen und tanzten.

Vor dem Krieg hatte der Bräutigam den Weg vom Kaffeehaus, wo er sich mit seinen Freunden getroffen hatte, bis zum Elternhaus zu Pferde zurückgelegt. Dann hatte man schon von weitem den von *ghaitas*[1] und *tbals*[2] begleiteten Gesang und die explodierenden Feuerwerkskörper gehört. Der Krieg hatte die Menschen gelehrt, sich mit weniger zu begnügen.

»Schnell, Latifa«, schrie die Mutter, »hol den Schal, den ich aus Mekka mitgebracht habe, und das Parfüm aus meinem Schlafzimmer.«

Eine Schwester des Bräutigams besprengte das Gesicht des Bruders mit dem Jasminparfüm, die andere säuberte es mit dem seidenen Schal. Der junge Mann versuchte, ihn ihr zu entreißen, und es kam zu einem Gerangel. Die Mädchen zerrten am einen Ende des Schals, der Bruder am anderen. Nach einer Weile blieb den Schwestern in ihrer schweren, hinderlichen Kleidung nichts anderes übrig, als loszulassen. Triumphierend schlang sich der Bräutigam den Schal um den Hals. Er hatte seinen ersten Kampf gewonnen. Eine Niederlage hätte die Familie als böses Omen angesehen.

Während der Bräutigam von Freunden und Verwandten umringt und beglückwünscht wurde, erhielt die Braut letzte Ratschläge von ihren Angehörigen.

»Wenn er hereinkommt und dich küßt, mußt du ihm unbedingt auf den Fuß treten, vergiß das nicht«, ermahnte die Mutter ihre Tochter. »Dann wirst du das Regiment im Haus führen.«

[1] Sackpfeife.
[2] Trommel.

Die Braut war zu bedauern. Die Tränen liefen ihr übers Gesicht, und sie zitterte wie Espenlaub. Auch dem Bräutigam war nicht wohl in seiner Haut. Er war bleich, und sein Lächeln wirkte gezwungen. Er wußte, in dieser Nacht stand nicht nur seine Ehre, sondern auch die der Braut auf dem Spiel. Und es würde sich niemand finden, die junge Frau zu verteidigen, niemand würde Mitleid mit ihr haben, weder die Mutter, die sie empfangen und geboren, noch der Vater, der sie gezeugt und dem sie gedient hat, weder die Brüder, die sie geliebt, noch die Schwestern, die sie erzogen hat.

Als sich das Brautpaar zurückgezogen hatte, nahmen die Mütter unweit des Zimmers Platz und unterhielten sich.

»Hoffentlich hat man ihn nicht verhext und impotent gemacht«, sagte *al hadscha* besorgt. »Man kann ja nie wissen, wo so viele Familien ein Auge auf ihn geworfen hatten. Hoffentlich haben sie meinem Löwen nichts angetan!«

»Was glauben Sie erst, was ich für eine Angst habe«, bemerkte die Brautmutter trocken. »Sie wissen doch, wie viele Heiratsanträge unsere Gazelle ablehnen mußte. Die abgewiesenen Bewerber könnten sich aus Eifersucht rächen wollen.«

»O Herr! O ihr *schorfas* und *mrabets*, beschützt sie vor Neidern und vorm bösen Blick, wie ihr diese Stadt beschützt!« beteten die beiden Mütter.

Einige Stunden später ging die Tür auf, und der Bräutigam kam heraus, lächelnd und gelöst, eine Zigarette im Mundwinkel. Sogleich erschollen gellende *jujus* zu den Klängen des *bendajir*[1], die Kinder wachten auf, und das Fest begann von neuem.

[1] Tamburin.

Die Frauen gingen hinein zur Braut und beglückwünschten sie. Ihre Mutter zog das blutbefleckte Laken ab, das sichtbarer und unwiderleglicher Beweis für die Unschuld ihrer Tochter und die intakte Ehre der Familie war. Das Verhalten der Frauen grenzte an Hysterie, so aufgeregt waren sie. In diesen Augenblicken durchlebten sie noch einmal ihre eigene Hochzeitsnacht, die fünf, zehn oder auch fünfzehn Jahre zurücklag. Sie lachten und scherzten, und keine bedauerte die junge Frau. Mitleid mit ihr zu haben hätte bedeutet, sich selbst, die eigene Stellung zu beklagen und somit die bestehende gesellschaftliche Ordnung samt ihren Bräuchen und Traditionen in Frage zu stellen. Sie zogen es vor, nicht an den vernarbten Wunden zu rühren, und waren noch frauenfeindlicher als die Männer. Sie waren die eigentlichen Hüter der starren gesellschaftlichen Konventionen.

Die Braut stand bleich und aufgelöst inmitten des hektischen Treibens und starrte schweigend und verstört auf die gackernden, kichernden Frauen.

Marjam, die von dem Lärm wach geworden war, beobachtete das Schauspiel mit Entsetzen. Ihre Brust verkrampfte sich vor Schmerz, der Kopf tat ihr weh. Sie verfluchte das Schicksal, als Mädchen auf die Welt gekommen zu sein. Sie klammerte sich an ihre Schwestern und fing zu weinen an.

»Das ist die Aufregung, das arme Kind ist sehr empfindsam«, sagte Zuhra, die den wahren Grund für die Tränen ihrer Tochter ahnte. »Seit dem Tod ihres Vaters – möge der Herr ihn aufnehmen in sein Reich – kann sie Lärm nicht mehr ertragen.«

Die Musik war verstummt, die Nacht fast vorüber. Da erhob sich eine kristallklare Stimme in dem eigenartigen Zwielicht, eine Stimme so rein und süß, daß Marjams Zorn dahinschmolz und ein Schauder ihr den Rücken hinunterlief. Amti Mania hatte ein *hawfi* angestimmt, eines jener vor Jahrhunderten zum Ruhme der *schorfas* von Ain el Houts verfaßten lyrischen Gedichte:

»Gegrüßt seien die Scherifen, die Herren von Ain el Houts,
Gegrüßt seien die *mrabets*, die heiligen Männer,
Gegrüßt sei Sidi Abdallah und sein rubinener Glanz,
Gegrüßt sei Mohammed Ben Ali und sein grünes Grab,
Gegrüßt sei Bu Abdallah, der Fürst von Ain el Houts.«

Einige Frauen stießen *jujus* aus, als sie geendet hatte, andere wiederholten ein paarmal die Redewendung: »*Rahna amkatfin wa 'amsalmin*, gefesselt sind wir und geknechtet!«

»Sing weiter, Tante«, bat eine Frau unter Tränen. »Möge der Herr dir ein langes Leben schenken!«

Amti Mania erfüllte ihr ihren Wunsch und sang nach einer kleinen Pause ein anderes *hawfi*:

»Gegrüßt sei Lalla Setti, die auf ihr Land herabblickt.
Die Königin der Frauen legt beim Herrn Fürbitte ein für die Menschen.
Ein Ring aus Felsen umschließt ihr Haus dort oben in den Bergen.
Gegrüßt sei sie, die Allerheiligste, die über Tlemcen wacht.«

Das Lied zu Ehren Lalla Settis[1] verlieh den Frauen neue Kraft. Sie fielen mit ein, als Mania weitersang:

»Tlemcen, Stadt in den Bergen, wie herrlich ist's, in deinen Mauern zu leben.

[1] Wörtl. »Gebieterin, Herrin«; *lalla* stammt aus der Berbersprache, *setti* aus dem Arabischen, beide bedeuten »Herrin, Frau«.

Du hast Turteltauben und einen Sultan, du hast das Heilige Buch, aus dem die jungen Leute zitieren.
Die jungen Leute von heute sind weder klug noch weise,
Sie klammern sich an die Frauen wie Blutegel an die Brunnenwände,
Sie spielen sich auf und schmeicheln dir mit schönen Worten,
Aber in ihren Taschen klimpern nur Münzen aus Zinn.«

Turia, die Schwester des Bräutigams, fuhr fort:

»Tlemcen, Stadt in den Bergen, wie süß ist's, in deinen Mauern zu leben.
Hier treffen sich die Töchter der *hadars*[1] und der *kurughlis*,
Hier wohnen die schönsten Mädchen im Land, rein wic Kristall,
Mit kholumrandeten Augen und Brauen, die mit *harqus* nachgezogen sind.«

»Hast du dieses *hawfi* gesungen, weil du mit einem *kurughli* verheiratet bist, Turia?« scherzten die Frauen.

»Was habt ihr gegen die *kurughlis*? Ich dachte, die alte Rivalität sei überwunden«, erwiderte Turia und sang weiter:

»Laurit . . . Laurit . . . haben sie gerufen, und als ich hinsah,
Erblickte ich vier junge Mädchen, die ihre Wäsche wuschen.
Die erste war schöner als der Mond, die zweite funkelte wie Kristall,
Die dritte entfachte eine Glut in meinem Herzen,

[1] Halbblut mit einem arabischen und einem berberischen Elternteil; bedeutet auch »Städter, Stadtbewohner«.

Und die vierte, Bruder, benutzte kein Feuer, um mich
in Brand zu stecken.«
Amti Mania und die jungen Frauen erwiderten darauf:
»Hört, was Ruh al-Aghrib mit den funkelnden Zechinen zu sagen hat:
Ich war im Himmel, und der Mufflon war mein Rivale,
Heute aber, Freunde, haben meine Knie mich verraten,
Ich will auf die Assel treten, aber sie ist schneller als ich.«

»Habt Dank, ihr Mädchen, hab tausendmal Dank, Tante!« riefen die Frauen tief bewegt. »Ein Glück, daß es Frauen wie dich gibt, Tante, sonst würde soviel in Vergessenheit geraten.«

»Es stimmt schon: Wenn ein Mensch stirbt, trauern die, die ihm nahestanden, aber wenn ein Weiser uns verläßt, ist die ganze Welt um vieles ärmer«, sagte Zuhra seufzend, und die anderen stimmten ihr lebhaft zu.

»Sing weiter, Tante, sing weiter«, drängten die Frauen. »Deine Lieder besänftigen die Seele und bereichern den Geist.«

»Mein Atem reicht nicht mehr so lange wie früher, Kinder! Aber ihr, ihr seid noch jung und vor allem du, Turia, mit deiner wunderschönen Stimme, die einen bis ins Innerste aufwühlt und erbeben läßt, sing du und erfreue die Herzen!«

Und Turias Stimme, die so rein wie der erfrischende Tau auf den Bäumen und Blumen war, erhob sich in der Morgendämmerung:

»Gegrüßt sei unser Haus, gegrüßt seien alle Zimmer.
Seine Türen sind aus Seide, seine Mauern aus Zimt,
Das Wasser seines Brunnens ist süß wie Honig, und ich kann nie genug davon bekommen.
Gegrüßt sei mein Bruder, der Herr der Scherifen.«

Jujus begleiteten Turias Gesang. Fröstelnd schmiegte

sich Marjam an Amti Mania. Tränen liefen über ihr junges Gesicht, und sie sang gemeinsam mit der Cousine, deren Stimme ihre Schmerzen linderte:

»In Bab al-Ajjad bin ich zu Hause, bis nach 'ajn Arbat erstreckt sich mein Reich.

Der Duft der Rosen weht über dem Garten, und nach Jasmin duftet meine Hand.

Begegnet mir ein hübscher junger Mann, wiege ich mich beim Gehen in den Hüften,

Begegnet mir ein schlechter Mensch, schaue ich zu Boden.«

Und die Männer sangen:

»Der Samstag ist der Tag der Juden, der Sonntag der Tag der Christen,

Und der Freitag der Tag der Mädchen! Wer hat die gesehen, die mich besuchten?

Sie brachten einen Korb mit Orangenblüten und besprengten mich mit Rosenwasser.«

Eine zweite Gruppe von Männern antwortete der ersten:

»Sie geht, ihr Gewand wie eine Schleppe nach sich ziehend, durch den Garten,

Und ich wünschte, ich wäre die Kette um ihren Hals,

Ich wünschte, ich wäre der Gürtel, der ihre Taille schnürt,

Ich wünschte, ich wäre der Seidenschal auf ihrem Kopf,

Ich wünschte, ich wäre der Herr ihres Hauses.«

»Träumt nur weiter«, rief Turia ihnen unter dem Gelächter der anderen Frauen zu. »Hört zu:

O du schöne Esche, die du in unserm Garten wächst,

Deine Wurzeln sind aus Ingwer und deine Blätter saftig grün.

Meine Mutter hat mir verboten, in der Tür zu stehen,

Aber dennoch erzähle ich dir, Mutter, von der Zuneigung zwischen den Nachbarn.
Sie schauen sich in die Augen und sind in Liebe zueinander entbrannt.«

Die Männer lächelten mit verträumtem Gesichtsausdruck vor sich hin.

»Turia, sing uns ein *hawfi* über die *dschughlila*[1]!« bat eine junge Cousine. »Und noch mehr, die von der Liebe handeln!«

»Von der Liebe? Seit wann kennst du dieses verwünschte Wort? Nimm es noch einmal in den Mund, und ich hau' dir eine runter, daß du die Lippen nie wieder auseinanderbekommst!« drohte die Mutter des Mädchens.

»Laß sie doch«, sagten die anderen Frauen beschwichtigend. »Sie ist jung und unschuldig. Was ist schon dabei, wenn sie von Liebe spricht? Wir sind unter uns, und an einem Tag wie diesem ist es naheliegend, an die Liebe zu denken.«

»Ja, Turia, sing weiter!« drängte eine andere. »Unsere Cousine will ›die Sonne hinter einem Sieb verstekken‹!«

Und Turias Stimme erklang von neuem und erweichte selbst die härtesten Herzen.

»Schaukelt, meine Schönen, mein Freund ist ausgezogen, ein gelehrter Mann zu werden.
Auf einem Fuchs ritt er davon, in Seide gekleidet, und seine Tafel ist aus ziseliertem Gold, sein Tintenfaß aus Silber.
Möge er mit Gottes Hilfe die Sure *Al Baqara* erlernen.

[1] Schaukel. Schaukeln ist ein beliebter Zeitvertreib der Frauen und Mädchen Tlemcens.

Meine Tochter sitzt auf der Schaukel, in einem roten Kaftan.
Ihr Vetter erhielt Nachricht, damit er rechtzeitig komme.
Er wird hundert und noch einmal hundert Goldstücke geben und Aleppoperlen obendrein,
Er wird hundert und noch einmal hundert Goldstücke geben und obendrein eine Dienerin, die Kinder zu erziehen.«

»Gott segne dich und erhalte dich deiner Mutter und deinem Mann!« riefen die Gäste.

»Fadila! Schenk mir ein Lächeln, Liebes! Zeig uns die Perlen in deinem Mund«, bat Turia die junge Cousine, die von der Mutter gerügt worden war. »Lächle, meine Schöne, und das Leben wird dir auch zulächeln. Deine Mutter weiß ganz genau, daß ›der reinen und unschuldigen Seele alles rein und unschuldig ist‹[1]!«

Da lächelte Fadila ihr überglücklich zu und sang mit ihr:

»Ist dein Haus zu hoch, so greife ich zur Leiter,
Ist deine Tochter gut versteckt, so kann ich sie doch beschreiben,
Und nennen die Leute mich einen Lügner, so werde ich ihnen sagen, sie trägt meinen Ring an ihrem Finger!«

»So ein gemeiner Schuft!« empörte sich eine Frau. »Es ist immer dasselbe: Schenkt einem Mann euer Vertrauen, und er wird es früher oder später mißbrauchen. Ihr kennt ja das Sprichwort: Wer einem Ehemann blind vertraut, wird ihn seines liebsten Bruders berauben.«

»Nun beruhige dich«, fiel Turia ihr ins Wort, »und hör lieber zu, wie es weitergeht:
Du hast mich entehrt junger Mann.

[1] Sprichwörtlich gewordener Satz aus *Tausendundeine Nacht.*

Möge Gott dich dafür strafen!
Möge er dich zu deiner Mutter zurückschicken
Mit zerfetztem Gedärm.
Ich werde mich in Seide kleiden
Und deiner Beerdigung beiwohnen,
Und ich werde dir ins Ohr flüstern:
Das, mein Freund, ist der Preis für deine Sünden!«

»Wie grausam und blutrünstig du bist, Turia!« neckten die Frauen sie. »Sing uns noch etwas vor. Deine Stimme ist süß wie Honig.«

»Wollt ihr mich umbringen? Ich bin schon ganz heiser!«

»Sing, Turia! Erfreu den neuen Tag mit deiner Stimme! Sing, und er wird so lieblich werden wie die Töne aus deiner Kehle, das ist der Hochzeitstag deines Bruders!«

»Also schön, wenn ihr unbedingt wollt. Zwei Lieder werde ich euch noch vorsingen und zum Abschluß *Ehre unserem Propheten Mohammed.* Ich muß jedesmal wieder über diese *hawfis* lachen. Hört euch nur die Texte an! Und da heißt es, Männer seien die besten Dichter. Ein Jammer, daß wir Frauen unsere Gedichte nicht singen oder veröffentlichen können! Wir hätten einen sensationellen Erfolg. Was meinst du, Amti Mania? Du schreibst doch fast täglich ein Gedicht und bewahrst alle deine Werke in Seide eingeschlagen auf.«

»Die Frauen schreiben anders als die Männer, weil sie anders sind«, erwiderte Amti Mania. »Sie denken und sie empfinden anders, und ihre Gedanken und Gefühle haben manchmal eine größere Tiefe und Scharfsichtigkeit. Für eine Frau in unserer Gesellschaft gilt es als unehrenhaft und unziemlich, Romane oder Gedichte zu verfassen oder in der Öffentlichkeit Lieder vorzutragen. Ihr wißt ja, wie es Scheicha Tetma ergangen ist. Sie stammt aus einer der ältesten Familien der Stadt. Als sie verkündete, Sängerin und Musikerin werden zu wollen, war das ein Skandal. Dabei war sie beileibe keine Kurtisane, sie liebte einfach die Kunst, die Musik, die Poesie und tat nichts anderes, als eine Tradition fortzusetzen, die vor Jahrhunderten in Mekka, Medina, Damaskus, Bagdad und *bilad al-Andalus* ihren Anfang nahm. In vielen arabischen und moslemischen Ländern nehmen die Frauen nämlich einen bedeutenden Rang auf dem Gebiet der Philosophie ein. Denkt doch nur an Al Khansa! Niemand wird ihren herausragenden Beitrag zur arabisch-moslemischen Kultur bestreiten wollen. Ihr Werk hat sie unsterblich gemacht, und sie war eine Zeitgenossin Mohammeds.«

»Warum gelten die Frauen so wenig in unserer Gesellschaft? Warum können sie ihre Entscheidungen nicht selbst treffen? Warum werden sie wie unmündige Kinder behandelt, wie Wesen ohne Herz und Hirn?« schrie Nuria den Männern ins Gesicht, die ihrem Blick nicht standhalten konnten.

»Reg dich nicht auf, Kind«, sagte Amti Mania sehr sanft und sehr fest zugleich. »Weißt du, wenn ein Volk viel Leid zu erdulden hat und seine Würde mit Füßen getreten wird, wenn ein Mann auf der Straße von einem Siedler, einem Soldaten, seinem Arbeitgeber oder seinem vermeintlichen Bruder gedemütigt wird, gibt es nur einen Ort, an dem er sich als Herr und Gebieter aufspielen kann: sein Zuhause. Und weil er nur der *rab al ma'la*, der Herr des Heims, ist, will er wenigstens Frau und Kinder seine Macht fühlen lassen. Ja, er geht sogar soweit, ihnen die Schuld an seinem Elend zu geben. Aber in Wirklichkeit ist es die Frau, die das Regiment führt. Was schaut ihr mich so erstaunt an, Kinder? Das ist die reine Wahrheit, und das wissen die Männer auch. Hätten sie sonst Gesetze gemacht, uns Frauen zu knebeln, zu fesseln, zu unterdrükken? Die Frau braucht nichts weiter zu tun, als einen einzigen Tag die Hände in den Schoß zu legen und einfach alles laufen zu lassen. Was glaubt ihr, was dann los wäre! Vergeßt nicht, in diesem Land haben die Frauen zu den Waffen gegriffen und für die Befreiung ihres Volkes und ihres Vaterlands von der Kolonialherrschaft gekämpft. Die Männer werden es ihnen hoffentlich danken.«

»Ich will euch eine kurze Geschichte aus *Tausendundeine Nacht* erzählen«, sagte Zuhra, die bisher geschwiegen hatte. »Es ist eine Passage aus *Qamar Asaman, der Mond des Jahrhunderts.* Sie lautet folgendermaßen:

Qamar Asaman weigerte sich beharrlich, eine der Prinzessinnen, die seine Eltern ihm vorgestellt hatten, zur Frau zu nehmen. Fatima, seine Mutter, versuchte ihn umzustimmen und sagte zu ihm: ›Ihr führt die Bosheit und Hinterhältigkeit der Frauen als Grund für Eure Weigerung zu heiraten an, doch dieses Argument kann ich nicht gelten lassen. Ich will die Frauen nicht in Schutz nehmen, einige sind sicherlich so, wie in Euren Büchern beschrieben. Aber wenn Ihr schon die Frauen alle über einen Kamm scheren müßt, warum dann nicht auch die Männer? Es gibt zahllose Beispiele für tyrannische, barbarische, grausame Herrscher. Ihr werdet tausend finden für jede boshafte Frau. Und glaubt Ihr, die anständigen, klugen Frauen, die das Pech haben, mit diesen Wahnsinnigen verheiratet zu sein, sind glücklich? Ich denke, mein Sohn, man sollte sich darauf einigen, daß die Frauen den Männern weder unterlegen noch ihnen ebenbürtig sind – sie sind einfach anders.‹

Das hat Fatima zu ihrem Sohn gesagt«, schloß Zuhra, die Fatimas letzten Satz besonders betont hatte.

Marjam warf ihrer Mutter einen verdutzten Blick zu und wunderte sich über das beifällige Nicken sowohl der Männer als auch der Frauen, die noch vor wenigen

Stunden besorgt auf das blutbefleckte Laken als Beweis für die Jungfräulichkeit der Braut gewartet hatten.

»Sing, Turia, sing«, bat eine Frau unvermittelt, wie um vom eben Gesagten abzulenken, bevor die Worte sich ins Gedächtnis der Männer und der Mädchen eingraben könnten.

»Ich fürchte, meine Verse werden euch fade erscheinen nach dem, was wir gerade von Amti Mania und Zuhra gehört haben.«

»Aber nein! Sie werden unser Herz mit Freude erfüllen.«

»Also gut. Aber ihr singt mit!«

Und alle miteinander, Männer und Frauen, sangen mit Turia:

»Herr, wer hat meine Turteltaube mit einer Fledermaus vertauscht?
Herr, wer hat meinen Kaftan mit Lumpen vertauscht?
Herr, wer hat das Goldstück mit einer Zinnmünze vertauscht?
Herr, wer hat eine Fremde wählen können statt der Cousine väterlicherseits?«

Ihr Gesang stieg zum Himmel empor und verschmolz mit den ersten Sonnenstrahlen. Einige Gäste waren völlig übermüdet nach der durchwachten Nacht; die Lider fielen ihnen zu, und ihr Kopf wackelte unkontrolliert. Aber die meisten sangen leise mit oder lauschten wehmütig den Versen, die von einer anderen Welt erzählten, einer Welt voller Schönheit, Liebe und Heiterkeit. Einer Welt, die brutal zerstört wurde.

Die Dienstboten servierten Pfefferminztee und Kaffee. Zuhra und die Kinder stärkten sich. Sie blieben bis zum Wecken der Braut und der *busat arras* genannten Zeremonie: Jeder Gast küßte die Braut auf den Kopf und überreichte ihr ein Geschenk in Form eines kostbaren Schmuckstücks. Als Zuhra das ihre ausgehändigt und den

Eltern ihre Glückwünsche ausgesprochen hatte, machten sie sich wieder auf den Heimweg.

Marjam, wie die übrige Familie auch, schlief sich erst einmal aus. Kaum war sie aufgestanden, stürzte sie sich auf ihre Bücher und Schulhefte, als hinge ihr Leben davon ab. Keine *Rumija* sollte besser sein als sie, und wenn sie ihr Arbeitspensum verdoppeln müßte. Sie las sieben Bücher pro Woche und hätte noch mehr verschlungen, wenn die um ihre Augen besorgte Lehrerin nicht mit den älteren Schwestern gesprochen hätte. Von da an durfte sie sich nur noch drei Bücher pro Woche ausleihen. Die restlichen vier ließ sie sich von ihren Schwestern besorgen.

Zuhra zeigte sich wenig beeindruckt von den hervorragenden schulischen Leistungen ihrer Kinder. »Ihr arbeitet für euch. Ob ihr gut oder schlecht mitarbeitet, ihr tut es nur für euch.« Das war alles, was sie dazu zu sagen hatte.

Eines Tages brachte Marjam eine Sechs im Zeichnen nach Hause. Als sie das Heft der Mutter vorlegte, damit sie unterschrieb, verabreichte Zuhra ihr eine schallende Ohrfeige und schrie: »Nennst du das vielleicht Lernen? Glaubst du, ich schicke dich zur Schule, damit du eine Sechs nach der andern heimbringst?« Zuhra hatte eine seltene Gabe, aus einer Mücke einen Elefanten zu machen.

»Marjam! Komm endlich runter! Sonst stell' ich dir ein Zelt auf, dann kannst du für immer dort oben bleiben!« rief Zuhra.

Marjam ging die Treppe von der Dachterrasse in den Innenhof hinunter, wo ihre Mutter mit einer verängstigten Fatma und einer nicht weniger erschrockenen Zulaika ungeduldig auf sie wartete.

»Gott schütze uns!« jammerten sie. »Breja ist nur ein paar Kilometer entfernt!«

»Schließ alle Türen und Fenster, Fatma«, ordnete Zuhra mit vor Aufregung zitternder Stimme an. »Du bleibst bei uns, Zulaika.«

Marjam fragte Nadschia, was denn passiert sei, und erfuhr, den Einwohnern von Breja sei in letzter Zeit mehrere Male Targu erschienen, die Sagengestalt mit der Fähigkeit, sich auszudehnen und zusammenzuziehen, aus dem Nichts aufzutauchen und wieder zu verschwinden. Targu brachte ihre Opfer um, indem sie sie zu Tode kitzelte, bevor sie sie verspeiste. Es hieß, sie habe in Breja mehrere Personen angefallen und beinahe einen Mann getötet. Der konnte aber zum Glück fliehen und eine Beschreibung von Targu geben: Sie hatte langes Haar, lange Reißzähne, lange Krallen und . . . schwere, baumelnde Brüste.

Während Fatma und die Dienstboten Fenster und Türen verriegelten, trat Marjam vor die Mutter hin und fragte:

»Warum hast du Angst? Glaubst du diese Märchen etwa?«

»Märchen? Es gibt Leute, die Targu gesehen haben. Sind das deiner Meinung nach alles Lügner?«

»Einige bestimmt. Und die andern haben sich anstekken lassen und plappern den Unsinn nach. So entstehen Gerüchte, Mutter.«

»Marjam!« rief Zuhra erschrocken. »Möge Gott dir die Zunge verbrennen! Willst du wohl den Mund halten! Noch ein Wort und du spürst meine Hand auf deiner Bakke!«

»Schlag mich nur. Trotzdem bleibe ich dabei: Targu existiert nicht.«

»Sei still! Willst du uns alle ins Unglück stürzen?«

»Soll sie doch kommen, wenn es sie wirklich gibt«, schrie Marjam ihrer entsetzten Mutter ins Gesicht. »Wenn sie die Fähigkeiten besitzt, die du ihr zuschreibst, wird sie mich bestimmt hören.« Sie rannte nach draußen und brüllte: »Na los, Targu, komm doch und zeig dich!«

»Halt gefälligst den Mund!« kreischte Zuhra völlig außer sich. »Du kommst auf der Stelle wieder rein!«

»Komm, Targu, hier bin ich und warte! Komm und kitzle mich zu Tode und friß mich, wenn es dich wirklich gibt!«

Aber Targu kam nicht. Zuhra, der es widerstrebte, sich geschlagen zu geben, mußte das letzte Wort haben: »Sie ist nur deshalb nicht gekommen, weil sie Mitleid mit mir hat. Aber warte nur, eines Tages wirst du ihr gegenüberstehen, und dann wirst du sagen: Hätte ich doch nur auf die weisen Worte meiner Mutter gehört!«

»Das ist unmöglich, weil Targu ein Hirngespinst ist, das nur in der Phantasie der Menschen lebt.«

Sichtlich um Haltung bemüht, wandte sich Zuhra der ausnahmsweise schweigenden Zulaika zu und fragte: »Wann beginnt der Ramadan?«

»In drei Wochen, glaube ich«, erwiderte Zulaika verwirrt.

»Die Zeit vergeht wie im Flug«, sagte Zuhra, die ihre Sinne noch immer nicht vollständig beisammen hatte. »Der Hausputz steht noch an, das Bettzeug muß gewaschen und die Zimmer gestrichen werden. Ich weiß gar nicht, ob ich das vor der Fastenzeit alles schaffe.«

»Gott ist groß, er wird dir die Kraft und die innere Ruhe geben«, antwortete Zulaika, wobei sie Marjam vielsagend ansah.

Ein arabisches Sprichwort sagt: »Die Rede ist von meiner Nachbarin, aber gemeint bin ich«. Doch Marjam tat, als verstünde sie Zulaikas Anspielung nicht. Der Gedanke an den Fastenmonat Ramadan ließ ihr Herz vor Freude schneller schlagen.

Und drei Wochen später war es soweit: Die Sichel des

Neumonds verkündete den Beginn der Fastenzeit. Vier Wochen wurde von Sonnenauf- bis Sonnenuntergang gefastet. Es war eine Zeit der Besinnung, der inneren Einkehr. Und eine wundervolle Zeit für die Kinder, die essen durften, soviel sie wollten, während die Erwachsenen ihnen mit knurrendem Bauch und spröden Lippen zusahen. Sie durften außerdem abends länger aufbleiben und spielen oder die Zusammenkünfte der Gläubigen in der Moschee besuchen, wo Männer und Frauen nach dem Gebet religiöse Lieder sangen.

Manchmal, wenn sie mehr *harira* oder *salabija* als gewöhnlich gegessen hatten, wurden sie übermütig und spielten den Erwachsenen üble Streiche. Sie versteckten zum Beispiel die Schuhe, die am Eingang zur Moschee ausgezogen wurden, oder sie machten Bocksprünge über eine am Boden kniende betende Frau. Empört fuhr die Betreffende hoch und, vergessend, daß sie sich an einem Ort des Friedens, der Liebe und des Gebets befand, bedachte die kleinen Teufel mit den schlimmsten Schimpfwörtern, während die Kinder sich mit Unschuldsmiene in den Koran vertieften. Oder sie schlichen auf leisen Sohlen durch die Reihen der betenden Frauen und verknoteten die Zipfel der langen Schleier miteinander. Die Kinder hielten sich den Bauch vor Lachen, wenn die Ärmsten aufstanden, stolperten und übereinanderfielen, und selbst die Erwachsenen konnten nicht lange ernst bleiben.

Marjam liebte die unwirkliche Atmosphäre des Ramadan. Was sie aber nicht ausstehen konnte, war die abendliche Unterbrechung des Fastens, die Radio Algier in jenem Monat durch ein, zwei Stunden andalusische Musik ankündigte. Wie alle Tlemcenerinnen war Zuhra verrückt nach dieser Musik. Und Marjam packte die Wut beim Anblick ihres verklärten Gesichtsausdrucks, des im Takt sich wiegenden Kopfes. Jedes Schluchzen von Geige, Rebab oder Laute wurde von einem wehmütigen Seufzer begleitet. Sobald die Sendung anfing, sprang Marjam auf, um das Radio auszuschalten oder einen anderen Sender einzustellen. Aber da hatte sie die Rechnung ohne Zuhra gemacht. Sie brüllte ihre Tochter an und überschüttete sie mit Verwünschungen: »Marjam! Möge der Herr dich mit einer Verbrennung strafen! Im Höllenfeuer sollst du schmoren! Möge der *shaitan* dir die Beine verdrehen! Mach sofort das Radio wieder an!«

Also schaltete Marjam es wieder ein, setzte sich mit gesenktem Kopf an den Tisch und begann, sich auf das Essen zu konzentrieren. Sie begriff nicht, was man an diesen einfallslosen, dümmlichen Liedern finden konnte, die von unerwiderter Liebe handelten, von der Schönen mit den samtigen Augen, der Wespentaille und den schlanken Fesseln, die den Sänger keines Blickes würdigte oder – o garstig Schicksal! – ihn verlassen und ihm das Herz gebrochen hatte. Marjam war das Verhalten der Frauen ein Rätsel. Auf der einen Seite lauschten Zuhra und die Nachbarinnen mit verzückter Miene diesen Oden an die Liebe, auf der anderen predigten sie immer wieder: »Eine Frau darf einen Mann niemals lieben oder ihm sein Herz schenken. Liebe gibt es nur im Märchen, Liebe währt niemals lange. Man muß einen Mann heiraten, den man nicht kennt und nicht liebt.«

Marjam dachte an den Tag, als Zahia, die von allen nur die Verrückte genannt wurde, auf die belebte Aswi'a gerannt war und geschrien hatte: »Beweint uns nicht in euren Liedern. Erhebt uns in euren Gedichten nicht zu Königinnen, um uns im Alltag vom Thron zu stoßen. Sperrt uns nicht ein in Käfigen, selbst wenn sie aus Gold sind. Behängt uns nicht mit Schmuck und Seide, schmückt lieber unsere Herzen. Wir sind weder käufliche Gegenstände noch die Säule, auf der eure Ehre ruht. Wir haben ein

Herz, das uns oft ins Unglück stürzt, eine Seele, die wir oft verleugnen müssen, und einen Körper, den wir immer hassen!«

Eines Abends überraschte Zuhra ihre Tochter dabei, wie sie sich mit vor Ergriffenheit klopfendem Herzen die von Scheich Zuzu gesungene *qasida* von Bensusan anhörte.

»Marjam! Mach auf der Stelle das Radio aus! Du bist doch so gescheit und lernst den Koran, du müßtest doch wissen, daß Allah und sein Prophet den Genuß von Musik und Poesie verboten haben! Die Musik und die Poesie sind schuld daran, daß die Araber Spanien verloren haben. Hast du das in der Schule nicht gelernt?«

»Oh oh oh, dein Wissen hat aber einige Lücken, Mutter! Und außerdem bist du unaufrichtig. Hast du schon einmal von Ka'b ibn Zuhajir gehört? Er war ein Dichter und Zeitgenosse Mohammeds. Er verfaßte eine *qasida* und trug sie dem Propheten vor, und der war so gerührt, daß er ihm seinen Mantel, die *burda*, schenkte, zum Zeichen seiner Gunst und seiner Fürsorge. Das war im Jahr 9 der Hidschra[1], Mutter. Und der Dichter nannte sich von diesem Tag an Al Burda. Soll ich dir noch mehr Beispiele nennen, Mutter?«

»Marjam! Wenn ich dich in die Finger bekomme, werde ich dafür sorgen, daß du am hellichten Tag die Sterne siehst!« drohte Zuhra.

»Der hellichte Tag hat keine Sterne, Mutter, aber im Hidschas[2] gab es gleich mehrere. Weißt du, wer Dschamila war? Oder Asa al-Majila? Nein? Also paß auf:

Dschamila pilgerte nach Mekka, und es kann keinen

[1] Muslimischer Kalender, beginnt mit dem Jahr 622; das Jahr 9 entspricht also 631.
[2] Region auf der arab. Halbinsel zwischen dem Nedschd und dem Roten Meer. Die bedeutendsten Städte sind Mekka, Medina, Chaiber.

Zweifel an der *isnad*[1] geben, denn zu den Personen, die diese Information weitergaben, gehören Ismael ibn Junas, Omar ibn Shaba, Ishaq ibn Ibrahim, Ibn Dschami, Junas ibn al-Katib, Al Hasan ibn Ali, Achmed ibn Sa'id, der Damaszener, Zubajir ibn al-Bakar, Mus'ab. Sie alle bestätigen, daß Dschamila nach Mekka pilgerte. In ihrer Begleitung befanden sich viele Sänger und Sängerinnen, darunter Asa al-Majila, Hababa, Salama, Chalida, 'aqila, Bulbul, sowie eine große Anzahl Dichter und berühmte Aristokraten. Sie berichteten später, sie hätten nie eine unterhaltsamere Pilgerreise unternommen.

Unweit von Mekka stießen auch Ibn Musadschih, Ibn Surajidsch, al-Gharid und andere Sänger zu ihnen, und so hielt Dschamila in Begleitung der bedeutendsten Sänger und Dichter ihrer Zeit, unter ihnen Omar ibn Abi Rabi'a und al-Harith ibn al-Khalid al-Machsumi, Einzug in der Stadt. Auch viele vornehme Bürger schlossen sich dem Zug an.

Die Einwohner kamen aus ihren Häusern, um die Sängerin und ihr Gefolge zu bewundern. Als sie ihre Pilgerreise abgeschlossen hatte, baten die Leute sie, für sie zu singen. Aber Dschamila antwortete ihnen: ›Ich pflege meine moralischen Pflichten strikt von meinen materiellen Bedürfnissen zu trennen.‹

Bei ihrer Rückkehr wurde sie von den Einwohnern Medinas bejubelt und bedrängt, ein großes Fest zu geben. Sie ließ zehn Tage verstreichen, ehe sie alle einlud, darunter die angesehensten Bürger der Stadt, ihre Heimkehr von ihrer Reise nach Mekka mit ihr zu feiern.

Und dann sang Dschamila ein Gedicht von Omar ibn

[1] Reihe der Autoritäten, die eine Überlieferung weitergegeben haben, daher – insbesondere, wenn sie sich mit anderen Ketten überschneidet – eine Garantie für Authentizität.

Abi Rabi'a. Die Zuhörer waren hingerissen. Abu al-Faradsch al-Isfahani berichtet, sie hätten nie ein schöneres, gefühlvoller vorgetragenes Lied gehört. Die Tränen liefen Omar ibn Abi Rabi'a übers Gesicht und tropften auf seinen Bart und sein Gewand. Das nächste Lied sang Dschamila mit Ibn Surajidsch, das übernächste mit Sa'id ibn Musabib und das darauffolgende mit Ma'bad. Am anderen Tag ließ sich Dschamila von fünfzig Lautenspielerinnen begleiten. Nie hatten die Einwohner von Medina ein beeindruckenderes Schauspiel erlebt.

Dschamila war vielseitig begabt: Sie konnte nicht nur singen und Musikinstrumente spielen, sie schrieb auch Gedichte. ›Ich habe nie eine Frau gekannt, die so viele hervorragende Eigenschaften in sich vereint‹, sagt ein Zeitgenosse. ›Sie ist schön, hat einen anständigen Charakter, eine stolze Haltung und eine goldene Stimme.‹

Asa al-Majila, ›Asa mit dem wiegenden Gang‹, war eine nicht minder begabte Sängerin und Lautenspielerin. Sie gab Vorstellungen für die vornehmen Familien von Medina und Mekka und sang für die Kinder der ersten Weggefährten des Propheten. Sie war mit Mus'ab ibn Zubajir, Aischa Bent Talha und Sukajina bint al-Husain befreundet und trug ganze Abende lang Gedichte von Omar ibn Abi Rabi'a vor. Sie wurde in Medina nicht nur ihrer Begabung, sondern auch ihrer guten Sitten wegen geschätzt. Sie starb im Jahr 99 der Hidschra, Mutter, in der Blütezeit des Islam!«

»Marjam!« brüllte Zuhra entnervt.

»Soll ich dir erzählen, was Abu al-Faradsch al-Isfahani in seinem *Buch der Lieder* geschrieben hat, Mutter? Und er war kein *Rumi.* Hör zu: ›Vier Männer haben die Tradition des Gesangs begründet, zwei stammen aus Mekka, nämlich Ibn Surajidsch und Ibn Muhris, zwei aus Medina:

Ma'bad und Maliq ibn Samh.‹ Als Ibn Surajidsch zu singen begann, regierte der Kalif Othman ibn Affan, das war um das Jahr 25 der Hidschra, Mutter.«

»Marjam!« schrie Zuhra abermals.

»Reg dich nicht auf, Mutter. Hör dir lieber dieses Gedicht an, das eine Frau namens Zainab besingt:

›Der Duft von Moschus erfüllte das Na'man-Tal,
Weil Zainab und andere wohlriechende Frauen hindurchschritten.‹

Und einer der sieben *fuqaha*[1] von Medina stampfte mit dem Fuß und sagte: ›Wahrlich, Herr, diese Verse sind hübsch anzuhören.‹«

»Marjam!« brüllte Zuhra zum drittenmal.

»Beruhige dich, Mutter. Ich werde dir ein Gedicht vortragen, das ein *faqih* namens Ubajid Allah ibn Mas'ud schrieb. Er gehörte zu den sieben *fuqaha* von Medina. Hör gut zu:

›Du hast mein Herz entzweigebrochen und Liebe hineingegossen, Liebe zu dir,
Ganz langsam wuchs es wieder zu, die Risse schlossen sich.
Die Liebe zu Athma ist in mein Herz eingedrungen,
Und seine Form entspricht seinem Inhalt.
Sie hat sich dort ausgebreitet, wohin die Freude am Wein,
das Leid und das Glück nie gelangten.‹«

»Marjam!«

»Schrei mich nicht an, Mutter, hör dir lieber an, was die Araber in Mekka und Medina sangen, als sich die Moslems auf dem Gipfel ihres Ruhms befanden:

›Für mich ist keine Freude von Dauer,

[1] Faqih, Pl. fuqaha: islamischer Rechtsgelehrter.

Es ist Gottes Wille, seinem Ratschluß habe ich mich zu beugen.
Ich sah eine Gazelle im Wiesengrund äsen,
Und ich sagte: Das ist Laila, ja, das ist sie!
Verweile, Antilope, und stärke dich,
Hab keine Furcht, ich werde Wache halten,
Nacht für Nacht ... Und ich, der ich mein Leben verbrachte,
Ohne die Nächte zu zählen, ich zähle sie nun.
Sie zieht meinen Blick auf sich, obgleich ich, im Gebet verharrend,
Nach vorn und nicht nach hinten schauen sollte.
Ich bin kein schlechter Gläubiger, aber ihre Liebe
Hat die alte Wunde wieder aufgerissen, und kein Arzt
Vermag mir Linderung zu verschaffen. Ein Name ist für mich ohne Fehl,
Wenn er wie der ihre lautet, ihm gleicht, mit ihm zusammengeht.‹

Was sagst du dazu, Mutter? Soll ich dir sagen, weshalb die Araber Spanien und ihre Ehre verloren? Nicht Musik und Poesie sind schuld daran, sondern die mörderischen Auseinandersetzungen zwischen den Emiren, die Unfähigkeit der Herrschenden, die Mißwirtschaft und die unerhörte Verschwendungssucht der Fürsten und ihrer Günstlinge, der Verrat allenthalben! Der Wein ist schuld daran, Mutter, die Bestechlichkeit, das Spiel, die Vetternwirtschaft und die Unmäßigkeit in allem, die Poesie mit eingeschlossen, besonders die, die Lobeshymnen auf diese Versager sang!

Das, Mutter, sind die Gründe für die Vertreibung der Araber aus Spanien.

Allal, möge der Herr ihn in sein Reich aufnehmen, hat mir die Verse beigebracht, die der Sänger dem Sultan von Sevilla zur gleichen Stunde vortrug, da die Truppen Ferdinands II. auf die Stadt vorrückten:

›Heute nacht ertränke deine Sorgen und vergiß sie,
Denn du weißt nicht, was der morgige Tag bringen wird.‹

Der nächste Tag, es war der 29. November 1248, brachte die Vernichtung des arabischen Heers.

Du siehst, *Mwa*, nicht Scheich Zuzu und die Musik haben den Untergang der Araber herbeigeführt. Die Araber haben sich selbst ihr Grab geschaufelt.«

10

»Allmächtiger, ich werde es nie begreifen! Was wollte sie auf der Aswi'a am Bab Sidi Boumedienne? Wo war sie nur mit ihren Gedanken, daß sie das Auto nicht gesehen hat?« murmelte Zuhra. »Wenn sie wenigstens sprechen könnte! Wenn doch der Arzt endlich käme! Wenn ich doch ihrem Vater gleich ins Grab gefolgt wäre, damit mir das alles erspart geblieben wäre!«

Mit der einen Hand umklammerte sie das Handgelenk ihrer Tochter, die andere krampfte sich um die Gebetsschnur. Jamna und Zulaika besaßen nicht mehr die Kraft, den Mund aufzumachen und etwas zu erwidern. Die Angst und die Dunkelheit setzten Zuhra so sehr zu, daß sie die Nerven verlor, sich vorbeugte und ihre Tochter heftig schüttelte.

»Marjam! Wach auf, Marjam! Sag doch etwas! Du mußt dich anstrengen, dann kannst du es! Du mußt nur wollen!«

Marjam schlief nicht. Sie richtete den Blick auf das schöne, zerquälte Gesicht ihrer Mutter und versuchte verzweifelt, ein paar tröstliche Worte hervorzubringen. Aber kein Laut kam aus ihrer Kehle. Zuhra brach weinend zusammen. Sie ließ die Hand ihrer Tochter los, wischte sich über die Augen und putzte sich die Nase.

»Ich hätte Vater bitten sollen, heute nacht hierzubleiben. Ich konnte ja nicht ahnen, daß es Komplikationen geben würde. Und da behaupten diese dämlichen Ärzte, sie hätten alles unter Kontrolle. Verschone ihr Leben, Herr. Laß sie leben, ich bitte dich. Hab Mitleid mit mir«, flüsterte Zuhra, die Lippen dicht an ihrer Gebetsschnur.

Marjam griff nach ihrer Hand und drückte sie, so fest sie konnte. Zuhra zuckte zusammen, als hätte sie einen elektrischen Schlag bekommen, und starrte in die Augen ihrer Tochter, die sie zärtlich ansah.

»Lebe, mein Kind! Lebe, ich flehe dich an. Du hast mir einmal, als ich niedergeschlagen und mutlos war, gesagt: ›Ein Leben ist nichts wert, aber nichts ist soviel wert wie ein Leben.‹ Ich bitte dich, lebe, meine Gazelle, lebe um deines Großvaters willen. Es wäre sein Tod, wenn dir etwas zustieße«, schluchzte Zuhra.

Marjam schloß die Augen, um die Tränen der Mutter nicht mehr sehen zu müssen.

Der Tag, an dem Al Ghauzi aus der Haft entlassen wurde, war einer der schönsten in Marjams Leben. Sie hielt sich in der Küche auf und lernte unter Zuhras Anleitung kochen, damit sie später einmal einen Mann halten und ihre Schwiegereltern für sich einnehmen konnte, als Fatma plötzlich schrille *jujus* ausstieß.

»Zuhra! Zuhra!« schrie sie. »Schau mal, wer gekommen ist!«

Zuhra ließ das Messer fallen, das sie in der Hand hielt, und eilte in den Gang hinaus. Im Türrahmen zeichnete sich eine schmale, zerbrechliche Gestalt ab. Zuhra warf sich in die Arme des Vaters und bedeckte sein Gesicht, seine Schultern, seine Hände mit Küssen. Auf einmal war sie wieder sein kleines Mädchen. Sie weinte und er auch.

Marjam und ihre Geschwister, Fatma, die Dienstboten und die Nachbarn umringten die beiden. Keiner wagte, die rührende Wiedersehensszene zu stören. Endlich wischte sich der Großvater die Tränen ab und wandte sich seinen Enkelkindern zu. Er hätte sie fast nicht mehr erkannt. Fusija und Nuria waren erwachsen geworden und trugen den Schleier. Fatima, Nadschia und Mohammed waren ein ganzes Stück gewachsen. Marjam hatte das Haar zu zwei langen Zöpfen geflochten und ging seit einem guten Jahr aufs Gymnasium.

Al Ghauzi kniete vor ihnen nieder, wie er es getan hatte, als sie noch klein gewesen waren, streichelte sie und segnete sie. Eine lange Zeit war vergangen, Jahre, in denen sie nichts voneinander gehört hatten.

»In welche Klasse gehst du, Nuria?«

»Ich werde dieses Jahr das Abitur machen, liebster *Bwa.*«

»Das Abitur? Aber du bist doch erst sechzehn!« rief er erstaunt aus. Dann besann er sich und fügte kopfschüttelnd hinzu: »Vier Jahre! Ich bin vier Jahre fort gewesen. Und du, Fusija?«

»Ich komme in die zehnte Klasse, *Bwa.*«

»Und du, Fatima?«

»Ich auch.«

»Und du, Marjam? In welcher Klasse bist du? Ich hätte dich nicht erkannt, Kind, wenn wir uns auf der Straße begegnet wären.«

»O doch, Großvater, du hättest mich unter Tausenden erkannt«, antwortete Marjam. »Ich bin inzwischen auch auf dem Gymnasium und gehe in die fünfte Klasse.«

»Dein ist die Macht und die Herrlichkeit, o Herr! Und ihr beide?« wandte er sich an Nadschia und Mohammed.

»Wir gehen in die Grundschule. In die dritte und die vierte Klasse«, antworteten sie im Chor.

Der Großvater zog sein Taschentuch hervor und schneuzte sich kräftig, um seine Rührung zu verbergen.

»Komm, *Bwa*, setz dich, du bist doch bestimmt müde.«

Der Großvater nahm Mohammed bei der Hand und folgte ihm. Er blickte sich um wie jemand, der an Amnesie litt und ganz langsam das Gedächtnis wiedererlangte. »Dein ist die Macht und die Herrlichkeit, o Herr«, murmelte er ein ums andere Mal vor sich hin, während er den Blick über seine Enkelkinder schweifen ließ. »Kannst du schon lesen, Mohammed?«

»Aber ja, *Bwa.*«

»Und rechnen auch schon?«

»Natürlich.«

»Als ich fortging, konntest du kaum sprechen«, sagte der Großvater lachend.

»Vier Jahre sind eine lange Zeit. Und wir haben in diesen vier Jahren so viel durchgemacht wie andere in ihrem ganzen Leben«, sagte Zuhra, die mit einem Tablett voller Leckereien das Wohnzimmer betrat.

Die Nachbarn, die eingeladen worden waren, begannen, dem Großvater Fragen zu stellen. Und Al Ghauzi erzählte, wie er das Rauchen aufgegeben, wie er einem Zellengenossen Unterricht in Rechtswissenschaft erteilt und wie ein erst Siebzehnjähriger zum maßlosen Erstaunen der Gefängniswärter das Abitur gemacht hatte. Er berichtete auch von einem vierzehnjährigen Jugendlichen, der festgenommen, gefoltert und ohne Anklage und Verurteilung inhaftiert worden war. Niemand hatte es für nötig befunden, seine Familie, die verzweifelt nach ihm suchte, zu verständigen.

»Hat man Sie so ohne weiteres entlassen?« fragte Murad.

»Bald werden die Verhandlungen beginnen, deshalb wurde eine Amnestie für diejenigen erlassen, die sich keiner schweren Vergehen schuldig gemacht haben.«

»Sie haben immerhin eine Kaution in Höhe von einer Million verlangt«, empörte sich Zuhra. »Als ob du eine Geisel gewesen wärst, die nur gegen eine Lösegeldzahlung freikommt. Das Geld sehen wir nie wieder, verlaß dich drauf.«

»Und wenn schon. Das Geld kommt und geht. Die Hauptsache ist doch, daß dein Vater wieder da ist«, meinte Zulaika.

Nachdem die Nachbarn sich bald darauf verabschiedet hatten, bat Zuhra die Kinder, ihre Sachen zu packen, weil sie den Großvater nach Bab al-Achdid begleiten würden. Als sie das Haus verließen, eilten ihnen Amti Mania und Zainab entgegen, die die Nachricht von der Heimkehr des Großvaters gehört hatten. Die beiden Frauen beschlossen, sich der kleinen Gruppe anzuschließen und ein paar Tage im Haus Al Ghauzis zu verweilen.

Die Leute kannten in diesen Tagen nur ein Gesprächsthema: die Verhandlungen. Die Gespräche über eine mögliche Unabhängigkeit Algeriens sollten in Evian stattfinden, soviel hatte Marjam mitbekommen. Doch die Militärs waren anscheinend nicht bereit, Algerien in die Freiheit zu entlassen, selbst wenn sie dadurch einen Krieg heraufbeschwören sollten. De Gaulle, der französische Staatspräsident, hingegen war anderer Ansicht. In einer Rede, die im Rundfunk ausgestrahlt worden war, hatte er sogar »Es lebe das algerische Algerien« gerufen. Marjam und ihre Familie waren sprachlos gewesen. Da stellte ein

Rumi – und nicht irgendeiner, sondern das französische Staatsoberhaupt – in aller Öffentlichkeit fest, Algerien gehöre den Algeriern. Marjam verstand überhaupt nichts mehr. Wozu dann all die Toten? Wozu die Greueltaten? Wozu das Morden, wenn nichts anderes als das dabei herauskam?

Marjam entdeckte, wie egoistisch, blind und wahnsinnig der Mensch war. Er kannte nichts als Gewalt und das Streben nach Macht, er liebte es, sein eigenes Blut zu vergießen und seinen Durst mit dem Blut anderer Menschen zu stillen. Aber was erreichte man schon durch Gewalt? Nichts, das wußte Marjam aus eigener Erfahrung. Das beste Beispiel war die Koranschule: Erst nachdem der Olivenholzstock durch ein Instrument ersetzt worden war, das jeder in sich trägt, die Sanftmut nämlich, ging sie gern in den Unterricht. Und in der staatlichen Schule lernte sie leicht und schnell bei einer freundlichen Lehrerin. Um ihr eine Freude zu machen, ging sie sonntags oft nach Lalla Setti oder al-Ubad, wo sie Margeriten, Mimosen, Veilchen und Butterblumen pflückte, und ihr den Strauß dann anderntags überreichte.

Aber die Güte, die wertvollste Eigenschaft, die Gott dem Menschen auf den Weg gab, wurde oft mit Füßen getreten und von Haß und Grausamkeit verdrängt. Hatte sie selbst nicht auch gehaßt? Sogar den Tod hatte sie den *Rumis* gewünscht, so weit hatten ihre Fallschirmjäger, ihre Legionäre, ihre Geheimpolizei sie getrieben. Dabei wollte sie jeden lieben und jedem helfen, der sie freundlich darum bitten würde. Was für eine wundervolle Eigenschaft war die Güte doch, und wie oft wurde sie brutal zerstört.

»Marjam? Großvater fragt nach dir. Er ist in seinem Zimmer.«

Sie schob den Vorhang beiseite und blieb in der Tür stehen.

»Komm herein, mein Kind. Komm, setz dich zu mir. Du gehst schon aufs Gymnasium«, sagte er verwundert und fuhr sich mit der Hand übers Gesicht. »Dein ist die Macht und die Herrlichkeit, o Herr! Gestern noch warst du ein kleines Mädchen, und heute bist du fast schon eine junge Frau. Erzähl, wie war dein erster Tag im Gymnasium?«

»Langweilt dich das nicht?«

»Nein, bestimmt nicht. Es wird mir helfen, die vier Jahre Haft auszulöschen. Deine Schwestern, dein Bruder, deine Mutter und deine Tanten haben mir stundenlang berichtet, was sich seit meiner Verhaftung zugetragen hat, nun bist du an der Reihe.«

»Wie du willst, *Bwa.* Also: Am Tag vor Schulbeginn sind wir in den Hamam gegangen, Mutter hat mich zwischen ihren Schenkeln eingeklemmt und mich gewaschen und geschrubbt, bis mir alles weh tat, aber ich habe keinen Laut von mir gegeben, so stolz und glücklich war ich, endlich aufs Gymnasium zu gehen. *Mwa* hatte mir neue Kleider gekauft, neue Schuhe, eine neue Schultasche und einen Schulkittel aus Nylon. Am nächsten Tag bin ich bei Sonnenaufgang aufgestanden und habe nachgeschaut, ob ich auch alles eingepackt hatte: meine Hefte und Ordner, die Tintenfüller und die Kugelschreiber. Du kannst dir nicht vorstellen, wie sehr ich mich gefreut habe. Endlich mit einem richtigen Füllfederhalter schreiben zu können hat mich alles vergessen lassen, den Krieg, den Tod, die Angst. Alles! Weißt du noch, *Bwa*, wie meine Schwestern uns damals, als sie vom Gymnasium nach Hause kamen, geärgert haben mit ihren Gesprächen auf Latein und Englisch? Jetzt konnte ich es ihnen heimzahlen! Jetzt ging ich auch aufs Gymnasium! Wir sind zusammen aus dem Haus gegangen und die Straße hinauf, vorbei an den Straßensperren, durch Al Qajsarija, wo es noch ziemlich ruhig war, bis zur Place de la Mairie. Dann haben wir die Rue de France überquert und sind am Meschuar vorbeigegangen. Und auf einmal sah ich die breite Marmortreppe. Mein Herz begann wie wild zu klopfen. Ich weiß nicht mehr, wie ich bis in den Schulhof gekommen bin. Als ich mich einigermaßen gefaßt hatte, fiel mir gleich auf, daß die Schüler in zwei Lager gespalten waren: auf der einen Seite die Araber, auf der anderen die *Rumijats.* Ich war entsetzt, weil ich das von der Slane-Schule nicht kannte; dort hatten alle zusammen gespielt. Mir wurde plötzlich klar, daß Kinder nichts von Segregation wissen, aber von Jugendlichen, die meinen, sie seien erwachsen, wird sie geübt.«

»Segregation? Was für ein gelehrtes Wort, mein Kind!« bemerkte Al Ghauzi lächelnd.

»Oh, ich weiß noch viel gelehrtere«, erwiderte Marjam ernst. »Weißt du, was mich an den *Rumijats* am meisten beeindruckt hat, *Bwa*? Ihre Frisuren. Sie hatten sich das Haar oben auf dem Kopf aufgetürmt. ›Toupieren‹ nannten sie es, das war die große Mode. Sie waren auch so seltsam angezogen. Sie trugen ganz weite, ausgestellte Röcke. Bei jedem Schritt schwang der Rock von rechts nach links und wieder zurück. Und ihre Schuhe hatten hohe, spitze Absätze.«

»Und du, mein Kind, was hast du angehabt?«

»Einen Faltenrock und eine Bluse und darüber den Schulkittel. Fatma hatte mir die Haare zu einem Pferdeschwanz gebunden. Weißt du, Großvater, ich habe mir ständig gesagt, ich darf mich auf keinen Fall von diesen *Rumijats* einschüchtern lassen. Ich habe an die Worte Ami Ambaraks, Nana Scharifas und Zulaikas gedacht: ›Dieses Leben gehört ihnen, die Ewigkeit aber uns.‹ Dann haben Ami Ambarak und Allal also ihretwegen sterben müssen, dachte ich, dann ist meine Familie ihretwegen in alle Winde zerstreut worden, wegen dieser Geschöpfe mit den toupierten Haaren, den manikürten Händen, den schmuckbehangenen Armen und Knöcheln. Schließlich läutete die Schulglocke und riß mich aus meinen düsteren Gedanken. Ich schloß mich den Sextanern an. Wir waren eine Handvoll Araber, die in der Masse der *Rumijats* unterging.«

»Und dann, mein Kind?«

»Dann hat die Direktorin unsere Anwesenheit festgestellt, indem sie alle Namen aufrief. Ich bin in eine Klasse mit Céline und Fatiha gekommen. Weißt du, was ich nicht verstehe? Daß Mutter mich für den humanistischen Zweig angemeldet hat.«

Der Großvater lachte. »Das kann ich dir erklären. Deine Mutter haßt die Naturwissenschaften, weil sie fest überzeugt ist, die Mathematik sei schuld am frühen Tod deines Vaters. Wenn ich hier gewesen wäre, hätte ich ihr das schon ausgeredet.«

»Aber du warst nun mal nicht da. Leider!«

»Wie war die erste Unterrichtsstunde?«

»Überwältigend. Unsere Klassenlehrerin gab sie. Sie trug eine Brille und einen verbissenen Gesichtsausdruck und hatte eine metallische Stimme. Sie legte ihre Mappe aufs Pult und sagte, wir sollten ein Blatt ausfüllen. Den Nachnamen sollten wir in Großbuchstaben, den Vornamen in Kleinbuchstaben schreiben. Die meisten von uns wußten aber nicht, was Großbuchstaben waren. Ich auch nicht. Als sie sah, daß wir fast alle unseren Namen klein geschrieben hatten, fing sie zu toben an. Wir waren vor Angst wie versteinert. Ungefähr zwanzig Schülerinnen bekamen gleich in der ersten Stunde eine Sechs. Ich auch. Ich wußte gar nicht, wie ich es *Mwa* beibringen sollte. Du hättest mich verteidigt, aber du warst nicht da. Du ahnst nicht, was wir in der Zeit, als du im Gefängnis warst, durchgemacht haben, Großvater!«

»Ich weiß, Kind, ich weiß. Meine Gedanken sind immer bei euch gewesen. Ich habe auch vom tragischen Tod deines alten Freundes Ami Ambarak gehört.«

»Ach, Großvater, wenn du wüßtest . . .« Marjam brach in Tränen aus.

»Beruhige dich, meine Gazelle. Erzähl mir, was du sonst noch in der Schule erlebt hast.«

»Ich kann nicht, liebster *Bwa.* Ich bin so traurig. Ein andermal.«

Sie stand auf, küßte Stirn und Hand des alten Mannes und lief schnell hinaus, damit er sie nicht weinen sah. Zuhra und ihre Schwestern plauderten sorglos und lachten. Amti Mania und Zainab ließen die Gebetsschnur durch die Finger gleiten und nickten ab und zu mit dem Kopf. Wie friedlich sie aussahen, so als könnte sie nichts mehr erschüttern. Sie besaßen die Gelassenheit des Alters, und Marjam wünschte, sie wäre so alt wie die beiden Frauen.

Die Erinnerungen an den ersten Tag im Gymnasium hatten alte Wunden aufgerissen.

»Mademoiselle SNP Mohammed Fatima« – SNP war die Abkürzung für *sans nom patronymique* (ohne Familienname), ein Zusatz, den sie auf Anordnung der Kolonialverwaltung tragen mußten, die ihnen nach ihrer Vergangenheit und ihrem Land auch noch den Namen raubte – »Mademoiselle SNP Mohammed Fatima, würden Sie bitte vor der Klasse wiederholen, welches Ihre Muttersprache ist?« hatte die Lehrerin gebellt.

»Meine Muttersprache ist Arabisch, Madame«, erwiderte Fatima ruhig.

»Sechs und zwei Stunden Nachsitzen! Hier, Ihre Karteikarte. Verbessern Sie! Muttersprache: Französisch; Fremdsprache: Arabisch. Notieren Sie auch, welche Sprache Sie als zweite Fremdsprache erlernen wollen. Sie können wählen zwischen Englisch, Deutsch, Spanisch, Schriftarabisch und Maghrebinisch.«

Marjam saß da wie gelähmt. Sie verstand gar nichts mehr. Ihr Gehirn befahl ihr, den Bogen so auszufüllen, wie die Lehrerin es verlangte, aber ihre Hand bewegte sich nicht. Fatiha, die sie beobachtete, flüsterte ihr zu:

»Reicht dir eine Sechs nicht? Tu, was sie gesagt hat, nachdenken kannst du später.«

Als sich Marjam immer noch nicht rührte, nahm sie das Blatt Papier an sich und trug unter »Muttersprache« Französisch ein und unter »Fremdsprache« Arabisch. Marjam schaute auf. Der Freundin liefen Tränen übers Gesicht. Sie verspürte den starken Drang, sich zu übergeben, um sich von dem Gift, das sich in ihrem Körper und ihrem Kopf auszubreiten begann, zu befreien.

Wie kann sie behaupten, die Sprache meiner Mutter sei das Französische? dachte sie. Sie ist zwar blond und hat türkisgrüne Augen und hält das Elsaß für die Wiege der Schönheit und der Anmut, aber sie ist doch keine *Rumija.* Sie verrichtet fünfmal täglich ihr Gebet, hält den Fastenmonat ein, besucht jeden Freitag die Gräber der Heiligen, träumt von einer Pilgerreise nach Mekka und würde niemals in einem französischen Viertel wohnen wollen.

Marjam hatte das Gefühl, man versuchte, sie ihrer Familie, ihrem Volk zu entfremden. Bedrückt verließ sie die Schule. Auf dem Heimweg erzählte sie ihren Schwestern, was vorgefallen war. »Beiß die Zähne zusammen«, rieten sie ihr, »wir haben auch Französisch als unsere Muttersprache angegeben und mit niemandem darüber gesprochen. Da mußt du durch!« Am Nachmittag hatte es Marjam nicht mehr so eilig, in die Schule zu kommen. Zwei gewaltige Dämpfer hatte sie schon bekommen, das genügte fürs erste. Mit schweren Schritten ging sie die Treppe vor dem stattlichen Gebäude hinauf. Niedergeschlagen wartete sie auf das Läuten. Sie sprach mit niemandem, nicht einmal mit Céline.

An diesem Nachmittag hatte sie Geschichte und Geographie. Die Lehrerin lächelte freundlich und schien ganz nett zu sein. Sie werde in dieser Stunde die Kultur ihrer griechischen und römischen Vorfahren durchnehmen, erklärte sie. Kein Wort von den Berbern. Und die Araber? Nichts als plündernde, brandschatzende, mordende Horden, die wie Heuschreckenschwärme ganze Landstriche verwüsteten. Sie hatten nichts geleistet, nichts Bedeutendes hervorgebracht. Glücklicherweise hatten sich die edlen, tapferen Franzosen erbarmt und die Algerier mit Hilfe von Knüppeln, Bajonetten und Kanonen dazu gebracht, die Zivilisation anzunehmen. Sie hatten das Land zu dem gemacht, was es war. Sogar die Fliegen hatten sie verjagt! Der Fliegenwedel des Dei hatte nicht genügt. Sie hatten die Araber und die Berber im Ackerbau unterwiesen, hatten sie Schreiben, Rechnen und Atmen gelehrt.

»Eine Viertelstunde bleibt uns noch«, sagte die Lehrerin am Schluß der Stunde. »Ich werde Ihnen ein paar Fragen stellen, um Ihren Wissensstand zu überprüfen. Wer von Ihnen, Mesdemoiselles, kann mir sagen, wer Jeanne d'Arc war?«

Mehrere Schülerinnen meldeten sich. Marjam wußte freilich, wer Jeanne d'Arc war und wie sie den Tod gefunden hatte, aber sie dachte an Hasiba Ben Buali und Maliha Hamidu, die für Algerien gestorben waren.

»Und in welchem Jahrhundert hat Ludwig der Heilige regiert? Was war sein besonderes Verdienst?«

Marjam starrte in die Luft und konnte sich nicht dazu entschließen, die Hand zu heben. Ludwig hatte sich um die Rechtsprechung verdient gemacht und war 1270 in Tunis an der Pest gestorben. Aber vor ihrem geistigen Auge sah sie Omar ibn al-Chattab, deren Herrscher der Gläubigen, deren weisen gerechten Kalifen, der, als Bettler verkleidet, durch die Straßen seiner Stadt wanderte, um sich mit eigenen Augen von den Lebensbedingungen seiner Untertanen zu überzeugen.

»Und in welchem Jahrhundert hat Ludwig XIV. gelebt? Was für einen Beinamen gab man ihm? Was hat er Großes geleistet?«

Dein Sonnenkönig kann niemals Harun ar-Raschid das Wasser reichen, dachte Marjam, Versailles ist nichts verglichen mit Bagdad und seine Académie unbedeutend im Vergleich zu Ma'muns *Bit al-Hiqma*, dem »Haus der Weisheit«.

»Und Napoleon? Wann wurde er zum Kaiser gekrönt?«

Marjams Gedanken schweiften zu Oqba, Tarik ibn Sijad, Khalid ibn al-Walid, Hamza und Ali, die das Gesicht der Welt verändert hatten.

Das Läuten der Schulglocke riß Marjam aus ihren Tagträumen. Der Rest des Nachmittags verging wie im Flug. Ausgelaugt verließ Marjam die Schule und ging nach Hause.

»Marjam, wo du gerade auf der Terrasse bist, könntest du Großmutters Tauben frisches Wasser und Futter geben!« rief Zuhra fröhlich.

Turteltauben galten in Tlemcen als heilig und glückbringend. Ihr Gurren hörte sich an, als lobpreisten sie den Herrn: »*Dhikr allah, dhikr allah.*«

Als Marjam den Käfig gereinigt und Wasser und Körner nachgefüllt hatte, ging sie zu den Frauen in den Innenhof hinunter. Ihr fiel auf, daß ihre Mutter ein Kleid aus blauer Spitze trug. Zuhra bemerkte ihren Blick und begann zu lachen.

»Großvater hat mich auf den Koran schwören lassen, keine Trauerkleidung mehr zu tragen. Und da habe ich eben meine Vorkriegssachen wieder hervorgeholt. Gefällt es dir?«

»Du siehst wunderschön aus, Mutter. Wie eine Königin. Dein Kleid hat die Farbe des Himmels.«

»Mir scheint, du hast gut zugehört, wenn wir dir ein Märchen erzählt haben, Kind«, sagte Amti Mania lachend.

Marjam blickte zu Boden und schwieg. Zuhra nahm ihre Unterhaltung mit ihren Schwestern, ihrer Stiefmutter und den alten Tanten wieder auf, die sich um den Tag drehte, an dem der Krieg endlich zu Ende und die Familien wieder vereint wären. Amti Mania und Amti Zainab, beide dem Brauch entsprechend ganz in Weiß gekleidet, warfen des öfteren ein »Amen, Amen, o Herr der Welten« ein. Der Großvater hatte sich in sein Zimmer zurückgezogen. Die Turteltauben auf dem Dach gurrten. Marjam legte den Kopf in den Schoß der Großtante, die ihr über die Stirn strich und leise zu singen begann:

»Komm in meine Arme, mein Kind,
Ich will dir vom Licht singen, das selbst den Glanz der Sterne verblassen läßt,
Ich will dir vom Meer singen, das sich in die Dünen verirrt,
Ich will dir von den Bergen singen, in denen die Menschensöhne Zuflucht finden,
Ich will dir vom gelben Staub der Wüste singen, der wirbelnd sich über die höchsten Felsen legt.
Komm in meine Arme, mein Täubchen.
Ich werde dich trösten mit tausendundeiner Geschichte.
Ich werde dir vom Ruhm erzählen, der, wenn er zerbröckelt,
Die Einöde der Verzweiflung noch trostloser macht.
Ich werde dir den Zauber der Schönheit beschreiben
Und die zahlreichen Facetten des Mutes.
Komm in meine Arme, mein Kind.

Ich werde dich mit Geschichten trösten, die du nirgends gehört oder gelesen hast.
Ich werde dir von den Menschen erzählen, die auszogen, die Hoffnung zu erobern.
Ich werde dir von der Gnade Gottes sprechen,
Die selbst das Unbedeutende zum Erhabenen erhebt.
Ich werde dir vom Liebreiz lächelnder Gesichter erzählen,
Von der Güte, die in den Herzen wohnt,
Von der Unschuld in den Augen der Kinder.
Komm in meine Arme, mein Täubchen.
Hör, was ich dir zu sagen habe, und gib meine Worte weiter
An die Kinder, die du eines Tages haben wirst
Und die dein Leben bereichern werden.
Fürchte niemanden, meine Tochter, nur dein Gewissen!
Miß dem Urteil der Menschen keine Bedeutung bei,
Fürchte nur das Urteil Gottes!
Erlieg nicht der Verlockung des Reichtums, er ist nicht von Dauer.
Respektiere weder das Geld noch den, der es sein eigen nennt!
Achte den Menschen, der weiß, nicht den, der besitzt!
Hab Ehrfurcht vor dem Wissen. Sei dankbar für die Schönheit einer knospenden Blume und eines zu neuem Leben erwachenden Baumes.
In ihnen offenbart sich das Mysterium Gottes.
Liebe und achte die Freiheit!
Sie ist kostbarer als Diamanten, die die Menschen zu ihren Sklaven machen.
Vergeßt das nie, meine Kinder.
Das Zeitalter der Zerstörung bricht an,

Die Städte werden verwüstet, die Familien auseinandergerissen werden.
Der Mensch wird sich in eine Bestie verwandeln.
Die Wüste wird über uns herrschen, meine Kinder.«

»Das ist ein wunderschönes Gedicht, liebste Tante! Aber ein bißchen traurig, finde ich«, sagte Marjam und wischte sich über die Augen.

»Das liegt vielleicht daran, daß ich alt bin und zuviel erlebt und gesehen habe. Dieses Gedicht ist wie das Leben, weißt du? Ein Tag rosarot und die anderen grau.«

Der süße, friedliche Augenblick wurde unterbrochen, als Besucher kamen, die von der Haftentlassung und Heimkehr des Großvaters gehört hatten. Zuhra erhob sich seufzend und führte sie ins Wohnzimmer, wo sie ihnen Pfefferminztee servierte. Die Unterhaltung drehte sich um die Verhandlungen über das künftige Schicksal Algeriens.

Marjam, die mit Amti Mania im Hof geblieben war, fragte: »Was wirst du an dem Tag machen, an dem Algerien unabhängig werden wird?«

»Ich weiß noch nicht, mein Augenstern. Ich denke, ich werde zuerst ein paar Gebete sprechen, um Gott zu danken. Und dann werde ich in Ain el Houts Kerzen auf den Gräbern meiner Vorfahren anzünden. Und danach werde ich meine alte Freundin *al-Hadscha* Aischa besuchen. Wir werden Rosensirup trinken und auf das Wohl Algeriens und auf deine Zukunft anstoßen. Die Unabhängigkeit ist für dich und deine Geschwister erkämpft worden, macht weisen Gebrauch von ihr. Laßt nicht zu, daß irgend jemand eure Würde mit Füßen tritt. Niemals! Und du, meine Gazelle, was wirst du unternehmen?«

»Ich kann noch gar nicht daran glauben, Tante. Ich werde mich wahrscheinlich wie verrückt freuen, aber auch sehr traurig sein, weil so viele Menschen, die besten, diesen Tag nicht mehr erleben dürfen.«

»Sie werden uns vom Himmel aus zuschauen, mein Kind. Sei nicht traurig, sie werden sich mit uns freuen.«

Zuhra, die die Gäste zum Abendessen eingeladen hatte, hatte sich selbst übertroffen: Es gab Fleischpastete, *harira*, Huhn mit Olivenfüllung und ein Ragout aus Rosinen und Pflaumen.

»Greift zu, um Himmels willen! Eßt, ihr habt ja kaum etwas angerührt«, jammerte sie.

»Deine Speisen sind köstlich wie erlesener Honig, liebste Zuhra«, lobte Chadidscha.

»Danke, danke. Ihr seid der Bienenkorb, von dem er stammt«, schmeichelte Zuhra, die sich auch in dieser Hinsicht selbst übertraf.

»Möge dir ein langes Leben beschieden sein! Möge der Erfolg deiner Kinder dir viel Freude schenken!« rief eine Verwandte aus.

»Hoffentlich können wir eines Tages ein solches Festmahl unbeschwert genießen und ohne ständig gehetzt auf die Uhr zu schauen, weil man sich beeilen muß, damit man noch vor der Sperrstunde zu Hause ist.«

»O brennender Schmerz! An diesem Tag werden wir uns wie Vögel fühlen, denen man die Käfigtür geöffnet hat«, sagte Amti Zainab, während sie sich die Hände mit Seife und dem lauwarmen Wasser reinigte, das Nuria aus einem Silberkrug goß. Fatma reichte ihr ein nach Jasmin duftendes Handtuch. Die beiden gingen von Gast zu Gast, und jeder wusch sich die Hände. Danach wurde der Tisch abgeräumt und Tee und Kaffee serviert. Die Besucher brachen bald danach auf, denn niemand hielt sich bei Anbruch der Dunkelheit noch gern auf den Straßen auf. Nach letzten guten Wünschen und Dankesworten konnten Zuhra und ihre Stiefmutter die Tür schließen und sich hinsetzen, um endlich selbst etwas zu essen. Sie waren den ganzen Abend nicht dazu gekommen.

»Sag, Frau meines Vaters, hast du Henna im Haus?« fragte Zuhra.

»Ja, möchtest du welches?«

»Ich würde gern die Heimkehr meines Vaters feiern und den Kindern die Hände färben. Und mir auch, falls etwas übrigbleibt. Wem soll ich die Hände färben? Wem soll ich die Hände färben?« rief Zuhra und schnitt Stoffstreifen zurecht, mit denen die Hände eingebunden würden.

Alle Kinder kamen herbeigerannt. Sogar Amti Mania und Amti Zainab wollten sich mit den roten Mustern schmücken, und auch der Großvater ließ sich einen kleinen Kreis auf die Handfläche malen. Während Zuhra die Paste auf die Hände der Kinder auftrug, stellten die alten Tanten Rätselfragen.

»Wcr kann dicscs Rätscl löscn? Es ist ganz lcicht. Paßt auf: Es ist so groß, daß es das Minarett küssen kann.« Amti Mania blickte in die Runde.

»Die Giraffe!« schrie Fusija. »Sie hat einen ganz langen Hals.«

»Bravo! Das war aber auch leicht. Jetzt wird's schwieriger: Der Straßenfeger hat gefegt, der Sprenger hat gegossen, die Trommel wurde geschlagen, der beste aller Menschen hat sich hingelegt.«

»O Amti, das ist zu schwer!« protestierten die Kinder, die Stirn vor Anstrengung in Falten gelegt. »Hilf uns ein bißchen. Ist es eßbar, oder gibt es zu essen? Ist es lebendig oder nicht? Ist es ein Mensch oder nicht?«

»Schämt euch«, erwiderten die Tanten lachend. »In eurem Alter haben wir zehnmal schwerere Rätsel gelöst!«

Die Kinder tuschelten.

»Strengt euer schlaffes Gehirn mal etwas an. Wozu geht ihr zur Schule, wenn ihr nicht einmal eine Rätselfrage lösen könnt?« sagte Amti Zainab ungeduldig. »Es handelt sich um vier verschiedene Dinge, soviel will ich euch verraten.«

»Es hat keinen Zweck, Tante, wir wissen es nicht«, gestanden die Kinder zerknirscht.

»Was seid ihr doch für Dummköpfe! Eine Antwort will ich euch geben, den Rest müßt ihr allein herausfinden. Also: Der Straßenfeger, das ist der Wind.«

»Ich glaube, ich hab's«, sagte Fatima. »Der Sprenger, das ist der Regen. Die Trommel, das ist der Donner. Und der beste aller Menschen, der sich hingelegt hat, das ist der Schnee.«

»Bravo! Paßt auf: Mein Mund ist in ihrem Mund, meine Hand umschließt ihre Hand, und meine Augen schauen auf ihren Boden.«

Abermals begannen die Köpfe zu rauchen.

»Das ist eine Tasse«, flüsterte der Großvater.

»Eine Tasse, Tante, eine Tasse!« rief Marjam.

»Sehr gut, ich hoffe, du bist von allein drauf gekommen«, bemerkte Amti Zainab schmunzelnd. »Noch eins: Mein Vater ist hier, aber sein langer Bart reicht bis zur Haustür.«

»Ach, Tante, das kriegen wir nie raus! Ist es etwas Lebendiges? Ein Mensch oder nicht?«

»Es ist nicht lebendig, also auch kein Mensch.«

»Die Öllampe«, flüsterte die Großmutter.

»Die Öllampe, die Öllampe!« riefen die Kinder im Chor.

»Sehr gut. Aber versucht einmal, das nächste ohne fremde Hilfe zu lösen. Also: Es gibt sie in verschiedenen Farben, Araber und Nicht-Araber benutzen sie. Der Dumme braucht sie nicht, aber der Gelehrte ist versessen darauf. Es ist nicht lebendig. Ihr benutzt es ständig.«

Wieder runzelten die Kinder die Stirn und dachten

angestrengt nach. Plötzlich schrie Mohammed: »Die Tinte! Es ist die Tinte!«

»Bravo, mein Schatz. Möge Gott dich deiner Mutter erhalten. Noch ein Rätsel: Das Gehäuse ist geschlossen, aber seine Därme befinden sich außerhalb und machen allen viel Freude.«

Tiefe Falten gruben sich in die Gesichter der Kinder. Sie sahen aus wie kleine Greise, und die Erwachsenen lachten über den komischen Anblick.

»Das ist die Geige«, flüsterte Fatma schließlich.

»Die Geige, die Geige!« kreischten die Kinder.

»Aufgepaßt: Er besiegt meinen Vater und deinen, den Richter und den König. Das müßt ihr aber allein herausfinden. Es ist nicht lebendig und beginnt mit T.«

»Das ist der Tod«, rief Fusija nach einer Weile.

»Sehr gut, mein Herz. Und wer kann das da lösen: Mein Großvater läßt meine Großmutter erst in Ruhe, wenn sie tiefrot ist. Keine Hintergedanken, bitte!« bemerkte Amti Mania trocken. »Denkt logisch.«

Die Kinder überlegten und drehten die Worte hin und her, ohne jedoch die Lösung zu finden.

»Na, was ist, ihr kleinen Taugenichtse? Seid ihr eingeschlafen?«

»Nein, aber wir wissen nicht, was es ist.«

»O ihr Dummköpfe! Das ist der Blasebalg. Man bedient ihn so lange, bis die Glut richtig rot ist. Benutzt gefälligst euren Verstand. Was lernt ihr eigentlich in der Schule?« sagte Amti Zainab gereizt.

»Sidi Ali spielt seine Rolle gut, aber die Frauen durchschauen sein Spiel. Sie geben ihm ein paar Schläge, damit er seine Listen aufdeckt. Was ist das?«

»Das Sieb«, flüsterte die Großmutter.

»Das Sieb, Tante! Das Sieb! Wir haben das Rätsel gelöst!«

»Ganz allein? Noch eins: Papa Mohammed bleibt zu Hause, und Mama Fatma geht zum Markt.«

»Die Öllampe und die Flasche!« rief Fatima.

»Bravo, meine Gazelle! Aber jetzt ist es genug. Ich kann nicht mehr«, meinte Amti Mania lachend.

»Kommt, Kinder, höchste Zeit, ins Bett zu gehen«, mahnte Fatma. »Sonst muß ich euch morgen mit kaltem Wasser wecken.«

»Erzähl uns noch eine Geschichte, Amti«, bettelten die Kinder.

»Habt ihr noch nicht genug? Ihr müßt doch müde sein nach den vielen Rätseln.«

»Nur noch eine, Tante! Bitte!«

»Aber ihr kennt sie doch schon alle. Nun geht schon, ich komme gleich nach. Eine werde ich euch noch erzählen, aber nur eine! Die Geschichte von Dscheha.«

Jubelnd stoben die Kinder davon. Es stimmte schon, sie kannten die Märchen in- und auswendig, aber sie hörten sie jedesmal aufs neue mit der gleichen Begeisterung, der gleichen aufrichtigen Freude. »Vor langer, langer Zeit, als Lilien und Basilikum im Schoße des Propheten, auf dem Gottes Segen ruht, dufteten, lebte einmal ein König. Aber es gibt keinen König außer Allah . . .«

Obgleich sie schon elf war, hatten die Märchen der alten Tanten für Marjam nichts von ihrem Zauber verloren. Wie eine sanfte Melodie wiegten sie sie in den Schlaf und ließen sie alle Sorgen, allen Kummer vergessen.

Am anderen Morgen wickelten die Kinder eilig die Bandagen von den Händen, um das vom Henna eingefärbte Muster zu begutachten. Je dunkler das Rot war, desto besser.

In der Schule starrten alle *Rumijats* auf die scharlachroten Hände der »Eingeborenen«. Die Klassenlehrerin musterte sie mit verächtlicher Herablassung. Um sie zu reizen, und darauf verstand sich Marjam ausgezeichnet, hielt sie die Hände vors Gesicht, drehte sie hin und her und betrachtete die feuerroten Muster. Schließlich verschränkte sie sie über dem Kopf, die leuchtenden Handflächen provozierend der Lehrerin entgegengestreckt.

»Seien Sie wenigstens so anständig und verstecken Sie Ihre Hände unter dem Pult«, bellte die Lehrerin. »Wie kann man sich nur so eine Schweinerei auf die Haut schmieren!«

»Ich bin anständig, Madame. Meine Mutter schmiert mir keine Schweinereien auf die Haut. Sie ist sauberer als Sie. Das ist Henna, und Henna ist weder schmutzig noch unanständig.«

»Halten Sie den Mund! Wollen Sie vier Stunden nachsitzen und einen Tadel?«

»Meinetwegen können Sie mich acht Stunden nachsitzen lassen. Aber ich verbiete Ihnen, mich oder meine Mutter zu beleidigen«, stieß Marjam gepreßt hervor.

»Machen Sie, daß Sie rauskommen! Sie werden erst wieder am Unterricht teilnehmen, wenn Sie mir eine Mitteilung von der Schulaufsicht gebracht haben.«

Blaß vor Wut, mit funkelnden Augen packte Marjam unter den entsetzten Blicken ihrer Mitschülerinnen ihre Sachen zusammen, verließ hocherhobenen Kopfes das Klassenzimmer und schlug die Tür hinter sich zu. Sie ging zur Schulaufsicht, einer Frau mit militärischer Gesinnung, die eine Schule mit einer Kaserne verwechselte und von den Schülern Strammstehen, gesenkten Blick und schuldbewußte Miene verlangte. Sie hielt Marjam einen Vortrag über das heilige Amt des Lehrers, über die Geduld, die sie für gewisse halsstarrige Schüler aufzubringen hätten, über die Größe Frankreichs und die Undankbarkeit der Eingeborenen, die es an Respekt gegenüber den Lehrkräften mangeln ließen.

Beiß die Zähne zusammen, bohr dir die Fingernägel ins Fleisch, bis du blutest, aber weine nicht, sagte sich Marjam ein ums andere Mal. Du wirst nicht vor einer *Rumija* zu heulen anfangen! Al-Hinna, »die mild Machende«, ist die Erde des Paradieses. Ich trage das Paradies auf meinen Händen. Dieses Leben gehört ihnen, die Ewigkeit aber uns. Antworte wie Dur und Sur: Dieses Haus ist das Haus meines Vaters, und jetzt jagen die Hunde uns davon.

»Wenn Sie nicht so eine gute Schülerin wären, wenn Ihr Vater nicht so ein hochgeachteter Mann wäre, würden Sie auf der Stelle von der Schule verwiesen werden.«

Wenn Algerien unabhängig wäre . . . Wenn mein Vater noch lebte, würde er dir den Hals umdrehen . . . Wenn, wenn, wenn! Plötzlich begann sich das Zimmer um sie zu drehen. Ihr wurde schwarz vor Augen, und sie brach zusammen.

Auf der Krankenstation kam Marjam wieder zu sich. Die Direktorin und die Schulaufsicht standen an ihrem Bett.

»Endlich, Mademoiselle! Sie haben uns einen ganz schönen Schrecken eingejagt. Wie fühlen Sie sich?«

»Gut, Madame. Mir fehlt nichts. Ich will nach Hause.«

»Wir haben Ihre Schwester benachrichtigt. Sie schreibt gerade eine Klassenarbeit, aber sowie sie fertig ist, wird sie kommen und Sie abholen. Sie können in Ihrem Zustand nicht allein nach Hause gehen. Ruhen Sie sich ein wenig aus.«

Marjam schloß die Augen. Während sie auf die ältere Schwester warteten, unterhielten sich die beiden Frauen leise.

»Respektlosigkeit den Lehrkräften gegenüber können wir einfach nicht dulden. Sie mag ja im Recht gewesen sein, aber wir müssen doch zusammenhalten gegen die Eingeborenen! Gib ihnen den kleinen Finger, und sie reißen dir gleich den Arm aus. Die Kleine ist zweifellos hochbegabt, aber was soll man machen: Sie ist Araberin und geprägt von ihrem Milieu.«

Sie verstummten, als Nuria hereinkam.

»Was ist denn passiert? Warum bist du auf der Krankenstation?« fragte sie die jüngere Schwester.

»Ich erklär's dir später«, antwortete Marjam auf arabisch. »Ich muß raus hier, sonst ersticke ich noch vor Wut.«

»Hat dich jemand verletzt?«

»Komm bitte, ich erzähle dir alles unterwegs.«

»Ihrer Schwester geht es schon viel besser, Mademoiselle. Sie kann heute nachmittag zu Hause bleiben. Sagen Sie Ihrer Mutter, sie hätte einen kleinen Schwächeanfall gehabt. Vielleicht sollte sie besser einen Arzt konsultieren. Das arme Ding! Sie ist noch ganz blaß.«

Nuria half der Schwester aufzustehen und führte sie die Treppe in den Innenhof hinunter. Auf dem Heimweg erzählte Marjam, was vorgefallen war.

»Großer Gott!« entfuhr es Nuria. »An dem Tag, an dem Algerien die Unabhängigkeit erlangt, werde ich Hackfleisch aus diesen Nieten machen!«

»Was meinst du, soll ich es Mutter sagen?«

»Sie hat schon genug Sorgen. Du hast das Problem selbst gelöst und das einzig Richtige getan. Hab keine Angst, es ist völlig in Ordnung, daß du deiner Lehrerin die Meinung gesagt hast.«

»Ich habe keine Angst. Keine Macht der Welt hätte mich davon abhalten können, ihr zu sagen, was ich denke«, erwiderte Marjam.

Zuhra sagte nichts, als sie ihre Töchter früher als gewöhnlich von der Schule nach Hause kommen sah. Sie war wie üblich in eine Unterhaltung mit ihren Schwestern vertieft. Ein paar Tage später verließen sie das Haus der

Großeltern in Bab al-Achdid und kehrten nach Derb Messoufa zurück. Die Nachbarinnen berichteten, eine Geheimorganisation namens »Rote Hand« triebe im Viertel ihr Unwesen und führe Vergeltungsschläge gegen Familien, die mit der FLN sympathisierten.

»Wir können seit Tagen nicht mehr ruhig schlafen. Jede Nacht werden wir von Schreien, die einem das Blut in den Adern gefrieren lassen, aus dem Schlaf gerissen. Und Polizei und Armee schauen tatenlos zu«, klagte Zulaika.

»Die Soldaten, die vor unseren Häusern patrouillierten, haben sich wenigstens an ihre Befehle gehalten«, sagte Baja. »Die ›Rote Hand‹ aber ist eine Gruppe von Terroristen. Wir sind ihnen wehrlos ausgeliefert. Wir haben nichts als unsere Tränen und Gott, den wir mit unseren ständigen Hilferufen bestimmt wahnsinnig machen.«

Marjam fragte sich, ob sie die Woche im Haus der Großeltern nur geträumt hatte. Der Krieg war so weit weg gewesen, und jetzt befand sie sich plötzlich wieder mittendrin. Die Angst kehrte zurück und mit ihr die Alpträume.

Eines Abends wurde sie von gellenden Entsetzensschreien geweckt. Auch die anderen waren wach geworden. Zuhra rannte in den Hof hinaus und rief: »Baja! Zulaika! Lalla Scharifa! Was ist passiert?«

Dumpfes Schweigen antwortete ihr. Schließlich schrie jemand: »Zuhra! Zuhra! Die ›Rote Hand‹! Sie sind bei den Bensardschab! Verriegle die Türen! . . . Möge der Herr und die Propheten uns beistehen!«

Marjam sprang aus dem Bett und flüchtete zu ihren Geschwistern. Sie mußte ihre Wärme, das schnelle Pochen ihrer Herzen spüren. Eine schreckliche Angst befiel sie, eine Angst, gegen die sie machtlos war. Sie krümmte sich, bis sie einem Fötus ähnelte, der geborgen im warmen Bauch der Mutter ruht.

An die Fallschirmjäger, die Legionäre, die senegalesischen Soldaten hatte sie sich gewöhnt: Sie waren zwar Feinde gewesen, aber immerhin menschliche Wesen. Der Name »Rote Hand« dagegen flößte ihr Entsetzen ein, weil er etwas Dämonisches hatte, weil er das Bild von blutbeschmierten Händen ohne dazugehörigen Körper und Kopf hervorrief.

Marjam blickte verängstigt zur Mutter hinüber. Zuhra war totenbleich. Sie irrte mit fahrigen Gesten durch das Zimmer, nahm etwas in die Hand, stellte es wieder hin, ging weiter. Schließlich forderte sie die Kinder auf, die Thronverse zu beten. Rastlos wanderte sie auf und ab, während die Kinder voller Inbrunst beteten. Sie ließen sich von der gezwungen ruhigen Stimme der Mutter nicht täuschen: Die Angst in ihren Augen, ihre abgehackte Sprechweise, ihre Nervosität verrieten sie. Es dauerte nicht lange, da war es um ihre Beherrschung geschehen, und ihre Stimme klang unnatürlich schrill und laut. Als wäre dies das Zeichen für Marjam gewesen, daß der Alptraum Wirklichkeit wurde, schaute sie verstört um sich und begann zu schreien, um die Schreie draußen in der Dunkelheit nicht mehr zu hören.

Zuhra wollte sie in die Arme nehmen, aber als sie ihre rotgefärbten Hände sah, fuhr sie entsetzt zurück und brüllte noch lauter. Sie kreischte wie jemand, der den Verstand verloren hat. Ihre Geschwister fingen zu weinen an, und Marjam schrie und schrie, als könnte sie dadurch die Angst, die in ihren Eingeweiden wühlte, aus ihrem Körper vertreiben. Sie sah überall rote Hände. Die mit Henna, der Erde des Paradieses, gefärbten Hände der Mutter und der Schwestern, ihre eigenen scharlachroten Hände. Bluttriefende Hände. Hände, die Schmerzen zufügen, züchtigen, töten, die einen in den Abgrund des Wahnsinns stoßen.

Marjam schlug um sich und setzte sich wie eine Besessene zur Wehr, als Zuhra, Fatma und die Dienstboten sie zur Vernunft zu bringen versuchten. Sie schüttelten sie und ohrfeigten sie, aber Marjam gebärdete sich wie toll, um sich aus den Klauen der Angst zu befreien. Sie verdrehte die Augen, klapperte mit den Zähnen und nahm nichts mehr um sich herum wahr.

»Fatma! Hol den Koran, schnell!« stieß Zuhra hervor. »Drück ihn ihr in die rechte Hand ... Marjam! Marjam, mein Mädchen, komm zu dir! Du hältst den Koran in der Hand, das Heilige Buch. Es wird dir nichts geschehen, Marjam. Hab Vertrauen in die Barmherzigkeit Gottes. Beruhige dich, meine Gazelle. Deine Vorfahren, Sidi Abdallah, Sidi Mohammed Ben Ali und Sidi Mansur, wachen über uns.«

»Wo sind sie denn?« sagte Nadschia weinend. »Was tun sie, um uns zu helfen? Sie sind nichts als Schatten, die in Ain el Houts spuken.«

»Eure Vorfahren haben mehr als einen Gegner bezwungen«, erwiderte Zuhra mit brüchiger Stimme. »Wer das Glück hat, eine solche Ahnenreihe zu besitzen, hat nicht das Recht, den Mut zu verlieren. Marjam! Marjam, mein Kind! Sei tapfer. Bald wird es hell werden. Hörst du? Die Schreie haben aufgehört.«

Allmählich trat die Finsternis, die Marjam umfangen hatte, zurück, die bluttriefenden Hände lösten sich auf. Zuhra ging in die Küche und kochte Kaffee und eine kräftige Brühe. Halblaut betete sie vor sich hin:

»Im Namen Allahs, des Barmherzigen, sich erbarmenden,
Auch in der Dunkelheit verläßt dein Herr dich nicht, noch haßt er dich.
Gewiß wird das letzte Leben besser sein als das erste,
Gewiß wird der Herr dir geben, was immer du brauchst.
Dem Waisen wird er Zuflucht gewähren,

Den Verirrten wird er auf den rechten Weg führen,
Den Armen wird er reich machen.
Behandle den Waisen gut,
Weise den Bettler nicht ab.
Gib der Welt Kunde von den guten Taten deines Herrn.«

Ad-duha (Das Tageslicht).

Die Sonne ging auf und verscheuchte die Gespenster der Nacht. Einer Nacht wie ein Alptraum, einer Nacht wie so viele andere. Obwohl sie übermüdet und erschöpft war, ging Marjam in die Schule. Die Aufsätze und Latein-Übersetzungen ließen sie wenigstens für ein paar Stunden vergessen, daß sie in Tlemcen lebte, einer Stadt im Kriegszustand.

11

Marjam fand keinen Schlaf. Ihre Nieren funktionierten vielleicht nicht, aber ihr Gehirn arbeitete einwandfrei. Wie eine Zeitmaschine beförderte es sie zurück in die Vergangenheit und entführte sie in ein Labyrinth trauriger und lustiger Erinnerungen.

Steif vom langen Sitzen, stand Zuhra auf, streckte sich und ging ein paar Schritte. Zulaika trat neben sie ans Fenster.

»Wie geht es ihr?«

»Unverändert. Aber daß ihre Nieren nicht richtig arbeiten, macht mir angst. Und der einzige diensthabende Arzt operiert einen Schwerverwundeten.«

»Inschallah, es wird alles gut werden. Soll ich mit der

Krankenschwester reden? Ich werde sie fragen, wann der Arzt kommt, und sie bitten, uns einen Kaffee zu machen, der wird uns guttun«, sagte Zulaika und verließ das Zimmer.

Zuhra blieb am Fenster stehen und schaute erwartungsvoll hinaus. Sie hoffte, es würde bald hell werden, das erste Tageslicht übte eine beruhigende Wirkung auf sie aus. Ein paar Minuten später kam Zulaika mit dampfendem Kaffee und Butterbroten zurück.

»Die Krankenschwester hat gesagt, die Operation dauert nicht mehr lang. Der Arzt wird dann sofort kommen und nach Marjam sehen. Bist du jetzt beruhigt?«

»Ich werde erst beruhigt sein, wenn ich meine Tochter nach Hause holen kann.«

Der Duft des Kaffees hatte Jamna geweckt. Sie blickte verwirrt um sich, als wüßte sie nicht, wo sie sich befand. Dann gähnte sie, stand auf und taumelte schlaftrunken zum Waschbecken, wo sie sich Wasser ins Gesicht spritzte. Danach ließ sie sich auf einen Stuhl fallen und nahm die Tasse, die Zulaika ihr reichte.

»Hat Marjam eine ruhige Nacht verbracht, Tochter meiner Mutter?«

Zuhra nickte stumm. Auf ihrem Gesicht spiegelte sich tiefe Verzweiflung wider. Die Sorge um ihr Kind und die durchwachten Nächte hatten ihre Kräfte aufgezehrt.

Marjam stieg der Duft des Kaffees in die Nase. Wie gern hätte sie sich zu den Frauen gesetzt und mit ihnen gefrühstückt. Sie versuchte zu sprechen, um ihre Mutter zu bitten, ihr ein wenig Kaffee auf die Zunge zu träufeln. Aber ihre Lippen waren wie versiegelt.

Sie trank für ihr Leben gern Kaffee. Wie oft hatte sie zwei oder drei Tassen hinuntergestürzt, wenn Zuhra gerade nicht hinsah. Und schüttete Fatma oder eine Hausangestellte den Rest weg, der sich noch in der Kanne befand, seufzte sie jedesmal und meinte: »Was für eine Verschwendung! Warum habt ihr ihn nicht für mich übriggelassen, ich hätte ihn getrunken!«

Alle lachten, nur Marjam war todunglücklich über diese Vergeudung.

Sie war zwölfeinhalb gewesen, als sie den ersten Kaffee ihres Lebens getrunken hatte. Wenige Monate vor der Unabhängigkeit. Ihr Großvater und Onkel Mansur waren zu Besuch gekommen. Zuhra hatte Pfefferminztee und Kaffee aufgebrüht und Kuchen gebacken. Sie bat Marjam, das schwere Tablett ins Wohnzimmer zu tragen. Um dem Besuch zu zeigen, wie erwachsen sie schon war, übernahm sie die Aufgaben der Hausfrau: Sie schenkte den beiden Männern ein und sich selbst auch gleich eine Tasse, randvoll. Während sie mit kleinen Schlucken trank, sah Zuhra sie scharf an, aber sie tat, als bemerkte sie es nicht.

»Warum schaust du sie so an?« fragte Al Ghauzi, dem der Blick seiner Tochter nicht entgangen war. »Sie ist alt genug für eine Tasse Kaffee gelegentlich. Komm, mein Kind, ich schenke dir nach, dann verteilt sich der Zorn deiner Mutter auf uns beide«, meinte er augenzwinkernd zu Marjam.

Sie wagte nicht, ihre Tasse anzurühren.

»Deine Mutter hat nichts dagegen, nicht wahr, Zuhra? Trink ruhig. Kaffee ist ein anregendes Getränk, das außerdem die Intelligenz steigert.«

Marjam trank in einem Zug aus, stand auf und lief hinaus.

»Du darfst nicht so streng sein«, tadelte Al Ghauzi seine Tochter. »Sie hat doch nichts Schlimmes getan. Sie ist schließlich kein kleines Kind mehr. Ich halte es für falsch, sie mit strafenden Blicken zu durchbohren, wie du es vorhin getan hast. Nimm ihr nicht ihre Selbstachtung. Sicher, man soll seine Kinder streng erziehen, aber von Zeit zu

Zeit schadet ein wenig Nachsicht nicht. Sonst werden sie sich irgendwann auflehnen.«

»Das hat sie doch nur gemacht, um mich zu provozieren! Sie hat sich ungebührlich betragen. Wenn sie sich nun vor Fremden so benommen hätte? Die hätten ja denken müssen, bei mir bekommt sie nicht genug zu essen und zu trinken!«

»Laß sie doch denken, was sie wollen«, erwiderte Al Ghauzi gereizt. »Du kennst deine Tochter doch besser als irgend jemand sonst: Wenn sie kein Zutrauen hat, kapselt sie sich ab. Ich bin immerhin ihr Großvater – und dein Vater, vergiß das nicht. Hätte sie sich in irgendeiner Weise respektlos verhalten, hätte ich etwas gesagt. Du bist zu streng, mein Kind«, wiederholte er.

Marjam, die von ihrem Platz auf der Dachterrasse alles hören konnte, dankte ihrem Großvater im stillen überschwenglich. Sie liebte ihn mehr als alles auf der Welt, liebte ihn für seine Toleranz, sein Verständnis, seine Zuneigung und dafür, daß er immer für sie da war. Sie liebte ihn, weil er sie auch ohne Worte verstand.

Nach dem Tod ihres Mannes hatte Zuhra, von Sorgen bedrängt und von weiteren Schicksalsschlägen getroffen, jene Eigenschaft verloren, die für eine Mutter so wichtig ist: die Güte. Der Großvater glich den Mangel an Zuneigung und Zärtlichkeit wieder aus. Zuhra, die wie immer das letzte Wort haben wollte, sagte entschieden:

»Ich mag es nun einmal nicht, wenn meine Kinder Kaffee trinken. Der Krieg hat unseren Nerven bereits stark zugesetzt, der Kaffee wird sie vollends zerstören.«

Al Ghauzi lachte. Da zog Zuhra es vor, das Thema zu wechseln.

»Wann wird das Waffenstillstandsabkommen unterzeichnet, Vater?«

Onkel Mansur, der bislang geschwiegen hatte, antwortete für ihn. Die Verhandlungen würden in Kürze abgeschlossen. Nach dem Waffenstillstand sollte in einer Volksabstimmung über das weitere Schicksal Algeriens entschieden werden. Die Unabhängigkeit war kein Traum mehr, sondern rückte plötzlich in greifbare Nähe.

»Ich habe gehört, etliche *Rumis* bieten ihre Häuser zum Verkauf an. Die FLN soll in einer Mitteilung alle Algerier aufgefordert haben, ihnen auf keinen Fall irgend etwas abzukaufen, stimmt das?«

»Ja, das ist richtig. Am meisten erstaunt mich de Gaulle. Er hat den Algeriern seine volle Unterstützung, auch finanziell, zugesagt. Die FLN hat angekündigt, die Todesstrafe über jeden zu verhängen, der auch nur einen Centime annimmt und den Constantine-Plan anerkennt.«

»Habt ihr gewußt, daß rechtsradikale Ultras, die sich mit dem Verlust Algeriens nicht abfinden wollen, eine Geheimarmee gegründet haben? Sie nennt sich OAS und hat in Algier und Oran schon zahlreiche Anschläge verübt und Aktionen durchgeführt«, sagte Mansur.

Marjam träumte unterdessen auf der Dachterrasse von der Unabhängigkeit. Nie wieder Bomben. Nie wieder Schüsse. Keine Repressalien mehr und keine *loto habibi.* Nie wieder Fallschirmjäger, Fremdenlegionäre, Geheimpolizisten. Keine »Rote Hand« mehr. Keine schlaflosen Nächte mehr. Keine Trauer. Das ist jetzt endgültig vorbei! O mein Gott! Die, die in den Untergrund gegangen sind, werden zurückkommen. Und es wird keine Sperrstunde mehr geben. Wir können abends auf den Straßen unterwegs sein, solange wir wollen. Wir können nach Ain el Houts gehen und die Gräber unserer Vorfahren besuchen. Oder im heiligen Wasser des *tachamamin* baden und von Sidi Siliman träumen, der sich einst in die Fee verliebt haben soll, die in der Grotte wohnt. Und wir können ohne Angst im Dunkeln nach Hause gehen! Nie wieder Krieg! Nie wieder Angst! Nie wieder Terror! Nie wieder Demütigungen!

Sie stürmte die Treppe hinunter, um ihren Freundinnen die gute Nachricht zu überbringen. In der Tür stieß sie mit Nana Scharifa zusammen, die verwundert fragte:

»Warum bist du denn so aufgeregt, Kind? Was ist passiert? Du strahlst ja vor Freude.«

»Nana, Nana, Algerien wird bald unabhängig sein! Ich habe gehört, wie Großvater, Onkel Mansur und Mutter darüber gesprochen haben. Die Unabhängigkeit, Nana, die Unabhängigkeit!«

Marjam verstummte abrupt, als sie Tränen über Lalla Scharifas zerquältes Gesicht laufen sah. Hastig fuhr sie fort: »Was meinst du, wie Allal dort oben im Himmel sich freuen wird, Nana. Weine doch nicht.« Sie nahm die Hände der alten Frau und küßte sie.

»Ach, mein Augenstern, er hat sich die Unabhängigkeit für sein Land so sehr gewünscht! Könnte er diesen Tag doch miterleben.«

»Nana, ich hab' gestern von Allal geträumt. Er bat mich, dir zu sagen, du sollst nicht mehr weinen. Er ist sehr glücklich, aber jede Träne, die du vergießt, bereitet ihm unsagbare Schmerzen.«

Nana Scharifa lächelte schwach. Wie oft hatte sie selbst diese List gebraucht, um Zuhra zu trösten?

»Am Freitag endet der Unterricht ziemlich früh, Nana. Sollen wir zusammen auf den Friedhof gehen und das Grab meines Vaters und deines Sohnes schmücken? Ich werde alle Koranverse, die ich kenne, für den Seelenfrieden von Allal beten.«

»Gott segne dich, Kind. Würdest du das wirklich tun?«

»Aber ja. Und jetzt hör bitte auf zu weinen. Ich verspreche dir, ich begleite dich am Freitag auf den Friedhof.«

Zwei Monate später, am 19. März 1962, wurde in ganz Algerien der Waffenstillstand ausgerufen. Ein unbeschreiblicher Jubel herrschte in den Straßen. Die Menschen tanzten, lachten, weinten, fielen einander in die Arme, beglückwünschten sich, wurden ohnmächtig vor Freude. Die Soldaten verfolgten das Schauspiel belustigt, die französischen Zivilisten haßerfüllt.

»Der Krieg ist vorbei, und wir haben ihn gewonnen! Unseren tapferen Männern haben wir diesen himmlischen Augenblick zu verdanken. Sie haben ihr Blut, ihre Jugend für diesen Tag geopfert!«

Von ihrem Platz unweit der Moschee von Derb Messoufa, genau gegenüber von Ami Ambaraks Laden, der nie wieder öffnen würde, beobachtete Marjam die vor Freude übersprühenden Menschen, die sich schamlos küßten und umarmten. Sie war furchtbar stolz auf die Einwohner von Derb Messoufa und aller anderen arabischen Viertel, die niemals die Hoffnung aufgegeben hatten. Sie dachte auch an jene, die auf ein französisches Algerien gesetzt und verloren hatten. Plötzlich waren viele, die man in den acht Kriegsjahren weder gesehen noch gehört hatte, den Weg der Widerstandskämpfer gegangen und konnten auf einmal das Parteibuch der FLN vorzeigen. Alle Welt schien schlagartig vom nationalistischen Fieber befallen. Als sie Al Ghauzi darauf ansprach, sagte er:

»Das sind Opportunisten, mein Kind. Hüte dich vor ihnen. Heute sind sie auf deiner Seite, weil du stark bist, und morgen werden sie über dich herfallen, wenn du am Boden liegst. Du wirst ihnen oft begegnen im Leben. Sie sind leicht zu erkennen, denn sie halten es mit der alten Weisheit: Die Welt steht hinter dem, der aufrecht steht. Du darfst ihnen niemals trauen.«

In Derb Messoufa nannte man sie die »Märzler« oder

die »In-letzter-Minute-Partisanen«. Es wimmelte nur so von ihnen.

Marjam verscheuchte die düsteren Gedanken. Nichts sollte an diesem Tag ihre Freude trüben.

Aber die Festtagsstimmung währte nicht lange. Bereits am nächsten Tag fielen Araber, aber auch Franzosen Mordanschlägen von Sympathisanten oder Angehörigen der OAS zum Opfer, die ihre Landsleute auf diese Weise einzuschüchtern versuchten.

Viele arabische Familien, die ihre Herkunft verleugnet und die Integration in die französischen Viertel und die französische Gesellschaft angestrebt hatten, kehrten in den arabischen Teil der Stadt zurück, weil sie um ihr Leben fürchteten. Der Hochmut war ihnen vergangen, dafür hatten die Todesdrohungen und die Angst vor Bombenanschlägen der OAS gesorgt. Marjam und ihre Schwestern waren zutiefst empört, nicht nur über jene, die gar nicht laut genug auf ihre Mitgliedschaft in der FLN hinweisen konnten, aber hinzuzufügen vergaßen, seit wann, sondern auch über die vielen anderen, die ihnen plötzlich ins Haus strömten, sich in all den Jahren seit dem Tod des Vaters indes nicht ein einziges Mal nach Zuhra und den Kindern erkundigt hatten.

Es war Nuria, die die Revolution in Gang setzte. Als Zuhra ihr Aggressivität gegenüber ihren Gästen vorwarf, erwiderte sie: »Ich habe sie nicht eingeladen und du auch nicht. Wenn sie nicht von der OAS bedroht worden wären, hättest du sie nie wiedergesehen. Also verlang nicht von mir, liebenswürdig oder höflich zu ihnen zu sein. Wenn die OAS hinter ihnen her ist, haben sie eben Pech gehabt. Haben die nur einmal nach uns gefragt, als wir acht Jahre lang terrorisiert und mißhandelt wurden? Haben die uns nur einmal angeboten, uns bei sich aufzunehmen?«

Zuhra, die sonst auf alles eine Antwort wußte, erwiderte nichts. Ermutigt von der Sprachlosigkeit der Mutter, schleuderte Nuria ihr ins Gesicht: »Kein Wort werde ich mit diesen Leuten reden. Du hast sie bei dir aufgenommen, also kümmere dich gefälligst um sie, bedaure sie, weine meinetwegen mit ihnen, aber laß meine Geschwister und mich aus dem Spiel! Mit uns brauchst du nicht zu rechnen. Wir verachten sie, und du wirst uns nicht daran hindern!«

Die Kinder hielten Wort. Zuhra drohte ihnen mit den Flammen der Hölle, Al Ghauzi appellierte an ihre Vernunft und tadelte, ihr Verhalten sei eines guten Moslems unwürdig, aber beide predigten tauben Ohren.

Weder Zuhra noch der Großvater erkannten, daß das schlimmste, was einem Kind widerfahren kann, die Ungerechtigkeit ist, gegen die es sich nicht wehren kann, und die Demütigung, weil es nur lieben und geliebt werden will. Es wird diese beiden Vergehen nie vergessen und nie verzeihen.

Der Krieg, den Marjam überwunden glaubte, brach von neuem aus. Tod und Gewalt. Alpträume und Zerstörung. Racheakte und Vergeltungsmaßnahmen. Wahnsinn und Haß.

Die Einwohner von Derb Messoufa schufen eine Bürgerwehr, die nach Einbruch der Dunkelheit durch die Straßen patrouillierte, jeden Verdächtigen und jeden Fremden anhielt und überprüfte. In der ganzen Stadt wurden Hausmauern mit Parolen beschmiert: »Wählt Ja!« »Wählt Nein!« – Ja für das Algerien der Vorfahren, Nein für ein arabisches, moslemisches Algerien.

Das Klima zwischen den beiden Gruppen verschlechterte sich immer mehr, die Spannungen nahmen zu. Auf der einen Seite die Franzosen, die sich mit der harten Wirklichkeit nicht abfinden konnten, auf der anderen die

Araber, die die Provokationen nicht länger hinnehmen wollten. Nur die strikte Weisung der FLN, Ruhe und Disziplin zu wahren und sich nicht zu Gewalttaten hinreißen zu lassen, verhinderte, daß es in Tlemcen zu Ausschreitungen kam.

Auch in der Schule spitzte sich die Lage zu. Marjam und ihre Kameradinnen wurden von den Mitschülerinnen provoziert und von den Lehrkräften beleidigt.

»Ihr seid minderwertig. Ihr gehört einem primitiven, barbarischen Volk an. Als wir nach Algerien kamen, habt ihr noch in der Steinzeit gelebt. Ihr seid ein Volk, das kolonisiert werden muß, das haben bedeutende Gelehrte herausgefunden. Euer Gehirn ist nicht so hochentwickelt wie unseres. Ihr seid zu dumm, um euer Leben selbst in die Hand zu nehmen und unser wunderbares Land zu regieren.«

Die algerischen Mädchen antworteten mit eisigem Schweigen und dachten an das berühmte Sprichwort: Die Hunde bellen, aber die Karawane zieht weiter. Sie wußten, die Stunden rassistischer Kolonisten und diskriminierender Lehrer waren gezählt. Ihre Worte waren die von Unterlegenen, deren Verstand sich verwirrt hatte, und sie bewiesen nur, die Befreiung war nahe. Im Schulhof standen sie dicht zusammengedrängt in einer Ecke, eine Handvoll Araberinnen in einem Meer von Feindseligkeit.

Auf dem Knabengymnasium brach der Haß offen aus, und die Spannungen entluden sich in Prügeleien. Immer wieder kam ein Junge aus der Nachbarschaft mit zerrissenen Kleidern und blutigem Gesicht nach Hause. Zu guter Letzt beschlossen die Eltern, ihre Kinder nicht länger der gefährlichen Situation auszusetzen, und behielten sie daheim. Außer Céline sah Marjam keine *Rumija* wieder.

Endlich kam der Tag des Volksentscheids. Zuhra stand früh auf, nahm die rituellen Waschungen vor, verrichtete ihr Gebet, griff nach ihrem Schleier und gab Fatma letzte Anweisungen, bevor sie sich auf den Weg zum Wahlbüro machte: »Laß die Kinder nicht nach draußen. Öffne niemandem. Koch ein leichtes Mittagessen und *tamu aw schamu*. Und sorg dafür, daß alles sauber ist und gut riecht.«

Glücklich lächelnd kam sie ein paar Stunden später zurück. Sie erwähnte mit keinem Wort die Unordnung im Haus. Fatma, die Dienstboten und die Kinder schwatzten aufgeregt, lachten und scherzten mit den Nachbarinnen. Der betörende Duft der Freiheit lag in der Luft.

Und die Utopie sollte Wirklichkeit werden.

Eine Million achthunderttausend Algerier, Männer und Frauen, hatten ihr Leben für diesen langersehnten Tag gelassen, der aber auch der anderen Seite einen hohen Tribut an Menschenleben abverlangt hatte.

Die Familie versammelte sich um das Radio und wartete gespannt auf die Auszählung der Stimmen. Marjam schlug das Herz bis zum Hals, das Blut in ihren Schlafen pochte, und der Schweiß stand ihr auf der Stirn.

Werde frei, mein Land, flehte sie im stillen, und ich werde vor Dankbarkeit die Gipfel deiner höchsten Berge erstürmen und die *hawfis* von Ruh al-Aghrib singen. Und das Echo wird mir antworten. Meine Stimme wird mit dem Wasser aus der Quelle al-Awrit talwärts fließen, sich mit den Stimmen der Menschen von Al Oubad vereinigen und über Sidi Abdallah ihren Weg bis nach Lalla Setti suchen, der heiligen Wächterin Tlemcens, wo sie sich verlieren wird.

Ich werde nach Sidi Boumedienne wandern, ohne eine Pause einzulegen, und am Grab des Heiligen niederknien. Ich werde mich mit frischem Wasser aus dem gesegneten Brunnen stärken und beten.

Ich werde Gott dafür danken, daß er mich erfahren

ließ, was das Wort »Freiheit« bedeutet, daß er mich von der einhundertzweiunddreißig Jahre lang verbotenen Frucht kosten ließ.

Werde frei, mein Land! Ich werde singen und tanzen bis zur Erschöpfung, und niemand kann es mir verbieten, denn ich werde alles tun können. Ich werde alle Rechte und alle Pflichten haben, geliebtes Land. Ich habe teuer dafür bezahlt. Ich habe meine Kindheit verloren, ich habe mit ansehen müssen, wie Menschen starben, die mir viel bedeuteten, ich habe Angst und Terror, Ungerechtigkeit und Demütigungen ertragen, ich hätte fast den Verstand verloren. Ich habe alles auf mich genommen, für dich, mein Land.

Jetzt kann mich nichts und niemand mehr daran hindern zu sprechen, soviel ich will, zu laufen, zu tanzen, zu singen, zu schreien, zu lachen. Lachen will ich, so laut ich kann. Lachen, ohne Angst zu haben vor dem, was morgen sein wird.

Ich werde für dich singen, geliebtes Land. Ich werde von deinen Töchtern und deinen Söhnen singen, von deiner Erde, deinen Blumen, deinen Flüssen, deinem einzigartigen Licht. Wir Kinder werden deine Wunden verbinden und uns deiner annehmen. Wir werden unseren Traum verwirklichen und dich zu einem Paradies auf Erden machen. Du wirst uns beschützen, und wir bauen dich auf. Du wirst dafür sorgen, daß man uns Achtung entgegenbringt, und wir werden dich lieben und gut behandeln. Du wirst uns verteidigen, wo immer wir sein mögen.

Kein Haar darf uns gekrümmt werden, das mußt du uns schwören! Dein Boden hat sich vollgesogen mit dem Blut deiner Kinder, ihre Gebeine ruhen in deiner Erde. Sie haben für dich gekämpft, Kinder jeden Alters, aller Schichten, beiderlei Geschlechts. Kämpfe du auch für sie, mein geliebtes Land. Halte dein Versprechen, wie sie das ihre gehalten haben. Werde frei!

Marjam fuhr aus ihren Gedanken hoch, als Zuhra jubelte: »Ja! Algerien ist frei!« Sie umarmte ihre Kinder und schrie: »Wir sind frei, der Krieg ist zu Ende! Schnell, Fatma, gib mir meinen Schleier. Kommt, schauen wir, was draußen los ist!«

Nachdem das Ergebnis der Volksabstimmung bekanntgegeben worden war, stürzten die Menschen aus ihren Häusern und zogen jubelnd durch die Straßen. Überall wurde die algerische Fahne gehißt. Die Eingangstüren zu Häusern und Läden standen offen, weil die Leute im Taumel ihrer Begeisterung alles stehen- und liegenließen und nach draußen rannten. Mahlzeiten wurden auf den Feuerstellen vergessen, und in etlichen Wohnungen brachen Brände aus.

»Wir haben gewonnen! Wir haben gewonnen!« brüllten einige. Andere schrien: »*Tahija al-Dschasairijja! Tahija al-Dschasairijja*[1]*!*« Die Frauen stießen schrille *jujus* aus, einige Kinder und sogar erwachsene Männer wurden ohnmächtig vor Freude. Viele weinten, andere lachten. Fremde Menschen fielen einander um den Hals. Eine ganze Stadt, ja ein ganzes Land war vom Freiheitsrausch erfaßt worden.

In der jubelnden, singenden, ausgelassenen Menge wurde Marjam plötzlich von ihrer Familie getrennt. Mit zitternden Knien wankte sie zu einer Platane an der Place de la Mairie und setzte sich unter den Baum. Sie betrachtete die tränenüberströmten Gesichter der Männer und Frauen. Kein Dichter könnte das Leuchten auf diesen Gesichtern in Worte fassen, kein Maler es einfangen. Nur wer

[1] Es lebe Algerien.

dem Tod ins Auge geschaut, wer alle Demütigungen ertragen, wer für immer Abschied von Nachbarn, Freunden und Angehörigen genommen hatte, konnte die Emotionen an diesem 5. Juli 1962 nachvollziehen. Marjam hatte das Gefühl zu schweben. Eine zentnerschwere Last schien von ihr genommen, und ein grenzenloses Gefühl der Leichtigkeit und ein tiefer Frieden überkam sie. Aber der Frieden, den sie Tag für Tag sehnsüchtig herbeigewünscht hatte, stimmte sie zugleich unendlich traurig, weil er für viele zu spät kam.

Plötzlich sprang Marjam, die in sich gekehrte, einsame, verletzte Marjam auf und begann zu schreien, zu jubeln und zu tanzen. Das Leben hatte sie gelehrt, ihre Gefühle zu verbergen, aber jetzt ließ sie ihnen freien Lauf. Sie konnte nicht anders, als aus sich herauszugehen, zu lachen, ihre Landsleute zu umarmen, sich an den »*tahija Flene! tahija Feltane!*« zu berauschen. Endlich waren sie frei und unabhängig! Was für wundervolle Worte! Endlich durfte man seiner Freude und seinen Überzeugungen Ausdruck verleihen, ohne sich Panzern und Soldaten gegenüberzusehen.

Marjam entdeckte Nadschia in der Menge. Hand in Hand ließen sie sich vom Menschenstrom treiben. Die einen bestanden darauf, Ben Bella hochleben zu lassen, die anderen Ben Khedda. Den Mädchen war es gleichgültig, solange sie nur *tahija* schreien konnten. Und hätten sie gefragt, weshalb die Meinungen auseinander gingen, so wäre ohnehin niemand in der Lage gewesen, es ihnen zu erklären. Sie brüllten stundenlang, ohne Müdigkeit oder Hunger zu verspüren. Die Freude und die Begeisterung der Menge befriedigten alle ihre Bedürfnisse.

Als Marjam zum zweitenmal von ihrer Schwester getrennt wurde, setzte sie sich auf die Eingangsstufen eines Hauses, um einen Augenblick zu verschnaufen. Die

Schleier der Frauen waren heruntergerutscht, und kein Ehemann, kein Vater, kein Bruder tadelte sie deswegen. Viele hoben fremde Kinder auf ihre Schultern und trugen sie wie im Triumphzug durch die Straßen.

Marjams Blick fiel auf Nana Jamina, eine Nachbarin. Neugierig bahnte sie sich einen Weg durch die Menge zu der alten Frau, die die Arme himmelwärts streckte, sich dann auf die Knie fallen ließ und den Boden küßte. Mühsam stand sie wieder auf und warf Kußhände zum Himmel hinauf, wobei sie in einem fort vor sich hin murmelte: »*Tahija* Tlemcen! *Tahija* die Bäume! *Tahija* die Männer und Frauen! Tahija alle Araber! *Tahija* die Unabhängigkeit!« Marjam erkannte die sonst so gefaßte, würdevolle alte Dame nicht wieder: Sie schien sich in einer Art Trancezustand zu befinden. Sie hatte viel Leid crfahren in ihrem Leben. Ihr einziger Sohn war im Untergrund ums Leben gekommen, ihr Ehemann, der den Tod des Sohnes nicht verwand, war ihm ins Grab gefolgt. Sie hatte einen Bruder, mehrere Neffen und eine Nichte verloren, aber nie war ein Wort der Klage über ihre Lippen gekommen. Nana Jamina, die von allen Einwohnern des Viertels für ihre Kraft und ihren Mut bewundert wurde, brabbelte unablässig: »Gott hat es so gewollt. Einige müssen sterben, damit die andern leben können. Ich habe den Allmächtigen nur um eins gebeten: den Tag der Freiheit erleben und dann sterben zu dürfen. Auf diesen Augenblick habe ich gewartet. Jetzt kann ich die Augen schließen und eingehen in die Ewigkeit. Meine Geduld hat Früchte getragen, das soll meine einzige Rache sein. Vergeßt das nie, meine Kinder: Geduld ist einer der Pfade zum Paradies.«

Plötzlich brach Nana Jamina tot zusammen. Regungslos lag sie auf der gesegneten, mit dem Blut ihrer Kinder getränkten Erde. Ihr Gebet war erhört worden. Panische Angst befiel Marjam. Wie oft hatte sie den lieben Gott gebeten, ihr die Freiheit zu zeigen und sie dann zu sich zu nehmen? Aber sie wollte nicht sterben! Sie wollte leben und ihre unersättliche Gier auf das Leben stillen. Gleichsam beschwörend begann sie von neuem zu schreien: »*Tahija* . . . *Tahija* . . . *Tahija* . . .«

Seit einhundertzweiunddreißig Jahren hatten sie darauf gewartet, sich die Seele aus dem Leib zu schreien. Auf beiden Seiten war Blut geflossen im Kampf um das Recht, »Es lebe das französische Algerien« oder »*tahija* das algerische Algerien« zu rufen. Und das algerische Algerien hatte gesiegt.

Ein Abschnitt in Marjams Leben ging zu Ende. Mit welcher Ungeduld hatte sie diesen Tag erwartet, um es allen Rassisten und Soldaten heimzuzahlen, sie mit ihren eigenen Händen zu erwürgen. Zu ihrem großen Erstaunen stellte sie nun jedoch fest, daß sie keinerlei Haß, keine Rachegelüste verspürte. Im Gegenteil, sie empfand sogar Mitleid mit den französischen Mädchen, die sich, ganz in Schwarz, auf die Straße gewagt hatten und erschrocken das Treiben beobachteten. Sie hätte sich gewünscht, sie würden in die *tahija*-Rufe mit einstimmen und tanzen und singen, denn der Krieg war nun für alle Menschen vorüber. Sie hätte sie gern getröstet, ihnen ein freundliches Wort gesagt . . . Aber sie brachte es nicht über sich. Die Wunde war noch zu frisch. Sie verzieh ihnen das Leid, das sie ihrem kindlichen Herzen zugefügt hatten, fand indes nicht die Kraft, den ersten Schritt zu tun.

Sie entsann sich der Worte ihres Großvaters und ihres Freundes Ami Ambarak: »Das Leben ist wie ein Rad, das sich dreht, mein Kind. Heute leidest du, morgen wird der, der dir weh getan hat, leiden . . . Versuche immer, die Rachsucht und den Groll aus deinen Gedanken zu verbannen. Sie könnten dich blind machen und dich vergessen lassen, was Islam bedeutet: Vergebung.«

Damals hatte sie den Sinn dieser Worte nicht verstanden, weil sie von einem einzigen Wunsch beseelt war: sich eines Tages an jenen zu rächen, die ihr ihre Kindheit gestohlen hatten. Und nun hatte die Freiheit sie geläutert. Sie beobachtete die *Rumis* sich ängstlich an den Hauswänden entlangdrücken und dachte: Seltsam. Seit einhundertzweiunddreißig Jahren leben wir miteinander. Wir haben die gleiche Luft geatmet, das gleiche Wasser getrunken, die gleichen Früchte gegessen, die gleiche Sonne genossen. Wir haben in der Schule nebeneinandergesessen, sind auf der Straße aneinander vorbeigegangen, ohne irgend etwas voneinander zu wissen. Wie Exoten haben sie uns angestarrt, und dabei ist dies unsere Heimat, nicht ihre. Sie haben unsere Bräuche und Traditionen kritisiert und konnten stets einen Ethnologen oder Anthropologen zum Beweis für ihre Thesen zitieren. Sie haben uns herabgewürdigt, um die Kolonisation und die Ausbeutung unseres Volkes moralisch zu rechtfertigen. Sie haben uns verachtet, weil kaum ein Araber ihnen Respekt abnötigte. Am Eingang zu ihren Villenvierteln haben sie Schilder mit der Aufschrift ›Für Hunde und Araber verboten‹ angebracht. Gnadenlos haben sie uns bekämpft. Aber wir haben ihnen noch mehr zugesetzt. In unseren Augen glomm ein Funke, und dieses Glitzern bedeutete: Warte nur, du kommst auch noch dran.

Verachtung und Gewalt waren keine Instrumente im Umgang der Menschen miteinander, das begriff Marjam nun. Verachtung erzeugt nichts als Verachtung, und Gewalt und Ablehnung führen zur Rebellion. An jenem 5. Juli 1962 war in Marjams Herz kein Platz für Verachtung oder Auflehnung. Sie empfand nichts als Freude, eine so überschwengliche Freude, daß sie sie selbst mit den Franzosen hätte teilen mögen.

Gemeinsam mit ihren Schwestern und ihren Freundinnen zog sie durch die feiernde Stadt. Erst im Morgengrauen kehrten sie nach Hause zurück. Ihr letzter Gedanke, bevor sie einschlief, war: Algerien ist unabhängig.

Sie hatte nur ein paar Stunden geschlafen, als ihre Schwestern sie weckten: »Steh auf, wir müssen gehen!«

»Wohin? Was ist passiert?« murmelte Marjam.

»Die Unabhängigkeit, das ist passiert, du Schlafmütze! Hast du das schon vergessen?« neckten Nadschia und Fatima sie.

Marjam war mit einem Satz aus dem Bett. Sie wusch sich hastig, stürzte ihren Milchkaffee hinunter, zog sich in aller Eile an und verließ mit den anderen das Haus, um sich die Truppenparade anzusehen.

Beim Anblick der Panzer, Militärfahrzeuge und hochtechnisierten Waffen fragte sich Marjam unwillkürlich, warum der Krieg so lange gedauert hatte.

»Das sind die Männer, die uns die Freiheit gebracht haben. O Herr, wie schön sie sind, wie würdevoll, wie stattlich! Und diese Haltung, diese Waffen!« schwärmten die Menschen, die einen Zug zerlumpter, ausgelaugter Partisanen erwartet hatten und nicht eine gutausgerüstete Armee. Kinder, Frauen und Männer, Alte und Junge kletterten auf die Fahrzeuge und umarmten und küßten die *dschunuds*, die Soldaten, von denen viele in Tränen ausbrachen.

»Sie sind nicht tot. Sie können noch weinen. Dann ist es gut. Sie haben das Grauen vergessen, das die Herzen in Stein verwandelt und die Augen trocken läßt«, murmelte jemand neben Marjam.

In den folgenden Tagen fanden noch öfter Paraden statt. Den Höhepunkt der Feierlichkeiten bildete der Besuch Ben Bellas und seines Gefolges. Daß sie mit zerrissener Kleidung davonkamen und von der entfesselten Menge nicht erdrückt wurden, grenzte an ein Wunder.

Ausschüsse wurden geschaffen und ein sogenannter Solidaritätsfonds für Bedürftige gebildet. Die Bevölkerung spendete großzügig; wer weder Schmuck noch Geld besaß, brachte Kleidung oder Lebensmittelkonserven.

An einem ruhigen Nachmittag ohne Truppenparade oder politische Diskussion lud Zuhra ihre Nachbarinnen zu sich ein. Sie saßen im Hof bei einer Tasse Pfefferminztee und unterhielten sich über die Ereignisse in jüngster Zeit.

»Habt ihr schon gehört, was die Frau von Dr. Flene dem Solidaritätsfonds gespendet hat?« fragte Baja.

»Nein, was denn?« Zuhra sah sie gespannt an.

»Ein wunderschönes *saruf* mit kostbaren Edelsteinen! Und ihre Cousine, die Frau des Apothekers Feltane, hat ein Paar *khulkhals*[1] aus zweiundzwanzigkarätigem Gold hergeschenkt, die angeblich über ein Kilo wiegen!«

»Na und?« erwiderte Nuria hart. »Selbst wenn sie mehrere *sarufs* und *khulkhals* gespendet hätten, hätte ihnen das auch nicht weh getan. So viel verdienen ihre Ehemänner jede Woche.«

Die Frauen sahen sie nachdenklich an.

»Bravo, meine Tochter!« rief Zulaika. »Gott segne dich und deine Zunge, die weise gesprochen hat. Du hast völlig recht. Spendet die Frau einer bekannten Persönlichkeit etwas, spricht die ganze Stadt davon. Aber die Armen und die Opfer, die sie bringen und die ihnen schwererfallen als den Reichen, werden mit keinem Wort erwähnt.«

»Ja, das stimmt«, pflichtete Baja ihr bei. »Die Armen hätten die Bewunderung der Bevölkerung verdient. Sie haben dem Solidaritätsfonds gegeben, was sie entbehren konnten, und kein Aufhebens davon gemacht.«

[1] Schmuck für die Fußknöchel.

»Solidarität ist kein leeres Wort für sie«, warf eine andere Nachbarin verbittert ein. »Sie haben sie acht Jahre lang Tag für Tag, Nacht für Nacht geübt. Sie haben ihr einen Sohn, eine Tochter, einen Ehemann, eine Frau, einen Vater oder einen Schwiegersohn geopfert, und jetzt profitieren die andern von diesen Opfern.«

»An der Spitze des Solidaritätsfonds stehen Leute, von denen man in all den Jahren nichts gehört hat. Ist euch das nicht aufgefallen? Ein merkwürdiger Zufall, findet ihr nicht? Aus den unteren Schichten ist niemand ernannt worden«, sagte Zuhra.

»Und die Töchter der Prominenz stehen in vorderster Linie, um die neuen Herren Algeriens zu begrüßen«, meinte Zulaika lachend.

»Eins will mir nicht in den Sinn«, murmelte eine andere Frau. »Diese Mädchen, die nie an einer Demonstration teilgenommen haben, deren Eltern ihre Herkunft verleugneten und in die Viertel der Franzosen zogen, diese Mädchen, die mit Messer und Gabel essen, als stammten ihre Großeltern aus der Schweiz und nicht aus Aswi'a, und die untereinander Französisch sprechen ... mit welchem Recht rümpfen diese Mädchen verächtlich die Nase, wenn sie ihre Verwandten in al-Qoran Asghir oder al-Qoran Al'akbir besuchen? Aufgrund welcher Verdienste gehören diese Mädchen, die nie den Schleier getragen und die ihre französischen Freundinnen zu Parties eingeladen haben, heute zu den Ersten dieses Landes? Aufgrund welcher Verdienste hat man ihren Eltern verantwortungsvolle Posten übertragen? Welche Opfer haben sie für ihr Land gebracht? Haben sie einen Sohn, eine Tochter, einen Vater, einen Onkel, eine Mutter gegeben? Ich verstehe das einfach nicht«, sagte die Frau, die im Gefängnis gewesen und gefoltert worden war, leise.

Die anderen trösteten sie. »Weine nicht. Es kommt der

Tag, da wird jeder seinen gerechten Lohn erhalten, und wenn nicht in diesem Leben, dann im nächsten.«

»Ich verlange ja keine Belohnung oder irgendeine Sonderbehandlung«, antwortete sie schluchzend. »Ich kann mich nur nicht damit abfinden, daß andere sich das Gewand überstreifen, das hunderttausende algerische Männer und Frauen gewebt haben.«

Ein Klopfen an der Tür unterbrach die Diskussion. Zuhra stand auf, um zu öffnen. Es dauerte einen Augenblick, ehe sie den Besucher wiedererkannte: Es war der *mudschahid*, den sie in ihrem Haus versteckt gehalten hatte.

Der Mann setzte sich zu den Frauen.

»Ich wollte mich noch einmal bei Ihnen bedanken«, sagte er und nahm die Tasse Kaffee, die Zuhra ihm reichte. »Hätten Sie nicht den Mut gehabt, mich bei sich aufzunehmen, ich weiß nicht, ob ich heute noch am Leben wäre.«

»Ich habe nur meine Pflicht getan, wie jede Algerierin.«

»Wie ist es Ihnen ergangen, nachdem Sie uns in dieser originellen Aufmachung verließen?« fragte Zulaika und lachte.

»Ich wurde am vereinbarten Ort von Brüdern erwartet, die mich weiterleiteten. Ich blieb einige Zeit im Untergrund, bin dann verwundet und nach Marokko gebracht worden. Das war kurz vor dem Waffenstillstand.« An Zuhra gewandt, fuhr Abdarrachman fort: »Sie haben mir und vielen anderen das Leben gerettet durch Ihre Gastfreundschaft. Wenn Sie wollen, besorge ich Ihnen eine Bescheinigung der FLN.«

Zuhra sah ihn scharf an mit ihren türkisgrünen Augen und entgegnete: »Ich brauche kein Papier, das mir meinen Patriotismus bescheinigt. Was ich getan habe, habe ich für Gott und Algerien getan. Viele haben geholfen, ohne

Aufhebens davon zu machen, und ebenfalls auf das Parteibuch der FLN verzichtet.«

Nicht lange danach verabschiedete sich Abdarrachman und ließ die Frauen, die manchem mutigen Mann eine Lektion in Unerschrockenheit und Tapferkeit erteilen könnten, in nachdenkliches Schweigen versunken zurück, während hinter ihnen langsam die Sonne unterging.

Die Stimme des Muezzin der Moschee von Derb Messoufa rief die Gläubigen zum Gebet. Zuhra bat die Freundinnen, zum Abendessen zu bleiben. Alle bis auf Baja, die eine Familie zu versorgen hatte und sich deshalb auf den Heimweg machte, waren verwitwet und niemandem Rechenschaft schuldig.

Im Lauf der Tage und Wochen bekamen Zuhra und die Kinder öfter Besuch von heimkehrenden Widerstandskämpfern: Angehörigen, Nachbarn, Freunden, ehemaligen Schülern von Mohammed, dem Mathematiklehrer. Sie berichteten von Heldentaten, vom Tod, von der Tapferkeit der Frauen. Vom Grauen sprachen sie nie. Eines Abends erzählte Sidi Achmed, ein Cousin, ihnen eine wahre Geschichte, die sich wie ein Lauffeuer im *dschebel* verbreitet hatte.

Ein Angehöriger der FLN war in einem Gefecht mit den französischen Streitkräften verwundet und gefangengenommen worden. Man unterwarf ihn der Folter, fesselte ihn und warf ihn ohne Nahrung, ohne Wasser, ohne seine Wunden zu versorgen, in ein Zelt, wo er, bewacht von einem deutschen Schäferhund, einen langsamen Tod sterben sollte. Der *mudschahid* litt entsetzliche Qualen und brüllte Tag und Nacht. Dann, eines Morgens, war plötzlich Stille eingekehrt. Die Wächter dachten, er sei tot, und gingen ins Zelt, um ihn zu holen und zu begraben.

Sie blieben wie vom Donner gerührt stehen, als sie sahen, daß der Gefangene nicht nur am Leben, sondern auch wieder zu Kräften gekommen war. Und seine Wunden waren abgeheilt und begannen zu vernarben. Schließlich entdeckten sie des Rätsels Lösung: Der Hund hatte Mitleid gehabt mit dem Mann, den er bewachen sollte. Er hatte seine Wunden geleckt und seine Ration Fleisch mit ihm geteilt.

Einige Zeit später verhalfen einheimische Hilfssoldaten, die sich auf die Seite der *mudschahidin* schlugen, dem Gefangenen zur Flucht. Zum Abschied leckte der Hund seinem Freund liebevoll Gesicht und Hände und ließ ihn dann gehen. Der Partisan soll mehrere Male sein Leben riskiert haben, um seinen besten und treuesten Freund, den Hund, zu besuchen.

Ein anderer Widerstandskämpfer, der Zuhra besuchte, Mahmud war sein Name, erzählte ihnen die Geschichte von Aischa. Sie hätte beginnen können, wie jedes Märchen begann: Es war einmal vor langer, langer Zeit, als Lilien und Basilikum im Schoße des Propheten dufteten.

Eines Abends kehrten die *mudschahidin* nach einer militärischen Operation, die etliche Kameraden das Leben gekostet hatte, zu dem Haus zurück, wo sie sich mit Proviant zu versorgen pflegten, bevor sie sich in ihre Schlupfwinkel in den Bergen zurückzogen. Sie klopften gemäß dem vereinbarten Zeichen an die Tür, aber niemand öffnete. Sie klopften noch einmal. Nichts. Und dann hörten sie ein leises Stöhnen. Sie erschraken und rannten davon. Als der letzte Mann gerade hinter einem Strauch verschwand, ging die Tür auf, und eine schwache Frauenstimme rief: »Kommt zurück, meine Brüder, kommt zurück!« Die Brüder glaubten an Verrat und richteten ihre Waffen auf Aischa. Die ließ sich davon nicht beeindrucken, sondern forderte sie noch einmal auf, doch näher zu kommen. Vorsichtig betraten die Männer das Haus. »*Ahla wa saḥla*, seid willkommen«, sagte Aischa. »Mögen der Herr, die

Revolution und die *schuhadas* euch beschützen. Verzeiht, daß ich nicht sofort geöffnet habe. Ich bin allein im Haus. Mein Mann und die Kinder sind ins Dorf hinuntergegangen, um Nahrung zu holen. Ich habe gerade entbunden. Im gleichen Augenblick, als ihr an die Tür geklopft habt, habe ich die Nabelschnur durchgeschnitten.«

Obgleich der Krieg, der Tod und die Gewalt sie abgehärtet hatte, kamen den Männern, die nicht älter als zwanzig waren, die Tränen beim Anblick der über einem Ast hängenden Schnur. Unter dem Baum wimmerte in einer *gas'a*[1] ein kleines, blutbeschmiertes Mädchen. Und nicht weit davon entfernt lag ein rostiges, blutiges Messer.

Frauen wie Aischa haben Algerien die Freiheit gebracht. Fleißig wie Ameisen haben sie mit unendlicher Geduld, mit Kraft und mit Mut den Hügel aufgehäuft, auf dem die grün-weiß-rote Fahne weht. Die Männer, die am Tag nach der Unabhängigkeit zu ihren Frauen sagten: »*Ja amra*, Frau, genug gelacht« – denn sie lachten – »zurück an den Herd und zu deinen Kindern«, begriffen nicht, was sie verloren. Für ein Leben mit einer gleichberechtigten Frau, einer Partnerin statt einer Rivalin, fehlte ihnen der Mut. Sie hatten Angst, und die Angst machte sie zu Unterdrückern. Sie hatten acht Jahre lang gesehen und erlebt, wozu die »Menschentöchter« fähig waren.

Die Männer, die zu behaupten wagten, die Aussage eines Mannes sei die von zwei Frauen wert, hatten ein kurzes Gedächtnis. Als diese Frauen nämlich von den Fallschirmjägern gefangengenommen und gefoltert wor-

[1] Große Schüssel aus Olivenholz, die zum Rollen des Couscousteigs verwendet wird.

den waren, zählten sie nicht als halbe Kreaturen, sondern als vollwertige Menschen.

12

Draußen war es hell geworden. Es hatte aufgehört zu schneien, die Sonne schien, und der Himmel war blau. Im Park vor dem Krankenhaus lagen etliche erfrorene Schwalben. Erschrocken wich Zuhra zurück und drehte sich hastig um. Sie trat ans Bett ihrer Tochter und berührte sie an der Schulter.

»Marjam? Wach auf, mein Augenstern. Hab keine Angst, wir wollen dir nur die Bettpfanne unterschieben.«

Marjam schlug die Augen auf und lächelte ihrer Mutter, Zulaika und Jamna zu. Die drei Frauen hoben sie an und schoben die Emailschüssel unter sie. Als sie sie nach ein paar Minuten wieder entfernten, enthielt sie einige wenige Tropfen rötlichen Urins. Zuhra brach von neuem in Wehklagen aus und flehte zu Gott und ihren Vorfahren.

Kurze Zeit später kam der Arzt. Er untersuchte das Mädchen gründlich und warf auch einen Blick in das Emailgefäß. »Wir werden sie heute noch operieren«, sagte er zu der niedergeschlagenen Zuhra.

Marjam schloß die Augen, sie konnte den Anblick des kummervollen Gesichts ihrer Mutter nicht länger ertragen. Obgleich sie sehr schwach war, versuchte sie sich auf den letzten Teil des Puzzles, das sie Stück für Stück zusammengetragen hatte, zu konzentrieren. Ein kleiner Ausschnitt fehlte ihr noch: Was hatte sie am Tag ihres Unfalls in die Nähe von Derb Messoufa geführt?

Als Algerien in die Unabhängigkeit entlassen wurde, verließen die meisten Franzosen das Land. Die einen, weil sie es nicht ertrugen, daß die »Fatmas« und »Ben Couscous'« nun die gleichen Rechte wie sie hatten, die anderen, weil sie sich nicht mit dem Verlust »ihres« Algerien abfinden konnten. Aber auch viele von denen, die das Land und seine Bewohner liebten, zogen es vor auszuwandern. So war – Ironie des Schicksals Célines erster Besuch bei Marjam zugleich auch der letzte: Sie kam, um sich von der Freundin zu verabschieden.

Auf der Dachterrasse kramten sie Erinnerungen an die gemeinsame Schulzeit hervor, lustige, über die sie schallend lachten, traurige, die ihnen die Tränen in die Augen trieben. Als der Augenblick des Abschiednehmens nahte, weinten beide. Die Trennung von Céline fiel Marjam unendlich schwer. Sie war die einzige *Rumija* gewesen, die sie bei der Hand genommen und die ihr ihr Bedauern über das Massaker am »Schwarzen Dienstag« ausgesprochen hatte.

Nun, da das Land unabhängig war, ließ sich Zuhra endlich dazu herab, in das französische Viertel umzuziehen. Marjam brach es schier das Herz. Sie war todunglücklich, den Ort ihrer Kindheit verlassen zu müssen, sich von den Menschen zu trennen, die sie hatten aufwachsen sehen und die ihr in den dunkelsten Momenten ihres Lebens zur Seite gestanden hatten.

Es dauerte lange, bis sie sich in der neuen Umgebung eingelebt hatte. Wann immer sie für Zuhra eine Besorgung zu machen hatte, und das war praktisch täglich, nutzte sie die Gelegenheit zu einem Abstecher nach Derb Messoufa. Der weite Weg konnte sie nicht abschrecken. Sie hatte nichts mit den Einwohnern von al-Qal'a gemein. Welten trennten sie voneinander, Welten voller Blut, Angst, Trauer und Leid. In einem Alter, in dem andere Mädchen mit

Puppen spielen, hatte sie entschieden, auf welcher Seite sie stehen wollte: auf der Seite der Schwachen und Wehrlosen.

Die Freude über die Unabhängigkeit verflüchtigte sich allmählich und wich dem Alltag. Marjam fühlte sich ausgelaugt. Das tagelange Feiern und Jubeln hatte ebenso an ihren Kräften gezehrt wie der Umzug und die tägliche Pilgerung nach Derb Messoufa. In wenigen Monaten würde sie vierzehn werden, aber der Krieg hatte sie vorzeitig erwachsen werden lassen.

»Sag, Mutter, was ist das für ein Gefühl für dich, in einem freien Land zu leben? Was hat sich für dich geändert?«

Zuhra warf ihr einen erstaunten Blick zu und antwortete nach kurzem Zögern: »Oh, es hat sich eine Menge geändert. Ich bin zum Beispiel umgezogen und bedaure es auch schon wieder. Ich habe keine Angst mehr, ich bin glücklich und traurig zugleich. Ich freue mich für dich und deine Geschwister, weil ihr es leichter haben werdet als eure Vorfahren. Aber ich bin traurig, weil so viele Menschen ihr Leben lassen mußten, so viele Mütter wahnsinnig wurden vor Kummer und Leid.«

»Eigenartig, wie schnell die guten Dinge verblassen«, sagte Marjam. »Von einem guten Essen kostet man ein- oder zweimal, man genießt es, und doch fehlen einem die richtigen Worte, um es genau zu beschreiben.«

»Was sind denn das für Gedankensprünge? Ich rede von der Unabhängigkeit, und du hältst mir einen Vortrag über die guten Dinge. Ich kann übrigens genau beschreiben, wie der Kaffee schmeckt, den du gekocht hast: er ist zu bitter«, bemerkte Zuhra spöttisch und ein wenig gereizt.

Marjam überhörte es und fuhr fort: »Um Vergnügen und Freude zu beschreiben, benutzt man meist Adjektive, die mit den Gefühlen gar nichts zu tun haben. Man sagt: Das ist himmlisch oder wunderbar oder hervorragend. Kummer, Leid und Unglück, Angst und Schweiß dagegen vergißt man nie. Man erinnert sich der Augenblicke, in denen man Schlimmes erlebte, genau. Freude verblaßt, aber der Kummer hinterläßt Narben.«

»O Herr, meine Tochter beginnt zu philosophieren!« Zuhra hob die Arme zum Himmel empor und schickte sich an aufzustehen.

»Bitte bleib, Mutter, ich bin noch nicht fertig«, sagte Marjam mit fester Stimme. »Hab ein wenig Geduld, und du wirst sehen, worauf ich hinauswill.«

»Dann beeil dich ein bißchen, ich habe noch mehr zu tun, als mir deine Spitzfindigkeiten anzuhören.«

»Siehst du, Schmerz, Trauer, Angst oder ein Unglück kann man mit niemandem teilen. Niemand hat deinen Schmerz empfunden, als Vater starb. Sie haben mit dir geweint und mitgefühlt, aber die brennende Wunde, die dir bis zum heutigen Tag zu schaffen macht, ist dir allein zugefügt worden, und du allein mußt damit fertig werden. Nur wer den Knüppel schon einmal gespürt hat, kennt seinen Wert, sagen die Alten. Und sie haben recht, nicht wahr, Mutter?«

»Sprich weiter, das ist gar nicht so dumm, was du da sagst«, erwiderte Zuhra und sah sie neugierig an.

»Ich habe viel gelernt in den vergangenen Jahren, weißt du? Freude und Glück sind ansteckend, aber vor dem Unglück fliehen die Menschen. Seelische Schmerzen kann man lindern, ganz verschwinden werden sie nie. Sie sind immer da und belasten den, der sie empfindet. Angst erlebt jeder für sich allein, selbst wenn er von Menschen umgeben ist, die Stärke zeigen und die bereit sind, ihn notfalls sogar mit ihrem Leben zu verteidigen. Man hat Angst, weil man weiß, die andern haben auch Angst. Glaubst du, deine scheinbare Ruhe und Gelassenheit, als wir vor den Soldaten und der ›Roten Hand‹ zitterten, hat uns täuschen können? Du hattest genausoviel Angst wie wir.«

»Ich hatte Angst um euch.«

»Das weiß ich, Mutter. Das haben wir gespürt. Plötzlich verloren wir den Halt, weil niemand mehr da war, zu dem man sich flüchten, an den man sich klammern konnte. Und da haben wir uns an den Koran geklammert. Wer einen Moslem einen Fanatiker schimpft, ist ein Dummkopf und ein Rohling.«

»Du gibst also endlich zu, daß es kein Fehler ist, den Koran zu lernen.«

»Das habe ich nie behauptet, Mutter. Erinnerst du dich daran, was Jamna über die Geburt ihres ersten Kindes sagte?«

»Was hat die Geburt eines Kindes mit der Angst während des Krieges zu tun?« rief Zuhra ungeduldig aus.

»Du wirst gleich sehen. Als Jamna ihr erstes Kind zur Welt brachte, war die ganze Familie gekommen, um ihr Beistand zu leisten und Mut zuzusprechen. Ich erinnere mich noch genau an ihre Worte. Sie war allein mit ihrem Schmerz und ihrer Angst. Niemand, nicht einmal ihr, die ihr bereits Kinder geboren hattet, konnte ihr das abnehmen. Und als das Kind da war, empfand sie ein ungeheures Glücksgefühl und zugleich eine grenzenlose Müdigkeit. Und mit der Unabhängigkeit ist es genau das gleiche, Mutter.«

»Lebe, o Zuhra, lebe, damit du hören kannst, was für abenteuerliche Vergleiche deine Tochter zieht!« Theatralisch hob Zuhra abermals die Arme zum Himmel empor.

Unverdrossen fuhr Marjam fort: »Hast nicht du selbst gesagt, wir gebrauchen für beide Ereignisse dasselbe Wort, nämlich *khlas*, das sowohl Entbindung als auch Befreiung bedeutet? Bevor es soweit ist, muß man unsagbare

Schmerzen erdulden, aber ist es überstanden, ist man glücklich und erschöpft. Und besorgt. Ist das Kind auch normal? Wird es ein Problemkind werden? All die Menschen, die ausgezogen waren, die Würde und die Freiheit ihres Landes zurückzuerobern, stellten sich nie die Frage, wie Algerien nach der Unabhängigkeit wohl aussehen würde. Sie kämpften, um sich von der Knechtschaft der Kolonisten zu befreien, das war ihr einziges Ziel. Habe ich recht oder nicht?«

Zuhra betrachtete ihre Tochter mit einer Mischung aus Bewunderung und Entsetzen. Dann sagte sie streng: »Du liest zu viele Bücher, und du denkst zuviel. Jedenfalls mehr, als gut ist für ein Mädchen. Nimm dich in acht, Kind. Du hast doch eine Vorliebe für Sprichwörter, weil sich in ihnen die Weisheit der Menschen spiegelt. Dann kennst du sicherlich auch dieses: Wer zuviel grübelt, wird an seinem Zorn ersticken.«

Die Worte der Mutter versetzten Marjam einen Dämpfer. Wo wäre sie denn, hätte sie nicht ihre kleine Ecke mit »Lilien und Basilikum« gehabt? Auf dem Friedhof oder in einem Irrenhaus. Ein Kind vermag in der Welt der Erwachsenen nur zu überleben, wenn es seinen eigenen kleinen Garten anlegen und hegen darf, zu dem niemand, nicht einmal die Mutter, Zutritt hat. Aber Marjam sagte nichts. Sie begriff, die Kluft zwischen ihr und ihrer Mutter war zu groß. Ich hätte meine Gedanken besser für mich behalten, dachte sie bitter. Sie stand auf und verließ wortlos den Raum. Zuhra blickte ihr versonnen nach.

Der erste Tag in der zum Maliha-Hamidu-Gymnasium umbenannten Schule verlief in fröhlicher Stimmung. Marjam sah viele Freundinnen wieder, denen während der Kolonialzeit der Schulbesuch nicht möglich gewesen war. Nun, da ein Erlaß ihnen die Chance bot, griffen sie zu. Das unabhängige Algerien war auf das Können und Wissen seiner Kinder angewiesen; es galt, in möglichst kurzer Zeit möglichst viele junge Leute auszubilden.

Die meisten Lehrer hatten Tlemcen verlassen und waren durch Kräfte ersetzt worden, die aus allen Teilen der Welt kamen, um hier einen freiwilligen Dienst abzuleisten. Niemand fragte danach, ob sie hinreichend qualifiziert waren: Die junge Republik konnte es sich nicht leisten, wählerisch zu sein.

Marjams Klasse hatte die Ehre, Miss Johns als Englischlehrerin zu bekommen. Sie stammte aus Yorkshire und ging ihre neue Aufgabe mit Feuereifer an. Da sie Mühe hatte, sich die für ihre zarten britischen Ohren hart klingenden arabischen Namen zu merken, gab sie ihren Schülerinnen, ohne sich etwas Böses dabei zu denken, englische Vornamen. Sie verteilte Anstecknadeln, die die Mädchen sich an ihre Kittel heften mußten. Aus Marjam wurde Sheila, und Fatiha, Raschida, Chedidscha, Malika und Nuria wurden in Patty, Tracy, Nancy, Jenny oder Suzy umgetauft.

Eines Morgens rief Miss Johns in bestem Shakespeareenglisch Marjam an die Tafel: *»Sheila, will you please come to the blackboard?«*

»*Yes, Miss*«, antwortete Marjam.

Sie ging nach vorn aufs Podest und begann Twist zu tanzen, den neuesten Modetanz, während ihre Mitschülerinnen einen bekannten Schlager anstimmten und laut sangen: »Gib mir deine Hand und nimm meine. Die Straße gehört uns, also laß uns feiern. Die Schule ist aus, aber ja, aber ja.«

»So«, meinte Marjam, »jetzt haben Sie gesehen, wozu eine unabhängige, arabische ›Sheila‹ fähig ist.«

Zum erstenmal verlor Miss Johns ihre sprichwörtliche britische Gelassenheit. *»O my god!«* stieß sie schockiert hervor. Ihre zartrosa Gesichtsfarbe schlug in hektisches

Krebsrot um, so als hätte sie unvermittelt einen Sonnenbrand bekommen. Sie gab nur ein kurzes Gastspiel am Gymnasium, auf dem alsbald wieder Ruhe und Ordnung einkehrten.

Arzt-, Apotheker- und Lehrertöchter sowie die Töchter jener Profiteure, denen der Constantine-Plan und Schwarzmarktgeschäfte zu plötzlichem Reichtum verholfen hatten, nahmen den Platz der französischen Mädchen ein. Lehrer und Schulleiter brachten ihnen großes Verständnis entgegen. Man sah ihnen alles nach, verhätschelte sie, bedauerte sie. Und die Mädchen, die Vater, Bruder, Onkel, Schwester oder Mutter verloren hatten, schauten dem Theater mit ohnmächtiger Wut zu.

Eine neue Form der Unterdrückung und eine neue Art der Knechtschaft entstand im Land der freien Frauen und Männer. Das Geld regierte, und Protektion, Vetternwirtschaft, Schiebung und Schwarzhandel ersetzten die Werte, für die eine Million achthunderttausend Algerier ihr Leben gelassen hatten. Großzügigkeit, Solidarität, Brüderlichkeit, Würde und Integrität zählten nichts mehr.

Die Unabhängigkeit hielt noch mehr Überraschungen für Marjam bereit. Die »Märzler« und die aus dem Exil Heimgekehrten begannen, den Kuchen untereinander aufzuteilen, während jene, die alles für ihre Heimat, ihr Vaterland geopfert hatten, nur müde zusehen konnten. Wie Vampire saugten sie ihre Brüder aus, die vor Bestürzung über soviel Zynismus wie gelähmt waren. Wer dank des Constantine-Plans zu Geld gekommen war, erwarb für ein Butterbrot die schönsten Villen der Franzosen. Wer sein Geld im Ausland gut investiert hatte, fuhr in einer Luxuskarosse durch die Straßen der geschundenen Stadt und leckte sich die Lippen bei dem Gedanken an all die profitablen Geschäfte, die hier zu machen waren.

Eines Tages drangen erregte Stimmen aus dem Korridor in Marjams Klassenzimmer. Sie ging mit ein paar Freundinnen hinaus, um nachzusehen. In der Obersekunda war ein Sturm der Empörung losgebrochen, als ein Mädchen, die Tochter ehemaliger Emigranten, in ihrer Beschränktheit ausgerufen hatte: »Großer Gott, seid ihr aggressiv und nervös! Wo seid ihr denn aufgewachsen? In Boudghen?«

Boudghen war ein Höhlendorf unweit von Tlemcen, das billige Arbeitskräfte zur Verfügung stellte.

In höchster Erregung schrien die Schülerinnen alle durcheinander:

»Ausgerechnet du, die Tochter von Feiglingen, willst uns erzählen, was Anstand und gute Erziehung ist?«

»Was redest du so abschätzig über die Menschen von Boudghen? Du kannst ihnen nicht das Wasser reichen, du Hündin, Tochter von Hunden! Sie sind vornehmer, mutiger und würdevoller als du und deine Familie zusammen. Sie waschen deinen Dreck, vermehren euer unredlich erworbenes Geld und waren bereit, ihr Leben für die Befreiung der Heimat zu geben. Daß du heute hier sein kannst, um uns zu belehren, hast du zum Teil ihnen zu verdanken.«

»Was hast du, Tochter eines ›Märzlers‹, der sich in Marokko die Taschen füllte, während du dir den Bauch vollschlagen konntest, in deinem Leben schon erlebt, das dich nervös machen könnte? Wo wart ihr, als hier die Bomben fielen? Wo warst du, als wir uns jede Nacht vor Angst eng aneinanderdrängten, während irgendwo Frauen schrien, die mit ihren Kindern allein waren?«

»Hast du schon einmal den Begriff ›Rote Hand‹ gehört und das Entsetzen verspürt, das dir das Blut in den Adern gefrieren läßt? Kennst du die Thronverse, die wir bis zur Bewußtlosigkeit gebetet haben?«

»Hast du schon einmal einen Toten mit zerschmettertem Schädel gesehen? Hast du schon einmal Mütter gesehen, die den Kopf gegen die Wand schlagen, weil man ihre Kinder ermordet hat? Hast du schon einmal ein Kind gesehen, das weinend und völlig verängstigt auf der Straße steht und sich verstört umschaut. Vielleicht sind wir nervös und aggressiv, aber du bist die letzte, uns das vorzuhalten, du Tochter von Blutsaugern!«

»Hast du auch nur einen Tag in deinem Leben gehungert? Weißt du, wie das ist, wenn der Magen knurrt und sich verkrampft? Hast du jemals die Spuren des Hungers auf den Gesichtern deiner Freundinnen gesehen? Mädchen, deren Väter entweder von den Fallschirmjägern zu Tode gefoltert wurden oder in der Widerstandsbewegung kämpften und starben, damit Leute wie du, die sich in Marokko oder anderswo ein schönes Leben machten, eines Tages in ein unabhängiges Land zurückkehren könnten.«

Die Schulglocke läutete, und die Mädchen, zitternd vor Wut, zerstreuten sich. Marjam ballte die Fäuste. Ein unbändiges Verlangen zu töten überkam sie, ein Verlangen so heftig wie damals, als sie die Französinnen am liebsten erwürgt hätte. Sie waren seit dem Blutbad an jenem »Schwarzen Dienstag« ihre Feindinnen gewesen, und insofern war ihr Haß noch verständlich. Diese Mädchen aber waren ihre Schwestern, denn im Islam sind wir alle Brüder und Schwestern!

In der Mittagspause ging Marjam nicht zum Essen nach Hause. Daß Zuhra sich Sorgen machen und ihr später die Leviten lesen würde, nahm sie in Kauf. Sie mußte nach Derb Messoufa, unbedingt. Sie hatte genug von den vornehmen Vierteln, über denen der faulige Gestank des Geldes lag. Sie konnte die Villen nicht mehr sehen, die außen so prachtvoll und innen verrottet und verdorben waren. »Du, der du so gut gekleidet bist, sag mir, wie es in deinem Innern aussieht«, lautete ein arabisches Sprichwort. Sie ertrug sie nicht mehr, diese Leute, die sich ihre Ehrbarkeit gekauft hatten. In Derb Messoufa würde sie eine reinere Luft atmen, eine gesunde, unverbrauchte Luft.

Unterwegs begegnete sie einem Zug von Demonstranten. Seit der Sommerpalast in Algier in Palast des Volkes umbenannt worden war, erging aus ihm jeden Tag eine andere Anordnung. Wenn der Hausherr, der seine Mao-Uniform mit der Khakikleidung der Partisanen vertauscht hatte, zum Beispiel die Unterstützung Kubas forderte, ging die Bevölkerung Algiers auf die Straße und schrie: »*Tahija Kuba, tahija Kuba*«, und die Einwohner von Tlemcen bildeten das Echo.

An jenem Tag nun sollte das angolanische Volk in seinem Freiheitskampf unterstützt werden. Und die Einwohner von Tlemcen demonstrierten brav für Angola, obwohl sie nicht einmal wußten, wo das überhaupt lag. Doch darauf kam es auch nicht an, wichtig war nur, moralischen Beistand zu leisten. Und so scholl es durch die Straßen der Stadt: »*Tahija* Angora ... *tahija* Angora ... Freiheit für Angora! ... Angora wird siegen!«

Auf ihre Spazierstöcke gestützt, standen am Straßenrand zwei Greise und beobachteten das Ganze kopfschüttelnd.

»Sind die denn alle verrückt geworden? Statt die Ärmel hochzukrempeln und sich an die Arbeit zu machen, demonstrieren sie jetzt schon für Wolle! Daß wir das auf unsere alten Tage noch erleben müssen!«

»Ich sage dir, *al-hadsch*, das ist das Ende der Welt«, erwiderte der andere und hüllte sich fester in seinen Burnus und seine Würde.

Marjam, die den Dialog belustigt verfolgt hatte, faßte sich ein Herz und erklärte den beiden, daß es sich sicherlich um ein Land handeln müsse, denn Kaschmir sei schließlich auch ein Land und gleichzeitig der Name einer sehr feinen, sehr teuren Wolle. »Das habe ich im Gymnasium gelernt«, fügte sie stolz hinzu.

Die beiden Patriarchen musterten sie mit einer Mischung aus Verwunderung und Spott. Sie rafften ihr Gewand enger um ihre mageren Körper und scheuchten sie dann mit einer hochmütigen Handbewegung davon: »Geh spielen, Kleine, das verstehst du nicht.«

»Ich werde bald fünfzehn«, erwiderte Marjam wütend. »Und ihr wärt froh, ihr wärt dreißig Jahre jünger, damit ihr auch aus voller Kehle schreien könntet, ›es lebe Angora‹!«

Sie ging eilig weiter, bevor sich die Greise gefaßt hätten und sie mit Verwünschungen überschütten würden. Die Drohungen alter Menschen erschienen ihr gefährlich, sie hatte das Gefühl, der liebe Gott werde sie auf der Stelle wahr machen. In Derb Messoufa angekommen, besuchte sie Amti Mania, die sie zum Mittagessen einlud. Über ihre Begegnung mit den beiden alten Männern nachgrübelnd, kehrte sie anschließend in die Schule zurück. Die Unabhängigkeit gab ihr das Recht der freien Rede, davon war sie fest überzeugt.

Als sich der Unterricht dem Ende näherte, überlegte sie, welche Geschichte sie Zuhra auftischen wollte, um einer Bestrafung zu entgehen. Aber ihr fiel keine neue Ausrede ein, und die alten hatten sie weder vor einer Gardinenpredigt noch vor Verwünschungen bewahrt.

Auf Zehenspitzen schlich sie ins Haus. Zuhra war im Wohnzimmer in eine lebhafte Unterhaltung mit Zulaika vertieft.

»Hast du Ben Bellas Rede im Radio gehört, liebe Zuhra?«

»Ja, liebe Zulaika. Aber verstanden habe ich sie nicht.«

»Da bist du nicht die einzige. So ein unverständliches Zeug! Was bedeutet deiner Meinung nach dieses Wort, das er ständig gebraucht hat? Wie hieß es doch gleich ... Möge Gott den Teufel verfluchen! Es liegt mir auf der Zunge ...«

»Meinst du dieses unmögliche Wort? *Bourgeoisija*?«

»Ja, genau. Gebe der Herr dir Gesundheit. Dein Geist ist noch rege. Mein Sohn Abdarrasaq hat es mir erklärt, sogar anhand von Beispielen, aber ich kann mir noch immer nichts Rechtes darunter vorstellen. Es scheint sich um eine Krankheit zu handeln, wenn man Ben Bella glauben darf. Eine Krankheit, die dick macht.«

»Wahrscheinlich hat er deshalb immer wieder betont, das einzige Mittel dagegen sei der Hamam.«

»Es wird doch nicht die Krätze sein, was meinst du, liebe Zuhra?«

»Gott behüte uns! Aber ich glaube nicht. Sonst hätte er doch empfohlen, sich mit Alkohol einzureiben. Hoffentlich ist es keine schlimme Krankheit.«

»Bestimmt nicht. Wenn man sie mit einem Besuch im Hamam heilen kann und weder Alkohol noch Arzt und auch keinen *hurs* und keinen *taleb* braucht ... Der Hamam wird die Bourgeoisie und ihr Fett bekämpfen.«

»Was bedeutet das Wort denn, Marjam?« flüsterte Nadschia aufgeregt.

»Ich weiß auch nicht genau. Ich habe zwar Molières *Le Bourgeois gentilhomme* gelesen, aber darin ist weder von einem Hammam noch von Fett die Rede. Komm, wir schauen im Wörterbuch nach.«

Sie schlugen das enzyklopädische Wörterbuch ihres Vaters auf und lasen unter »Bourgeoisie« nach. Nun verstanden sie überhaupt nichts mehr. Laut Ben Bella gehörten beispielsweise Zulaika, Nana Scharifa und der verstorbene Ami Ambarak zur Bourgeoisie, weil sie dick waren. Aber das war falsch, das war grundverkehrt.

Zulaika war mit zwanzig Jahren Witwe geworden und

hatte, um ihre beiden kleinen Kinder ernähren zu können, in den Teppichfabriken gearbeitet, zehn Stunden täglich. Ihre Hände waren verkrüppelt von den Weberschiffchen und den schweren Scheren, die sie jahrelang gehandhabt hatte. Sie war fast blind und hustete zum Erbarmen, weil sie zuviel Staub geschluckt hatte.

Und Nana Scharifa hatte einen Sohn geopfert, damit Ben Bella dorthin kam, wo er heute war. Und Ami Ambarak soll seiner Körperfülle wegen ein Bourgeois gewesen sein? Dabei war er nicht reich. Er wußte, Reichtum konnte nur durch das Unglück anderer erworben werden. Wer ehrlich war und gottesfürchtig, konnte unmöglich reich werden. Wie oft hatte er ihnen das gepredigt.

Und Zuhra eine Bourgeoise? Und Mohammed, wäre er noch am Leben, ein Bourgeois? Aber er hatte nie jemanden bestohlen oder ausgebeutet. Zuhra hatte ihre Mahlzeiten immer mit den Armen geteilt, ihr Haus stand jedem offen, der sich in Not befand, und dem Mufti der Moschee spendete sie reichlich Geld.

Marjam und Nadschia waren völlig verwirrt. Wenn ein Bourgeois zu sein bedeutete, in Tlemcen zu leben und dick zu sein, dann wären die wirklich Reichen arm und die Bedürftigen wohlhabend. Reichtum war keineswegs gleichzusetzen mit Korpulenz.

Hätte Ben Bella gesagt: »Macht den ›Märzlern‹ die Hölle heiß, schickt die Neureichen und die Profitjäger in den Hamam Bourgherara, steckt jene, die sich so gut darauf verstehen, das Mäntelchen nach dem Wind zu hängen, ins Dampfbad«, dann hätten alle begeistert Beifall geklatscht. Aber der Satz »das Fett der Bourgeoisie muß im Hamam schmelzen« ließ in seiner Zweideutigkeit alle Möglichkeiten zu. Außerdem legten die Reichen ohnehin großen Wert auf ihre schlanke Linie. In der Schule erzählten die Mädchen immer wieder von Kuren, die sie mit

»Papa« und »Mama« – das hörte sich vornehmer an als *Bwa* und *Mwa* – in Vichy, Vittel oder Evian machten. »Auf seine Figur achten« nannten sie das, und die Eltern ließen es sich ein Vermögen kosten, ihre überflüssigen Pfunde loszuwerden.

Die euphorische Stimmung des Unabhängigkeitstags war Ernüchterung und Niedergeschlagenheit gewichen. Tlemcen zählte seine Toten. Jede dritte Familie hatte einen oder mehrere Tote zu beklagen. Sie zerfielen in Staub, der das Land ihrer Vorfahren anreicherte. Zuhra legte von neuem ihre Trauerkleider an und besuchte die Friedhöfe der Stadt. Die Mädchen fanden sie oft in erbarmenswertem Zustand vor, mit geröteten Augen und zerkratzten Wangen, wenn sie aus der Schule kamen. Fatma und die Dienstboten wußten nicht mehr, welchen Heiligen sie noch um Hilfe anflehen sollten. Zuhra verlor jede Lebensfreude. Eines Tages bekam sie nach einem Friedhofsbesuch einen schrecklichen Weinkrampf. Plötzlich versteifte sie sich, Arme und Beine wurden eiskalt, und ihr Atem ging stoßweise.

»Ist Mutter sehr krank?« fragte Marjam den Großvater, der gekommen war, so schnell er konnte.

»Ich weiß es nicht, mein Kind. Es ist ihre Seele, die Schaden genommen hat. Sie leidet noch immer unter den Folgen des Schicksalsschlags, den sie in ihrer Jugend erlitten hat. In den acht Kriegsjahren ist der Schmerz über den Verlust eures Vaters ein wenig verdrängt worden, aber nun, da der Krieg zu Ende ist, lenkt sie nichts mehr ab. Und ihr seid fast erwachsen, ihr braucht sie nicht mehr, und jetzt kommt sie sich überflüssig vor. Ich kenne meine Tochter«, murmelte Al Ghauzi. »Sie ist zu stolz zuzugeben, wie sehr sie leidet. Lieber nimmt sie den Tod in Kauf.«

Marjam lief nach Derb Messoufa und erzählte allen

Nachbarinnen, Zuhra sei krank. Da machten sie sich auf den Weg, brachten ihr Gebäck und den neuesten Klatsch aus dem Viertel mit und sprachen ihr Mut zu. Zulaika, Amti Zainab und Amti Mania beschlossen, bei ihr zu bleiben, bis sie ihren Kummer überwunden hätte.

Zulaikas Grimassen, Amti Zainabs Geschichten und Amti Manias Weisheit zeigten mehr Wirkung als die Arzneien des Hausarztes.

Abends, nach den Schulaufgaben, drängten sich die Kinder, die eigentlich schon viel zu alt dafür waren, um Zulaika und die alten Tanten und lauschten den Märchen von einst oder grübelten über eine Rätselfrage nach. Das Fernsehen hatte in Marjams Haus noch nicht Einzug gehalten, man mußte anderweitig für Unterhaltung sorgen. So erzählte zum Beispiel Nadschia von den Verwirrungen, die im Arabisch-Unterricht entstanden, wenn der Lehrer, ein gebürtiger Ägypter, ihnen Unterricht in seiner Sprache erteilte, wie er es in Port Said oder Alexandria getan hätte. Nadschia und ihre Freundinnen, die fast alle ägyptischen Schnulzen kannten, führten in jeder Unterrichtsstunde einen Tanz vor, der die ägyptische Nationaltänzerin Samia Gamal vor Neid erblassen ließe. Der Kommentar des Lehrers war stets der gleiche: »*Ya 'anhar 'aswad*, o unheilvoller Tag.«

Fatima und Fusija erheiterten sie mit der Beschreibung der schrulligen Schulaufsicht, einer verbitterten alten Jungfer, der sie den Spitznamen »DDT« gegeben hatten, weil sie in die Hände zu klatschen pflegte, als wollte sie Fliegen verscheuchen, sowie sie eine Gruppe junger Mädchen erblickte. Sie ertrug den Glanz der Schönheit und der Jugend anscheinend nicht. Wo immer sie auftauchte, fingen die Schülerinnen zu summen und zu brummen an wie Insekten.

Zuhra lachte Tränen. Die dunklen Wolken über Marjams Haus verzogen sich.

»Wartet, bis ihr erst gehört habt, was ich euch zu erzählen habe«, sagte Zulaika und wischte sich über die Augen. »Der Bauch wird euch weh tun vor Lachen.«

»O Zulaika, mir tut jetzt schon alles weh«, stöhnte Amti Zainab.

»Das ist noch gar nichts, warte ab.«

»Nun mach schon, Zulaika, erzähl!« drängten die Kinder ungeduldig.

»Also: Vor ungefähr einem Monat, es können auch zwei gewesen sein, suchte ein junger Mann eine Bauernfamilie in der Nähe von Tlemcen auf. Er wurde gastfreundlich empfangen, mit Pfefferminztee, Kaffee und Gebäck bewirtet und sogar zum Abendessen eingeladen. Beim Essen erklärte der junge Mann, er habe in ›Baris‹ an einer berühmten Universität studiert. Später fragte sein Gastgeber ihn, was ihn denn überhaupt hergeführt habe. ›Nun‹, meinte da der mit Diplomen gespickte Jüngling, ›ich bin im Auftrag der Regierung hier, in einer sehr wichtigen Mission.‹ ›Und die wäre?‹ fragte das Familienoberhaupt und strich sich über den Bart. ›Ich soll euch ausbilden und euch helfen, aus der Misere herauszukommen, in der ihr euch befindet‹, antwortete der Bursche. Da fing der Hausherr zu lachen an. Er lachte so sehr, daß er fast erstickt wäre. Als er sich wieder beruhigt hatte, sagte er: ›Danke für deine Fürsorge, mein Kleiner. Aber ich werde dir etwas sagen: Was Misere ist, weiß ich erst, seit du deinen Fuß über meine Schwelle gesetzt hast. Und jetzt trink deinen Kaffee aus und lauf schnell zurück zu deiner Regierung.‹«

Alle lachten, nur Marjam, Zuhra und Amti Mania nicht.

»Er hat kein Blatt vor den Mund genommen, bravo!«

sagte Amti Mania. »Ich an seiner Stelle hätte den Flegel am Kragen gepackt und vor die Tür gesetzt. Soweit ist es also gekommen! Jetzt wollen sie uns auch noch erziehen.«

»Du hast völlig recht, Lalla Mania«, pflichtete Zulaika ihr bei. »Kaum haben sie unseren Bauch verlassen, wollen sie uns bevormunden. Wißt ihr, wie die neuen Herren des Landes uns genannt haben? Kinder! In ihren Augen sind wir Kinder! Ist das nicht allerhand?«

»Immerhin haben diese Kinder sie an die Macht gebracht«, bemerkte Amti Zainab, mit besonderer Betonung auf dem Wort »Kinder«. »Man muß schon an Gedächtnisschwund leiden und obendrein eine gehörige Portion Zynismus besitzen, um einen solchen Unsinn zu sagen oder zu denken. Nicht einmal die Fallschirmjäger sind soweit gegangen.«

»Habt ihr schon gehört, was man sich in Algier erzählt?« fragte Nuria.

»Nein, was denn?«

»Die Frauen sollen keinen Zugang zur Politik bekommen. Die *sijasa* sei nur etwas für Männer, weil nur ein männliches Gehirn imstande sei, diese Kunst zu erlernen.«

»Kunst?« höhnte Marjam. »Die Kunst, Pferde zu dressieren, ja.«

Die Frauen lachten. »Was meinst du damit, ›Pferde zu dressieren‹?«

Marjam räusperte sich. »Nun, *sijasa* leitet sich ab von Arabisch *sasa* und *jasusu* und bedeutet zunächst einmal ›sich um die Pferde kümmern, die Pferde pflegen‹, im weiteren Sinne ›regieren‹. Erst später hat das Wort seine heutige Bedeutung ›Politik‹ angenommen.«

»Möge Gott dir ein langes Leben schenken, mein Kind! Die alten Araber haben erkannt, daß der Mensch sich kaum vom Pferd unterscheidet. Man braucht beide nur mit dem Haarstrich streicheln, und schon sind sie zahm und gefügig.«

»Wenn ich richtig verstanden habe, bedeutet *sijas* Pferdeknecht«, meinte Zuhra.

»Du hast es erfaßt, Mutter.«

Die Frauen brachen in Gelächter aus.

»Sollen sie ihre scheinheilige Politik behalten! Den Männern zu schmeicheln und Pferde zu streicheln ist eine Kunst, die uns zuwider ist.«

Eine Nachbarin beugte sich vor. »Wißt ihr, was die Jungen sagen?«

»Nein, was?«

»Sie sagen, heute heißen die fünf Säulen des Islam Honda, Blonda, Villa, Devisen und Profit.«

»O Herr, was ist nur aus diesem Land geworden!«

»In einer Zeitung habe ich folgendes gelesen: In diesem Land lenkt der Osten, hortet der Süden, schaut die Mitte zu und die Oranei singt und tanzt«, berichtete Nuria.

»Aber wenn die Mitte sich rührt, die Oranei sich erhebt und Tlemcen sich aufbäumt, wird die Erde erzittern«, sagte Marjam mit harter Stimme.

Die Frauen sahen sie lange an. Ihre Seufzer sagten mehr als alle Worte. Es war schon spät, und sie gingen zu Bett. Marjam schaute zum Nachthimmel hinauf, wo unzählige Sterne funkelten. Nirgendwo auf der Welt ist der Himmel eindrucksvoller als über Algerien. Während sie in ehrfürchtiger Bewunderung hinaufblickte, dachte sie an die vielen Abende, an denen bei Sonnenuntergang Türen und Fenster dicht verschlossen und das Licht um acht Uhr gelöscht worden war. Die Unabhängigkeit war etwas Wunderbares. Der Frieden war etwas Wunderbares! Bevor sie zu Bett ging, betete sie für alle, die dieses Wunder möglich gemacht hatten. Sie fiel in einen tiefen, ruhigen Schlaf.

Zuhra fing sich allmählich wieder. Ihre Weinkrämpfe

und Ohnmachtsanfälle ließen nach und hörten eines Tages ganz auf. Einige Zeit später wartete eine große Überraschung auf Marjam, als sie aus der Schule kam: Im Wohnzimmer thronte ein Fernsehapparat.

Zuhra, Amti Zainab und Amti Mania saßen vor dem Teufelsgerät, starrten auf die bewegten Bilder und riefen ein ums andere Mal aus: »Gott ist groß! Dein ist die Macht und die Herrlichkeit, o Herr!«

Marjam und ihre Geschwister setzten sich dazu und verfolgten staunend das Geschehen auf dem Bildschirm. Der kleine Mohammed sprang immer wieder hinter den Apparat, um nachzusehen, wo die Menschen herkamen, die übers Bild liefen.

Abdarrasaq schenkte seiner Mutter Zulaika auch einen Fernsehapparat. Eines Morgens stand sie tränenüberströmt vor der Tür und berichtete: »Gestern abend nach dem Gebet habe ich dieses Teufelsding eingeschaltet, das mir mein Sohn geschenkt hat. Und da mußte ich doch mit ansehen, wie sich zwei *kafir*[1] vor meinen Augen küßten und streichelten! Womöglich würden sie gleich noch Schlimmeres anstellen! Ich war außer mir. So etwas konnte ich doch nicht zulassen. Also warf ich ihnen meinen Bimsstein an den Kopf. Die Scheibe ist in tausend Stücke zersprungen, und das Feuer hätte fast auf die Vorhänge übergegriffen. Als Abdarrasaq die Bescherung sah, fing er zu toben an. Die beiden *kafir* hätte ich sicher nicht getroffen, meinte er, aber dafür 150 000 Francs zum Fenster hinausgeworfen. 150 000 Francs, kannst du dir das vorstellen, Zuhra? Mit soviel Geld hätte ich nach Mekka pilgern können. Und alles nur, weil diese Leute keinen Anstand kennen! Möge der Herr ihnen den Hals

[1] Ungläubiger.

umdrehen!« zürnte sie, während Zuhra und die Kinder sich bogen vor Lachen.

Um Zulaika zu trösten, luden sie sie ein, eine Weile bei ihnen zu bleiben. Als sie eines Abends wie gewöhnlich vor dem Fernsehschirm saßen, kam die Nachricht von der Ermordung John F. Kennedys. Die Aufnahmen, die zeigten, wie er tödlich getroffen auf dem Rücksitz seines Wagens zusammenbrach, erschütterten Zuhra zutiefst.

»O die arme Jackie! So jung und schön, und jetzt wird dir dein ›Löwe‹ auf dem Gipfel seines Ruhms genommen! Die Ärmste! Ganz allein mit ihren kleinen Kindern.«

»So arm ist sie nun auch wieder nicht«, bemerkte Fatima gereizt. »Die hat Geld wie Heu.«

»Und was nützt ihr das? Sie hat ihren Mann verloren. Wenn ich daran denke, wie es war, als euer Vater starb . . .«

»Unser Vater war nicht Präsident der Vereinigten Staaten, und er ist auch nicht erschossen worden«, sagte Fusija.

»Was spielt das für eine Rolle? Sie waren beide jung und schön«, stieß Zuhra unter Tränen hervor. Auch Zulaika schluchzte.

»Es gibt keinen Grund zu weinen«, sagte Nuria. »So nett und freundlich, wie du glaubst, sind die Amerikaner nicht. Laß dich nicht täuschen von ihrem Lächeln! Was sie in Indochina machen, ist nichts anderes als eine Fortführung der Kolonialpolitik. In ihrem eigenen Land haben sie die Ureinwohner praktisch ausgerottet oder mit Hilfe von Alkohol besiegt und ihren Wohlstand auf dem Blut anderer errichtet. Sie haben Millionen Männer und Frauen aus Afrika verschleppt und versklavt, weil sie Arbeiter brauchten, ihr Land zu bestellen. Du hörst doch Hosin Slaui, den marokkanischen Sänger, so gern. Er hat sie schon 1945 durchschaut. Du kennst doch sein berühmtes

Lied *Les Américains.* Darin heißt es: ›Die Amerikaner mit ihren tiefblauen Augen und ihrem blonden Haar, ihrem *okay, okay... come on... bye-bye...* waren zu schön und zu gerissen, um ehrlich zu sein. Sie haben mit Dollars um sich geworfen und alles korrumpiert, sogar die Seelen der alten Frauen.‹«

»Gib dir keine Mühe«, bemerkte Nadschia spöttisch. »Unsere Mutter hat eine Schwäche für alles Amerikanische. Morgen wird sie Trauer tragen, du wirst sehen.«

Marjam verwünschte den Fernsehapparat und seine Berichterstattung, die an alten Wunden gerührt hatte. Was hatte sie sich nicht alles von der Unabhängigkeit erhofft! Das Recht, ihre Meinung frei äußern zu dürfen; daß die Guten belohnt und die Verräter bestraft würden; daß Zuhras Tränen endlich versiegen würden. Aber ihre Erwartungen waren enttäuscht worden. Zuhra weinte mehr denn je um ihren »Löwen«, der die Unabhängigkeit seines Landes nicht mehr erleben durfte und seine Kinder nicht aufwachsen sah.

Marjam ging wieder öfter auf den Friedhof. Als an einem Freitag nachmittag der Unterricht ausfiel, nutzte sie die Gelegenheit zu einem Ausflug nach Derb Messoufa. Ihr Weg führte sie an Al Meschuar vorbei, durch die Rue de France und Al Qajsarija und über Al Mawqaf und Al Madrassa in das Viertel ihrer Kindheit. Ihr war, als betrete sie ihr Zuhause. Das Herz schlug ihr vor Freude bis zum Hals, und sie begann fast zu rennen. Sie wollte zu Nana Scharifa und sie fragen, ob sie sie zum Friedhof begleiten wolle. Da ließ eine laute Frauenstimme sie plötzlich zusammenfahren, und sie verlangsamte unwillkürlich den Schritt. Die Stimme kam aus dem Haus von Sukajina, einer *mudschahida*[1]. Die Tür stand offen, man konnte jedes Wort verstehen.

[1] Weibl. Form zu *mudschahid.*

»Ihr wagt es, mir zu verbieten, arbeiten zu gehen? Ihr wagt es, von mir zu verlangen, den Schleier zu tragen? Wo wart ihr denn, als die Fallschirmjäger mir den Schleier herunterrissen? Habt ihr mich da verteidigt? Habt ihr mich verteidigt, als sie mich mit Gewalt aus eurem Haus holten? Niemand hat mir geholfen, mit Händen und Füßen habe ich mich zur Wehr setzen müssen, ALLEIN! Mit der Waffe in der Hand habe ich gekämpft, um meine Ehre und EURE zu verteidigen, Seite an Seite mit den gleichen Männern, die mich heute ablehnen!

Ich habe Blut, Schweiß und Tränen vergossen, damit ihr – du, Vater, und du, Mutter – ein Leben in Freiheit führen könnt. Und da wagst du, Mutter, mir zu sagen: ›Lerne lieber, deine Zunge im Zaum zu halten und einen Haushalt zu führen, anstatt zur Schule zu gehen. Wozu muß ein Mädchen denken können? Lerne waschen, stopfen, bügeln, kochen, nähen, putzen, und wenn du dann noch Zeit hast, kannst du nachdenken.‹ Aber wo wären wir heute, wenn ich nicht nachgedacht hätte? Habt ihr euch das einmal überlegt?«

Eine bedrückende Stille trat ein. Nach ein paar Sekunden fuhr Sukajina in höchster Erregung fort:

»Acht Jahre lang habe ich gekämpft, mutiger als mancher Mann, man hat mich ins Gefängnis geworfen und gefoltert, und jetzt verlangt ihr von mir, ich soll den Blick senken und mich dem Willen der Männer beugen! Bügeln soll ich lernen, sagst du, Mutter, damit ich den Herrn des Hauses nicht erzürne, weil die Falten nicht korrekt sitzen, und er mich verstößt. Kochen soll ich lernen, weil man nur so einen Mann hält! Ihr wagt es, mir zu sagen, viele Frauen seien von ihren Männern verstoßen worden, weil sie das Essen anbrennen ließen! ›Ich verstoße dich, ich verstoße dich, ich verstoße dich‹, hätte der Hausherr außer sich vor Wut gerufen. Hast du, Vater, mir nicht immer wieder eingeschärft, nur das Urteil Gottes zu fürchten? Und jetzt verlangst du von mir, mich dem Urteil der Menschen zu unterwerfen, der gleichen Menschen, die mir ihre Befreiung von der Kolonialherrschaft zu verdanken haben!« schleuderte Sukajina ihren Eltern ins Gesicht.

»Wäre ich doch gestorben! Wäre ich doch tot! Es gibt kein schrecklicheres Leben als das des Königs Lear, Vater: ein Leben, das andere sich aneignen. Warum habt ihr mich nicht bei lebendigem Leib begraben?« kreischte Sukajina.

Marjam war wie betäubt. In kalten Schweiß gebadet, zitternd vor Wut, ging sie schwankend das kleine Stück bis zum Nachbarhaus und ließ sich auf die Eingangsstufen fallen. Hinter ihr, in den Spätnachmittagsstunden des Tages, der so vielversprechend begonnen hatte, erhob sich auf einmal eine Frauenstimme. Rabia sang ein Lied, das sie noch nie gehört hatte. Es war weder ein *hawfi* noch eine andalusische Melodie, und es klang wie das zarte Rascheln von Schmetterlingsflügeln. Wie verzaubert blieb sie sitzen und lauschte. Rabias Stimme, zart und süß wie dieser Frühlingstag, ließ ihren Zorn verrauchen, linderte ihren Schmerz und beruhigte sie.

»Tlemcen, Stadt der tausend Freuden,
Tlemcen, Stadt der tausend Leiden,
Tlemcen, Stadt der tausend Schmerzen.
Tlemcen, das ich liebe und hasse zugleich,
Voller Geheimnisse für die Fremden,
Birgst du keine für die Deinen.
Verlassen wie eine Geliebte
Liegst du im Schatten deiner Gärten, umgeben vom heiteren Murmeln deiner Quellen.
Tlemcen, wie berauschend ist deine Schönheit und der Duft Deiner Bäume an einem Frühlingstag.
Tlemcen, Gefangene der Deinigen

Und der Gesetze deiner Kinder,
Tlemcen, Geisel deiner Moscheen
Und ihrer hohen Minarette,
Tlemcen, Geisel deiner Heiligen und ihrer Kuppelgräber,
Tlemcen, wo meine Wurzeln sind,
Tlemcen, Stadt der Kunst und der Geschichte, Stadt der Schönen und der Gazellen,
Tlemcen, du Tausendjährige, im Kreis deiner Mauern.
Tlemcen, tot bist du nur für den, der dich nicht kennt.
Das Blau deines Himmels und die Glut deiner Sonne bedrücken mich,
Aber ich werde weder den Rücken noch den Kopf beugen.
Dichter haben dich besungen, Verliebte um dich geweint,
Unglückliche haben dich verflucht, freie Männer dich bekämpft
Und DU . . .
Nichts vermag dich zu erschüttern, einer Göttin gleich thronst du auf deinem Felsenthron,
Niemand kann dich zerstören, niemand dich vergessen.
Tlemcen, Zuflucht meiner Kindheit, Wiege meiner Träume,
Hüterin meiner Moral und meiner Prinzipien,
Warum bin ich nicht aus deinem Bauch geboren?«

Marjam fühlte sich sehr matt, aber sie stand auf und ging weiter. Heute war doch Freitag, der Tag, an dem die Seelen der Toten auf die Erde zurückkehren. Und sie mußte unbedingt zum Friedhof. Sie würde Nana Scharifa ein andermal fragen, ob sie mitkommen wollte. Sie drehte um, verließ Derb Messoufa und schlug die Richtung zum Friedhof ein, auf dem ihr Vater begraben lag.

An der Kreuzung Aswi'a und Bab Sidi Boumedienne

fiel ihr Blick auf einen am Boden knienden Mann, der den Oberkörper unablässig vor- und zurückbewegte. Sie trat näher und erschrak, als sie sah, wer der Mann war: Man nannte ihn den »Intellektuellen«, weil er ein hochgebildeter Mann war. Er hatte im Krieg alles verloren und seine ganze Hoffnung auf die Unabhängigkeit gesetzt. Seine Augen, um zu weinen, und seine Erinnerungen, ihn vor der Verzweiflung und dem Wahnsinn zu bewahren – das war alles, was ihm geblieben war. Und nun kniete er auf der Straße und rief:

»Die ideale Stadt versprach man ihnen ...
Aber al-Madina al-Fadila ist nur eine Luftspiegelung.
Und so irren sie verstört zwischen Rastignac und Messalina hin und her
Und flüchten sich zu guter Letzt an Tartuffes Brust,
Ihren Kummer zu vergessen.
Besser als jede Armee es gekonnt hätte,
Hat die Not sie erledigt, die Fessel sie gefesselt,
Und mein Volk hat seine Lebensfreude verloren.
Das Lachen unserer Mädchen ist verstummt,
Ihre Feste gleichen Totenfeiern.
Das strahlende Weiß der Schleier unserer Frauen
Ist durch das schmutzige Grau der *hidschabs*[1] unserer *ichwan*[2] ersetzt worden.
Wieder werden sie hinters Licht geführt,
Denn diese BCG[3] streben doch nur nach der Macht!
Die ideale Stadt verspricht man ihnen.

[1] Schleier, der den Kopf, aber nicht unbedingt das Gesicht, und die Hände bedeckt; gehört für manche algerischen Frauen zur neuen Kleiderordnung.

[2] Die moslemischen Brüder.

[3] Abkürzung für *Barbe, claquette, gandoura* (Bart, Rassel, Gandura = Art Hemd, das unter dem Burnus getragen wird); Spitzname der algerischen Integralisten.

Aber al-Madina al-Fadila ist nur eine Luftspiegelung.
Ein paar Weisungen und Parolen,
Ein paar esoterische Sätze und ein paar Kniefälle,
Und schon hält sich so mancher für einen Lehrmeister.«

Dann begann der zerlumpte Mann Koranverse zu beten, und Marjam betete mit ihm:

»Die Königin von Saba sagte: Wird eine Stadt eingenommen, so verwüsten die Eroberer sie, und ihre vornehmsten Bürger werden ins Elend gestürzt.«

Annaml (Die Ameisen), Sure 34.

»Gott hat euch befohlen, den rechtmäßigen Eigentümern zurückzugeben, was euch anvertraut wurde. Und wenn ihr richten müßt, so richtet, aber laßt Gerechtigkeit walten.«

Annisa' (Die Frauen), Sure 58.

»Im Namen Allahs, des Barmherzigen, sich erbarmenden,
Auch in der Dunkelheit verläßt dein Herr dich nicht, noch haßt er dich.
Gewiß wird das letzte Leben besser als das erste sein,
Gewiß wird der Herr dir geben, was immer du brauchst.
Dem Waisen wird er Zuflucht gewähren,
Den Verirrten wird er auf den rechten Weg führen,
Den Armen wird er reich machen.
Behandle den Waisen gut,
Weise den Bettler nicht ab.
Gib der Welt Kunde von den guten Taten deines Herrn.«

Ad-duha (Das Tageslicht).

»Frömmigkeit bedeutet nicht, beim Gebet nach Osten oder nach Westen zu blicken.
Fromm oder tugendhaft ist der, der an Gott und an

das Jüngste Gericht glaubt, an die Engel, an die Heilige Schrift und an die Propheten,
Der, was er besitzt, mit seinem Nächsten teilt, mit den Waisen und den Bedürftigen, den Umherziehenden und den Bettlern,
Der sein Geld verwendet, um Sklaven freizukaufen.
Fromm ist der, der sein Gebet verrichtet,
Fromm ist der, der ein Fünftel seines Vermögens verschenkt,
Fromm ist der, der das Wort, das er gab, hält,
Der Gelassenheit bewahrt im Unglück und in der Gefahr.
Sie sind es, die den wahren Glauben besitzen,
Sie sind die Frommen und die Tugendhaften.«

Al Baqara (Die Kuh), Sure 177.

Jetzt weiß ich es wieder, dachte Marjam. Ich habe über Rabias Lied nachgedacht und die Verse, die ich mit dem Intellektuellen gebetet habe. Ich habe ganz in Gedanken die Straße überquert, und da kam dieser Lieferwagen angerast . . . Ja, genauso war es! Es war an einem Freitag, dem Tag, an dem sich für die Moslems die Pforten zum Paradies öffnen.

Marjam drückte die Hand ihrer Mutter, so fest sie konnte. Dann wurde sie in den Operationssaal geschoben.